SIZILIEN

abenteuer und reisen

SIZILIEN

VON
LUISE TYROLLER

abenteuer und reisen

INHALT

Allgemeine Informationen

Willkommen in Sizilien!	S. 6
Landeskunde	S. 20
Geschichte	S. 24
Kunst und Kultur	S. 30
Gesellschaft	S. 34
Essen und Trinken	S. 38
Restaurant-Tipps	S. 41

Feste und Feiern	S. 42
Festkalender	S. 45
Freizeitaktivitäten	S. 46
Die schönsten Strände	S. 48

A-Z-Teil	S. 200
Routenvorschläge	S. 220
Register und Impressum	S. 222

Palermo S. 5
Friedrich II. von Hohenstaufen S. 5
Museo Archeologico S. 6
Monreale S. 6

Der Norden S. 6
Cefalù, Madonie mit Santuario di Gibilmanna, Castelbuono und Castel di Tusa, Corleone, Piana degli Albanesi.
Im Fokus: Blutiger 1. Mai 1947 S. 7

Der Nordosten S. 7
Messina, Tindari, Capo d'Orlando, Santo Stefano di Camastra, Nebrodi.

Äolische Inseln S. 9
Vulcano, Lipari, Salina, Filicudi, Alicudi, Panarea, Stromboli.

Taormina S. 10
Wilhelm von Gloeden S. 10
Teatro Greco S. 10
Aktivitäten S. 11

INHALT

Unterwegs in Sizilien

Ätna — S. 114
La Circumetnea, Nicolosi, Linguaglossa, Randazzo.

Catania — S. 124
Ausflüge: Aci Castello, Aci Trezza — S. 131

Siracusa — S. 136
Restaurant-Tipps — S. 143
Who is Who im alten Siracusa — S. 146

Der Südosten — S. 148
Noto, Modica, Ragusa.

Provinz Enna — S. 160
Enna, Piazza Armerina, Caltagirone.
Im Fokus: Villa Casale — S. 166

Agrigento — S. 172
Empedokles — S. 178
Im Fokus: Tal der Tempel — S. 180

Der Westen — S. 182
Trapani, Erice, Ägadische Inseln, Segesta, Marsala, Selinunte, Pantelleria.
Im Fokus: Die Tonnara von Favignana S. 194

Kartenverzeichnis

Übersichtskarte Sizilien	S. 22
Sizilien im Altertum	S. 28
Aktivitätenkarte	S. 48
Palermo	S. 54/55
Dom von Monreale	S. 64/65
Cefalù	S. 69
Messina	S. 84
Tindari	S. 87
Äolische Inseln	S. 95
Lipari	S. 98
Taormina	S. 106
Ätna	S. 118
Randazzo	S. 122
Catania	S. 128
Siracusa	S. 140
Santa Maria delle Colonne	S. 143
Siracusa/Parco Archeologico	S. 144
Modica	S. 156
Ragusa	S. 159
Enna	S. 163
Villa Casale	S. 167
Agrigento	S. 176
Tal der Tempel	S. 181
Selinunte	S. 187
Trapani	S. 189
Segesta	S. 191
Erice	S. 192
Mozia	S. 196
Pantelleria	S. 199

Einführung

Willkommen auf Sizilien!

Verträumte Winkel in abgeschiedener Natur wie hier die Thunfisch-Bucht von Scopello – davon gibt es noch viele in Sizilien.

Geschichte und Gegenwart: Antike wird lebendig im Anfiteatro von Siracusa (1). Zeitloses Schäferidyll sieht man hier und da in den Bergen (2 u. 3), während Erice (4) mittelalterlich gestimmt ist. Modern und selbstbewusst sind die jungen Frauen in den Städten (5). Puppenspieler M. Cuticchio (6) belebt eine alte Kunst neu. Die Jugend genießt wie überall in Europa (7).

Morgengymnastik im dorischen Tempel von Segesta. Die Elymer erbauten ihre Stadt im Westen der Insel.

1

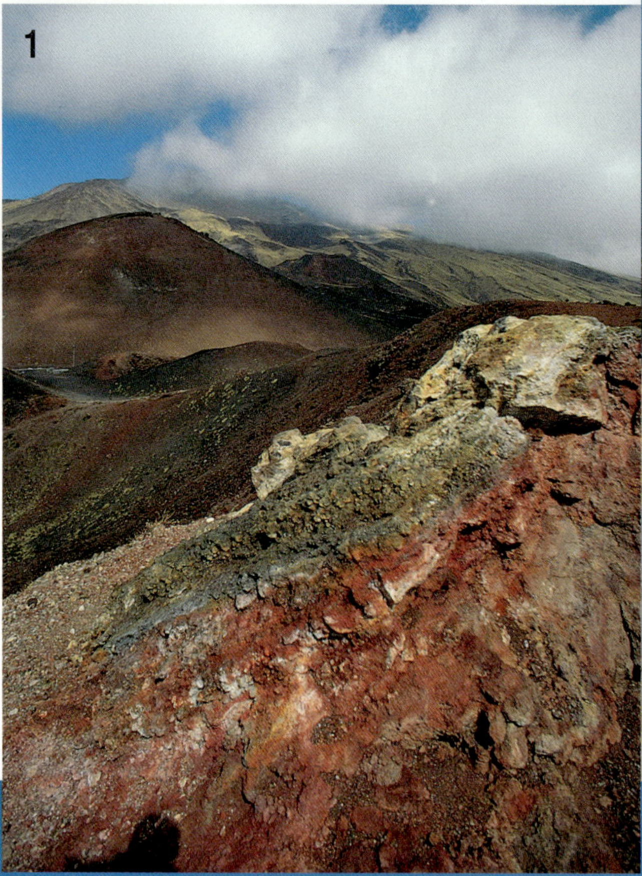

2

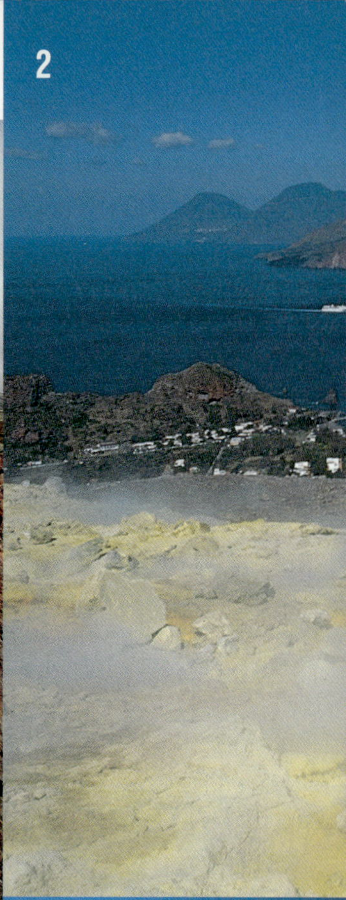

3

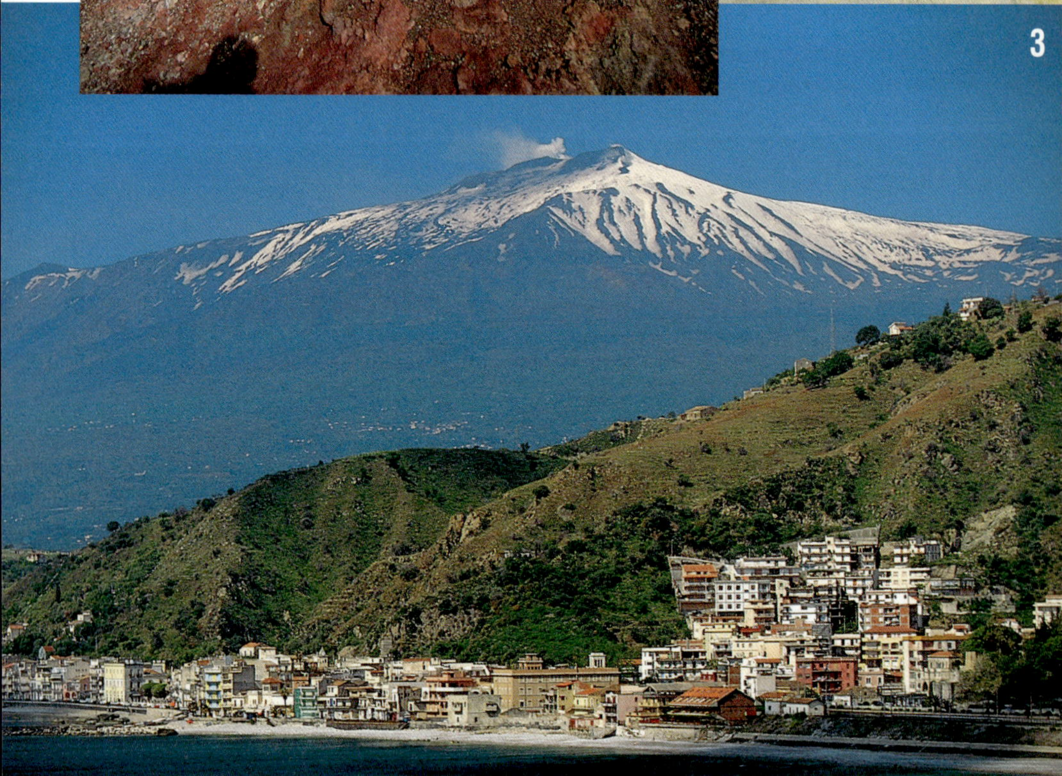

Vulkane beherrschen die Inselwelt: Zerklüftet ist die Gipfelregion des Ätna (1), schwefelig gelb der Vulcano (2). Giardini-Naxos garantiert Badespaß vor grandioser Kulisse (3), im Inselinneren verhüllen Wolken den Monte Sartorius (4). Pflanzen erobern erkaltete Lavafelder (5).

Das Bergland der Madonie mit seinen vielen seltenen Pflanzen und Tieren ist seit einigen Jahren ein Naturschutzgebiet.

Antike und Barock setzen Sizilien architektonische Glanzlichter auf: Eine grandiose Freitreppe führt zum Dom von Modica (1), steinerne Wächter hüten Palermos Kathedrale (2). Nicht alle Säulen wurden in Selinunte (3) wieder aufgerichtet. An einen Felshang gebaut: Ragusas Altstadt (4).

Eine Insel im Aufbruch

Warum reisen wir? Sonne, Strände, Stille, vielleicht warme Nächte zum Durchtanzen suchen wir, wenn wir Tausende von Kilometern zurücklegen. Und Kultur natürlich, womit wir meinen: Das Wiederfinden des Vertrauten im ganz Anderen, diesen Augenblick, in dem wir erkennen, dass sich in der im Fremden entstandenen Formensprache universale Erfahrungen ausdrücken, die auch die unseren sein könnten. Und genau das alles können wir in Sizilien finden.

Aber es gibt manches, was wir nicht mehr finden. Touristen, die in sizilianische Bergdörfer fahren auf der Suche nach den Frauen in Schwarz, begegnen wahrscheinlich nur jungen Mädchen auf Plateausohlen in modischen schwarzen Kunstfasertops und mit dämonisch schwarz geschminkten Augen und Lippen. Treffen wir damit auch im entlegensten Dorf auf das

Enge Gassen führen auf die großzügige Piazza del Duomo in Cefalù. Die berühmte Normannen-Kirche ist das Wahrzeichen der Stadt.

Einführung

beginnende 21. Jahrhundert, so sind wir enttäuscht. Aber wollen wir die Sizilianer ernsthaft dazu verurteilen, unsere Sehnsucht nach der guten, alten Zeit zu stillen?

Auch das Gegenteil von Kultur suchen wir in der Fremde: die unberührte Natur, womöglich gar die existenzbedrohende, in der die Tiere und Pflanzen dem Menschen überlegen sind. Und dann kommt man nach Sizilien. Es ist zwar geschüttelt von tektonischen Kräften und gezeichnet von Vulkanen, aber die Menschen haben sich die Insel schon in vorgeschichtlicher Zeit Stück für Stück erobert und nach ihren Vorstellungen gestaltet. Hier haben die Bürger blühender Städte ihren Architekten zu einer Zeit majestätische Bauwerke abgefordert, als in nördlichen Breitengraden noch mit Holz und Erde Fluchtburgen errichtet wurden. Hier mussten fruchtbare, aber bergige und unwegsame Gebiete mit hoch entwickelter Landwirtschaft dazu gebracht werden, Städte zu ernähren, deren Bevölkerung nach Hunderttausenden gezählt wurde. Mächtige Wälder wurden dem Bau von Flotten geopfert, die das Mittelmeer beherrschen. Und dann stehen die Touristen womöglich vor eifersüchtig gehüteten Teichen mit Papyrusstauden und fragen enttäuscht: „Das war's?"

Gott sei Dank, das war es nicht! Es gibt sie mittlerweile, die Naturschutzgebiete, und es werden jährlich mehr. Aber es ist noch ein echtes Abenteuer, sie zu erobern, sowohl für die Naturfreunde in Sizilien, die sie durchsetzen, als auch für die Touristen, die noch nicht überall Karten und markierte Wege vorfinden. Pazienza – Geduld – und Vertrauen in die Hilfsbereitschaft der Sizilianer sind also aufzubringen, sie machen das Unmögliche für ihre Gäste möglich, deren Hartnäckigkeit bei der Suche nach nicht asphaltierten Wegen noch oft Erstaunen auslöst.

Schon das Sizilien vergangener Jahrhunderte war unendlich viel mehr als nur ländliche Folklore. Das echte Sizilien heute ist in der Gegenwart angekommen und bietet den Touristen souverän das, was sie erwarten. Wenn es denn partout Nostalgie ist, was erwartet wird, dann bekommen die Reisenden sie auch. Wenn wir aber eine europäische Region suchen, die über viele Jahrhunderte unsere Kultur entscheidend mitgeprägt hat und die sich in den letzten Jahren überaus stürmisch entwickelt hat, dann werden wir auch die finden – und vieles, das weit über unsere Erwartungen hinausgeht.

Schneebedeckt präsentiert sich im Frühling die Rocca Busambra, ein beliebtes Ausflugsziel in der Nähe von Corleone.

Landeskunde

Sonne, Berge und Meer

Über Jahrmillionen haben die Mächte der Erde Siziliens Erscheinungsbild geprägt, inzwischen sind Tourismus, Mafia und die EU als weitere Faktoren hinzugekommen.

In grauer Vorzeit war Sizilien ein Teil des italienischen Stiefels. Auch heute hören die Apenninen nicht in Kalabrien auf, sondern tauchen als die **Peloritani** im Hinterland von Messina wieder auf. Erst als sich der Meeresspiegel hob, entstand die **Straße von Messina**. Damit wurde Sizilien zur größten Insel des Mittelmeers, die Beziehungen zum europäischen Festland waren für viele Jahrhunderte gelockert. Noch heute behindert das Nadelöhr zwischen Messina und Reggio di Calabria den Verkehr so stark, dass Siziliens Wirtschaft ernsthaft darunter leidet.

Die Griechen nannten die Insel Thrinakrie, „Die Dreizackförmige", woraus später Trinakria wurde, „Drei Vorgebirge". Ein Blick auf die Karte zeigt, woher der Name kommt. Und es ist kein Zufall, dass ein altes Sinnbild der Insel drei laufende Beine sind, die ein Gorgonenhaupt umgeben. Ursprünglich stellte dieses Symbol den Sonnengott dar, aber schon bald wurde es mit der auffälligen Dreiecksform Siziliens gleichgesetzt.

Sonne, Berge und Meer – damit sind die wichtigsten Merkmale von Sizilien schon erfasst. „Echte" Berge sind die zerklüfteten Felsküsten im Norden – die **Nebrodi** und die **Madonie** – und die **Erei** und die **Iblei**, die Sizilien von Nordwesten nach Südosten durchziehen. Dazu kommen die „Aufsteiger", die Vulkane. Sie haben im Norden die **Liparischen Inseln** und **Ustica** geschaffen, im tiefen Süden die Insel **Pantelleria** und das Gebirge des **Ätna** im Osten. Die Vulkane scheinen noch einiges vorzuhaben: Salina, Panarea, Alicudi, Filicudi und Ustica verhalten sich zwar ruhig, andere hingegen sind recht aktiv; auf Pantelleria brodeln nur die Geysire, aber der Ätna, der **Vulcano** und der **Stromboli** sind in den letzten Jahren immer lebhafter geworden. Richtige Felseninseln sind die **Pelagischen Inseln** tief im Süden und die **Ägadischen Inseln** vor der Westspitze. Wirkliches Flachland ist selten: Radfahrer müssen auf vier Fünftel Siziliens kräftig in die Pedale treten.

Das Meer hat jahrtausendelang die Geschicke Siziliens bestimmt. Seevölker landeten hier entweder als Einwanderer, Händler oder Eroberer. Früher sicherte der Fischfang den Häfen an der Südküste einen bescheidenen Wohlstand. Vor allem die industriemäßige Jagd auf den Thunfisch hat im letzten Jahrhundert etwas Geld in die Kassen gebracht. Seit der Thunfisch sich rar macht, ist dieser Industriezweig jedoch auf einige wenige Fischer und kleine Hersteller von Konserven geschrumpft – und die Exporteure, die den Löwenanteil der Beute schon vor dem Auslaufen japanischen Feinkostlieferanten zusichern. Nur **Mazara del Vallo** hat seinen Rang als größter Fischereihafen Italiens behaupten können.

Die griechischen Schriftsteller der Antike schwärmten von den unergründlichen Wäldern Siziliens. Die Araber haben jedoch die Wälder zum größten Teil abgeholzt, um selbst in den Bergen Neuland zum Anbau des berühmten Hartweizens, der auch heute noch das einzig wahre Mehl für richtige Pasta liefert, unter den Pflug zu nehmen. Auf der anderen Seite haben sie die Bewässerungskultur importiert, die dafür sorgt, dass exotisches Obst und Gemüse gedeihen. Die Produkte sind von hoher Qualität, was nicht zuletzt der fruchtbaren Vulkanerde rund um den Ätna zu danken ist. Das Klima war damals aber anders: Frühling und Herbst dauerten länger, und im Sommer brannte die Sonne nicht gar so erbarmungslos wie heute, weil zwischendurch immer wieder Wolken für Regen sorgten.

Landeskunde

Trotzdem haben die Bauern Schwierigkeiten, ihre Erzeugnisse in Europa auf den Markt zu bringen, denn die Früchte aus Marokko sind eine erbarmungslose Billigkonkurrenz. Zum Teil liegen die Probleme auch an der alten „sizilianischen Krankheit", der Eigenbrötelei. Es hat lange Zeit gedauert, bis man sich zu gut organisierten Erzeugergemeinschaften zusammengeschlossen hat, die sich am Markt eine Stellung erobern können. Dabei ist die Landwirtschaft nach wie vor einer der wichtigsten Erwerbszweige, und er hat Perspektive dank neuer Strategien: erstens Klasse statt Masse und zweitens Ausschaltung des Zwischenhandels.

Die Weine Siziliens, bis vor wenigen Jahren gerade gut genug, um mit norditalienischen Weinen zu Billigmarken verschnitten zu werden, haben auf den letzten Weinmessen im In- und Ausland sensationelle Erfolge eingeheimst. Und das berühmte Öl der Nocellara-Oliven mit seinem feinen Nussgeschmack, ebenfalls bis vor kurzem in Tanks zu Abfüllereien nach Norden geschafft, wird heute von kleinen Betrieben in der Gegend um **Castelvetrano** auf Flaschen gezogen.

Obwohl nach dem Krieg die Ansiedlung von Industrie lange Jahre mit italienischen und europäischen Sonderprogrammen subventioniert wurde, konnte sie sich nicht zum entscheidenden Faktor für die Wirtschaft Siziliens aufschwingen. Die stetige Auswanderung war durch diese Maßnahmen nicht zu bremsen – die Arbeitslosigkeit liegt heute offiziell bei 27 Prozent. Allerdings sind diese Statistiken recht zweifelhaft, denn es gibt Schätzungen, denen zufolge jeder dritte Erwerbstätige schwarz arbeitet. Größere Bedeutung haben der Schiffbau und die Petrochemie. 1999 wurden in der Nähe von Messina viel versprechende Erdgaslager entdeckt, die aber noch nicht ausgebeutet werden.

Die Investitionsfreude von Unternehmern aus Norditalien und dem Ausland wird zudem durch die Allgegenwart der **Mafia** gebremst: Wer hat schon Lust, seinen Gewinn mit Erpressern zu teilen. Der einheimische Mittelstand, in Italien noch mehr als in anderen europäischen Ländern als größter Arbeitgeber das Rückgrat der Wirtschaft, wird ebenfalls vom Krebsgeschwür der Mafia geschwächt.

Olivenernte bei Castelbuono, einer Stadt in den Madonie.

Eine wachsende Rolle spielt der **Tourismus**. Aber nicht immer haben die Sizilianer dabei eine glückliche Hand gehabt. Schnellstraßen haben die Küsten zubetoniert. In wunderschönen Landschaften wurden Bettenburgen hochgezogen, so dass genau das verschandelt wurde, weswegen die Touristen doch eigentlich kommen sollten. Zum Glück ist man aufgewacht, bevor es zu spät war. Betonstädte wie an Spaniens Stränden findet man in Sizilien nirgends. Schwarzbauten werden von den Behörden rigoros abgerissen. Und in den letzten Jahren wurden immer mehr Naturschutzgebiete ausgewiesen.

Im Landesinneren ist man noch nicht überall auf diejenigen Touristen eingerichtet, die ihre Ferien in Luxushotels verbringen wollen. Das ist die Chance für Bauern, die bisher am Existenzminimum lebten. Ihre malerischen Katen können sie mit subventionierten Krediten zu wahren Schmuckkästchen ausbauen, die einer Handvoll von Gästen das bieten, was sie für ihre Freizeit suchen: Ruhe, Waldluft, Ausflüge zu Fuß, zu Pferd oder mit dem Mountainbike – und eine erstklassige Küche, deren Zutaten direkt vom Feld oder aus dem Stall frisch auf den Tisch kommen.

Sizilien in Zahlen

Fläche: 25.708 km²
Größte Nord-Süd-Ausdehnung: 160 km
Größte Ost-West-Ausdehnung: 245 km
Bevölkerung: 5 Millionen
Regionalhauptstadt: Palermo
Entfernung Palermo – Rom: 424 km
Entfernung Trapani – Tunis: 250 km

Landwirtschaft

Not macht erfinderisch

Seit 1999 existiert ein Abkommen zwischen Marokko und der Europäischen Union, das die sizilianische Landwirtschaft in erhebliche Absatzschwierigkeiten bringt. Marokko liefert demnach jährlich zollfrei 300.000 Tonnen Orangen, 110.000 Tonnen Clementinen und 150.000 Tonnen Tomaten nach Italien. Das sind genau die Produkte, die Sizilien auf dem nationalen Markt absetzen will – doch dank dem Abkommen in der Zukunft leider mit schlechteren Erfolgsaussichten.

Schon in der Vergangenheit war die marokkanische Konkurrenz drückend: Ihre Orangen wurden zunächst nach Spanien verfrachtet, dort in spanische Erzeugnisse umdeklariert und dann auf den Markt der EU geworfen. Seitdem haben viele Zitrusbauern auf Sizilien ihre Orangenhaine entweder nicht mehr bewirtschaftet oder sogar gefällt.

Aber der starke Druck der Konkurrenz hat die Zitrusbranche auch erfinderisch gemacht: Findige Tüftler haben in Zusammenarbeit mit den Universitäten Maschinen entwickelt, die die besonders vitaminreichen sizilianischen Orangen in einem Arbeitsgang schneiden und auspressen. Vor allem die italienischen Autobahnraststätten haben mittlerweile Verträge mit den sizilianischen Lieferanten abgeschlossen, die die eleganten chromglänzenden Maschinen aufstellen. Aus ihnen sprudelt dann der Vitaminnachschub aus sonnenverwöhnten sizilianischen Orangen.

1) Der siegreiche Ritter ziert eine Hausfassade in Mazara del Vallo.
2) Der Tempel von Castor und Pollux in Agrigento.

Geschichte

An den Rand gedrängt

Als Zentrum des Mittelmeers erlebte Sizilien mehrere Hochblüten. Doch mit der Verlagerung der Macht nach Norden begann der Abstieg.

Eine kleine Gruppe von Frauen, Männern und Kindern durchstreift den Urwald. Die Jagd war erfolglos, sie haben Hunger, und zwar seit Tagen. Endlich glänzt Wasser durch das dunkle Laub: Man ist angekommen am Meer. Das Meer – das bedeutet Fische im Überfluss, die mit kleinen Booten direkt vor der Küste gefangen werden können, Muscheln, Schnecken und Scampi, die sogar die Kinder ohne Mühe einsammeln. Die Gruppe hat Glück: Sie findet eine Höhle. Die Jäger verstauen ihre kostbaren Pfeilspitzen, während andere Feuer machen, um die erste warme Mahlzeit seit Tagen zuzubereiten. Es gibt Frutti di Mare.

Wir schreiben das Jahr 12.000 v. Chr., das heißt, wir würden es schreiben, wenn die Menschen diese Kunst schon erfunden hätten. Dafür können sie malen. Ruhig und konzentriert reiben sie Rötel und Ocker zu Pulver, mischen es mit Flüssigkeit, und dann beginnt ein Medizinmann oder eine Zauberin die Wände der Höhle zu bemalen. Staunend sehen die anderen zu – und staunend sehen die Touristen des 20. Jahrhunderts, wie sich auf den Wänden der **Grotta del Genovese** von **Levanzo** steinzeitliches Leben dokumentiert.

Überall in Sizilien finden sich Spuren menschlichen Lebens schon aus der **Steinzeit**: Vor 8000 Jahren formten die Frauen die ersten Töpfe aus Keramik, so wie sie sie bei Einwanderern aus Spanien gesehen hatten, um selbst angebautes Getreide darin aufzubewahren. Wenn Jäger sich auf den Weg machten, sprangen ihnen Hunde hinterher. Man hielt sich Schweine für Notzeiten.

Mittelalterliche Revolte
Die Sizilianische Vesper

Nach dem Tod Friedrichs II. im Jahr 1250 herrschte fünfzehn Jahre lang Gesetzlosigkeit in Sizilien, bis der Papst die Insel meistbietend versteigerte. **Karl von Anjou**, der Bruder des französischen Königs, griff zu. Mit einem Heer von Abenteurern fiel er als Usurpator ein, „grausamer als die Grausamkeit selbst", wie eine alte Chronik berichtet. Friedrichs außerehelicher Sohn, **König Manfred**, fiel in einer Schlacht gegen den Eindringling, sein Neffe wurde enthauptet. Viele Sizilianer nutzten die Gelegenheit, alte Rechnungen zu begleichen. Es herrschte Bürgerkrieg. Karl von Anjou schröpfte die Insel bis aufs Blut. Gleichzeitig schien den Bankiers von Barcelona die Stunde günstig, die toskanische Konkurrenz auszuschalten, die hinter Karl von Anjou stand. Sie unterstützten **Peter von Aragons** Ansprüche auf den sizilianischen Thron, die er durch die Heirat mit Manfreds Tochter Constantia erworben hatte. Auch viele sizilianische Aristokraten standen hinter ihm. Aber es war letztlich das Volk von Sizilien, das die Franzosen aus Sizilien vertrieb.

Am **Ostermontag 1282** wurden Menschen außerhalb der Mauern von Palermo zusammengetrieben und von französischen Soldaten nach Waffen durchsucht. Dabei trat ein Soldat einer Frau zu nahe – ein unerhörtes Verbrechen. Die Palermitaner erschlugen ihn auf der Stelle. Das war der Auftakt zu dem als „Sizilianischen Vesper" bekannten Aufstand, in dem mehrere tausend Franzosen fielen. Städte und Dörfer beriefen eigene Parlamente ein, und von einer neuen Monarchie sprach man erst, als die Aristokratie sich von ihrem Schock erholt hatte. Peter von Aragon übernahm die Macht fünf Monate nach dem Ausbruch der Revolte, als alle Schlachten geschlagen waren.

Geschichte

In der **Bronzezeit** fuhren Schiffe übers Meer nach Mykene. Der Verkehr auf dem Mittelmeer muss schon sehr betriebsam gewesen sein. Die steigende Zahl von Menschen mit wachsenden Bedürfnissen trieb die Händler zu immer häufigeren, immer weiteren Fahrten. Sizilianischer Obsidian, zypriotisches Kupfer, Purpur aus dem Libanon, Elfenbein aus Afrika, Zinn aus Spanien, Glas aus Syrien – das Angebot schuf die Nachfrage, die Nachfrage steigerte das Angebot.

In Sizilien wanderten in der Zwischenzeit neue Völker vom italienischen Stiefel ein, die Elymer, die Sikuler, die Sikaner mit ihren Traditionen und ihrer Götterwelt. Einmal sesshaft geworden, blieben sie im Lande und nährten sich redlich von Ackerbau und Viehzucht. An den Küsten fischte man ein bisschen für den Eigenbedarf. Warum zur See fahren, wenn die Erde Siziliens so fruchtbar war und es Platz für alle gab?

Aber zur selben Zeit, im 8. Jh. v. Chr., und ohne zunächst voneinander zu wissen, wanderten weitere Völker auf der Suche nach Lebensraum in Sizilien ein: Aus dem Libanon und aus Nordafrika kamen die Handel treibenden **Phönizier** mit ihren seetüchtigen Schiffen und errichteten befestigte Niederlassungen an der Westküste. Von anderem Schlag waren die einwandernden **Griechen**: Sie kamen, um Städte zu bauen, Äcker zu bestellen, Handwerk und Handel zu treiben. Die Einheimischen bewunderten die Fertigkeiten der Neuen, kauften ihnen Waren ab, versuchten, ihre Künste nachzuahmen. Aber die Einwanderer drängten die alten Völker im Lauf der Jahrhunderte unerbittlich ins Landesinnere zurück. Nur wenige Bastionen wie etwa Segesta, Erice und Trapani konnten sich gegenüber dem Siedlungsdruck halten.

Die **griechischen Kolonien** überflügelten bald die Heimat an Macht und Reichtum. „Großgriechenland" nannte man Sizilien und den Fuß des italienischen Stiefels. Das Schlimme aber war, dass die Griechen Loyalitäten und Feindschaften aus der alten Heimat mitgebracht hatten, wo die Stadtstaaten in ständigen Fehden lagen. Die Bündnisse und Zerwürfnisse in Sizilien folgten den alten Mustern, und wenn in der alten Heimat gekämpft wurde, machte man mit. Für kurze Phasen, wenn ein Tyrann grausam durchgriff, schien es, als ob auf Sizilien ein griechischer Gesamtstaat entstehen könne. Aber die Zwietracht siegte letztendlich immer.

Daran änderten auch die wachsenden Reibereien mit den Phöniziern nichts. Als zu Beginn des 5. Jh. v. Chr. die Kämpfe um die Vorherrschaft des Mittelmeers begannen, hatte das phönizische Karthago Verbündete unter den griechischen Städten. Die Schlachten waren grausam und führten doch zu keiner endgültigen Entscheidung. Die beiden Völker verharrten in einer Pattsituation, als ein Parvenu aus dem Norden auftauchte: die **römische Republik**. Klugerweise beschloss sie, zunächst das angeschlagene, aber weiter ausgreifende Karthago zu bekämpfen und sich dann in Salamitaktik um die zerstrittenen Griechen zu kümmern.

Jung, dynamisch, selbstbewusst und zum Äußersten entschlossen machte sich das römische Bauernvolk im 3. Jh. v. Chr. daran, das Mittelmeer zu erobern. Antike Reliefs zeigen dickbäuchige Schiffe, auf die man ein Holzhaus gesetzt hatte, allerdings waren die schwerfälligen Boote nur mühsam zu manövrieren. Deshalb lockten sie im 1. Punischen (phönizischen) Krieg die Römer ihre Gegner in die Meerenge zwischen Marsala und der Insel Favignana im äußersten Westen Siziliens. Wie aus dem Nichts bogen die plumpen Kähne um einen Felsvorsprung, blockierten den Kurs der phönizischen Schiffe, die Fußsoldaten enterten und inszenierten so Mann gegen Mann einen „Landkrieg zur See". Nach diesem Krieg war Karthagos Macht über Sizilien dahin, die griechischen Städte wurden entmachtet. Dreißig Jahre später marschierten Römer in Siracusa ein, der größten Stadt der griechischen Welt. Sizilien wurde eine Provinz Roms und hatte die Aufgabe, Weizen zu liefern und sonst nichts.

Im 4. Jh. n. Chr. – man war inzwischen christlich – ahnte man auf Sizilien zum ersten Mal, dass die Tage des Römischen Reiches gezählt waren. Ungehindert fielen skandinavische Barbaren ein, die marodierend und plündernd nach Afrika weiterzogen: die **Wandalen**. Doch noch einmal wurde die Insel Teil einer ganz späten griechischen Antike, als das **byzantinische Reich** sich Siziliens bemächtigte. Antik war Byzanz in seiner Baukunst und Freskomalerei – und in seinem grausamen Despotismus, der über Reichtümer, Feldfrüchte und Menschenleben nach Belieben verfügte.

Als die **Araber** im 9. Jh. einmarschierten, wurde dies zum Glücksfall für Sizilien. Die Kinder der Wüste liebten dieses fruchtbare Land. Wo sie Bewässerungsanlagen bauten, wuchs kein Gras mehr, sondern „neumodisches Zeug" wie Orangen und Zitronen, Maulbeeren, Melonen, Palmen, Pistazien, Mandeln und Flachs. Die neuen Herren schufen kleine Höfe, auf denen freie Bauern statt Sklaven wirtschafteten. Da die Araber auf ihren Lebensstandard nicht verzichten wollten, errichteten sie Textilmanufakturen und Handwerksbetriebe. Sie entdeckten Bodenschätze und bauten sie ab. Nicht zuletzt waren sie Bildungsfanatiker: Lesen und Schreiben wurde Allgemeingut. Man baute moderne Städte mit Wasserleitungen und Kanalisation. Aufgeteilt in drei Emirate, hatte Sizilien damit zweihundert Jahre lang Anteil an der Blüte der islamischen Welt.

Die Schöpfungsgeschichte, dargestellt auf den Mosaiken von Monreale.

Im 11. Jahrhundert kamen wieder einmal Eroberer, diesmal aus dem Norden. Im Gegensatz zu ihren wandalischen Vettern erkannten die **Normannen** jedoch ihre Chance. Sie übernahmen als neugierige und begabte Schüler die bestehende Kultur und verschmolzen sie mit der römisch-christlichen Tradition. Aber diese Blüte war nicht von Dauer. Die Zugehörigkeit zum Heiligen Römischen Reich unter **Friedrich II.** von Hohenstaufen bedeutete gleichzeitig, dass Sizilien nicht mehr Zentrum des Mittelmeers, sondern Peripherie des Abendlandes war. In den folgenden Jahrhunderten sank es zu einer armen Provinz herab, ein hin und her geschobenes Pfand fremder Monarchien und Regierungen. Bis heute prägt diese Erfahrung das Bewusstsein der Bevölkerung.

Landarbeiter-Bewegung

Kampf der Fasci

Als die Normannen im 11. Jh. die Macht in Sizilien übernahmen, schafften sie eine segensreiche Einrichtung der Araber wieder ab: das **Freibauerntum**. Dabei hatten die Freisassen ihr Land liebevoll gepflegt und intensiv genutzt, wussten sie doch, dass nach Abzug der Steuern ein ansehnliches Einkommen übrig blieb. Die Nordländer aber mussten erfolgreiche Heerführer auf ihre Art belohnen. Man gab ihnen Lehen, auf denen Leibeigene, Tagelöhner und Pächter auf höhere Weisung schufteten. Zum Zehnten für den Gutsherren kamen noch stets wachsende Steuern für eine notorisch geldhungrige Verwaltung. Dieses System hielt sich bis zum 19. Jh., ja verschlimmerte sich nach der Reichseinigung noch, als die Landarbeiter bereits am Verhungern waren. Revolten waren die Folge. Wie in Aufständen früherer Jahrhunderte zogen Flagellanten durch die Straßen, man riss den Heiligen voll Enttäuschung ihren Schmuck ab, Bußprediger verkündeten die Religion der Armen.

Aber 1890 hatte sich die soziale Landschaft verändert, man hatte eine nationale Revolution hinter sich, in Europa gärten sozialistische Ideen, und einige Landleute in Sizilien hatten mittlerweile Lesen und Schreiben gelernt. Auch so mancher fortschrittliche Priester stellte sich an die Spitze regionaler Aufstände. Die so entstehenden **Fasci** waren Gruppen mit gewerkschaftsähnlicher, mafioser oder sozialistischer Ausrichtung. Gemeinsam war ihnen die Forderung nach Enteignung der Großgrundbesitzer. Diese forderten von der Regierung drakonische Maßnahmen. So wurden im Mai 1893 die Aufstände von 30.000 Soldaten niedergeschlagen.

Geschichte

Daten und Fakten

18.000 v. Chr.
Die Boote der ersten Einwanderer landen in Sizilien.

15.000 v. Chr.
Funde in Höhlen belegen die Geröllkultur des Pleistozäns.

5000 v. Chr.
Die Menschen betreiben Ackerbau und Viehzucht und stellen Keramik her.

Ab 1700 v. Chr.
In Europa beginnt die Herstellung von Bronze. Aus dem Norden wandern Völker ein, die indoeuropäische Dialekte sprechen: die Sikaner, Elymer und Sikuler. Außer ihren heiligen Stätten – Grotten, Vulkane, heiße Quellen – und dem Kult der Fruchtbarkeitsgöttin hinterlassen sie kaum Spuren. Am Ende der vorgeschichtlichen Zeit ist ein großer Teil der Insel gerodet und landwirtschaftlich genutzt.

Um 1000 v. Chr.
Die ursprünglich aus dem Libanon stammenden Phönizier (Punier) gründen in Nordafrika die Stadt Karthago und außerdem Handelsniederlassungen im ganzen Mittelmeerraum, so auch im Westen von Sizilien: Mothya (Mozia), Solus und Panormos (Palermo).

8. Jh. v. Chr.
In den griechischen Städten entsteht eine Aufbruchsstimmung in Richtung Westen. Organisierte Gruppen junger Männer werden von ihrer Heimat unterstützt und ausgerüstet für die Gründung neuer Siedlungen in Sizilien. Naxos ist im Jahr 735 die erste, es folgen Leontinoi, Catania, Siracusa, Messina, Gela, Megara Hyblaia, später Himera, Selinunte, Taormina und Agrigento und andere. Sikuler, Sikaner und Elymer werden gewaltsam verdrängt. Sizilien wird Teil des griechischen Kulturkreises, eine in Konkurrenzkämpfen zerstrittene und von Schlachten zerrissene Welt. Immer wieder erobern in den Städten Tyrannen die Macht und versuchen, ihre Herrschaft auf die ganze Insel auszudehnen.

480 v. Chr.
Als die Griechen Richtung Westen drängen, kommt es zu Reibereien mit den Phöniziern. Diese Plänkeleien schaukeln sich zum Machtkampf hoch. In der Schlacht von Himera siegen die Tyrannen von Agrigent und Gela. Wenig später rächen sich die Phönizier mit der Vernichtung der Stadt.

459 v. Chr.
Der Sikuler-Fürst Duketios von Nea (Noto) organisiert einen Aufstand gegen die Griechen, wird aber in wenigen Jahren besiegt.

413 v. Chr.
Siracusa ist die mächtigste Stadt des Mittelmeers. In zwei Schlachten werden die Soldaten Athens besiegt und versklavt.

264 – 241 v. Chr.
Die Römische Republik mit ihrem straff durchorganisierten Heer schlägt die Phönizier vernichtend im 1. Punischen Krieg. Ganz Sizil

Sizilien im Altertum

| 1 Euonymos/Panarea
| 2 Phoinikousa/Filicudi
| 3 Didyme/Salina
| 4 Lipara/Lipari
| 5 Hiera Hephaistou, Therasia/Vulcano
| 6 Sikelikos Porthmos, Stretto di Messina
| 7 Tyndaris/Tindari
| 8 Halaesa/Halaesa
| 9 Apollonia
| 10 Thermai Himeraiai/Termini Imerese
| 11 Ietae/San Cipirello
| 12 Halikyae/Salemi
| 13 Mazara/Mazara del Vallo
| 14 Thermai Selinountiai/Sciacca
| 15 Camicus/Sant' Angelo Muxaro
| 16 Daidalion
| 17 Eknomos
| 18 Assorus/Assoro
| 19 Agyrium/Agira
| 20 Amestratus/Mistretta
| 21 Tissa
| 22 Hadranon/Adranone
| 23 Aitne
| 24 Hybla Geleatis
| 25 Centuripae/Centúripe
| 26 Trotilon
| 27 Echetla
| 28 Euboia
| 29 Morgantinum/Morganti
| 30 Xuthia
| 31 Thapsos/Thápsos
| 32 Herbessus
| 33 Akrai/Palazzolo Acréide
| 34 Casmenae/Cómiso
| 35 Neetum/Noto
| 36 Helorus/Eloro

Geschichte

Das Rad des Sonnengottes: antikes Symbol für Sizilien.

...n wird zur Römischen Provinz erklärt. Schrittweise erobern die Römer die Insel.

210 v. Chr.
Nach erbitterter Belagerung fällt Siracusa an die Römer. Der Naturwissenschaftler Archimedes wird dabei von den Römern getötet. Die Eroberer verschleppen die unermesslichen Kunstschätze der Stadt nach Rom. Sie begeistern sich aber auch an der griechischen Kultur und beginnen sie zu studieren. Zu diesem Zeitpunkt hat Sizilien 3 Millionen Einwohner. Das Klima ist milder und feuchter als heute, die Insel ist in weiten Teilen noch dicht bewaldet. Sizilien wird zu einer Kornkammer des Römischen Reiches.

139 v. Chr.
In Enna erheben sich die Sklaven, werden aber nach wenigen Jahren wieder unterworfen.

44 n. Chr.
In Siracusa entsteht die erste christliche Gemeinde der Insel.

440
Erstmals dringen Germanen nach Sizilien vor: Die Wandalen unter Geiserich plündern die Städte.

6. Jh.
Sizilien wird von Byzanz erobert und bleibt 300 Jahre byzantinische Provinz. Die Byzantiner hinterlassen zwar viele Zeugnisse ihrer Kultur, plündern die Insel aber aus und verkaufen die Sizilianer in die Sklaverei.

831
Die Araber erobern Palermo, 878 auch Siracusa. Sizilien erlebt in der Folge eine wirtschaftliche und kulturelle Blüte.

11. Jh.
Die Normannen fallen in Sizilien ein, übernehmen die vorgefundene Kultur und verschmelzen sie mit dem lateinischen Einfluss der römisch-christlichen Tradition.

1198 – 1250
Herrschaft Friedrichs II. von Hohenstaufen, deutscher Kaiser und König von Sizilien.

1266
Das französische Haus Anjou übernimmt die Herrschaft in Sizilien und macht sich durch seine grausame Ausbeutung verhasst.

1282
In einem Volksaufstand, der Sizilianischen Vesper (siehe S. 25), entledigen sich die Sizilianer der Anjou. An ihre Stelle rückt das spanische Haus Aragon.

1442
Die erste Universität Siziliens wird in Catania gegründet.

1502
Unter dem Haus Aragon wird Sizilien ein Teil Spaniens und von einem Vizekönig regiert.

1735
Nach einem Zwischenspiel unter savoyischer und habsburgischer Herrschaft fällt Sizilien an den spanischen Zweig der Bourbonen, die auch in Neapel regieren.

1860
Garibaldi wird Anführer eines gesamtitalienischen Volksaufstandes. Sizilien wird Teil des neu geschaffenen Königreiches Italien. Aber die italienische Regierung macht sich durch Willkür und korrupte Verwaltung unbeliebt.

1893/94
Hungerrevolten der Landarbeiter erschüttern die Insel.

1943
Um die Herrschaft des Faschismus von Süden her aufzurollen, landen die Alliierten in Sizilien. Die Amerikaner haben vorher, um ihre Landung vorzubereiten, in die USA emigrierte bekannte Mafiosi mit Geld und Waffen versorgt und nach Sizilien zurückgeschleust. Die im faschistischen Regime Mussolinis geschwächte Mafia erstarkt wieder.

1946
Sizilien wird innerhalb der italienischen Republik Autonome Region. Das Verhältnis zur Zentralregierung bleibt nach gescheiterten Unabhängigkeitsbestrebungen gespannt, das gegenseitige Misstrauen ist nach wie vor groß.

Literatur-Tipp

Moses I. Finley u. a. „Geschichte Siziliens und der Sizilianer", C. H. Beck Verlag, München 1989. Spannend wie ein Krimi geschrieben, unbedingt lesenswert!

Kunst und Kultur

Von der Muse geküsst

Film und Literatur aus Sizilien haben zuletzt weltweit Furore gemacht. Aber auch alte Traditionen leben im Theater und in der Musik wieder auf.

Wahrscheinlich hat sich Sizilien nach einer fast dreitausend Jahre währenden Erfolgsgeschichte in Sachen **Architektur** irgendwann einmal gesagt: Es ist genug! Griechische und römische Tempel und Statuen, arabische Burgen und Paläste, normannische Dome, gotisch-katalanische Palazzi, barocke Kirchen, Jugendstilvillen, futuristische Postämter – jetzt machen wir etwas ganz anderes: **Literatur**. Nicht, dass die Dichter hier früher geschwiegen hätten. Die antiken Theater wurden zum großen Teil von eigenen Autoren versorgt, und am Hof Friedrichs II. schrieb man sizilianische Lyrik unter den wohlwollenden Augen des Souveräns. Aber später war es ruhiger geworden, zumindest bis zum 19. Jahrhundert. Dann griff Giovanni Verga zur Feder. Es war ein Start von Null auf Hundert. Er katapultierte die sizilianische Literatur mit einem Schlag in die Weltklasse, und dort scheint sie sich mittlerweile gut eingerichtet zu haben.

Mit einem einzigen Roman hat der Fürst Giuseppe Tomasi di Lampedusa die Welt – und die Kinos – erobert: „Il Gattopardo" beschreibt das Arrangement des Adels mit der neuen Macht des Bürgertums. Salvatore Quasimodo erhielt für seine Lyrik den Nobelpreis. Ein Vielschreiber war Leonardo Sciascia. Er quälte sich zeitlebens mit der Frage, ob es in einer korrupten Gesellschaft individuelle Moral und Wahrheit geben kann. Das liest sich übrigens recht spannend, denn oft hat er das Dilemma in Mafiakrimis abgearbeitet. Erst vor kurzem hat Vincenzo Consolo die deutschsprachige Leserschaft mit einem Roman über Siziliens Schicksal während der Reichseinigung begeistert. Schon seit langem hat eine Sizilianerin einen Stammplatz in den Buchhandlungen im deutschsprachigen Ausland: Dacia Maraini, die die Lage der Frauen in einer Männergesellschaft erkundet.

Die Sizilianer sagen sich selbst einen Hang zur Theatralik nach. Dass das zu Kreativität führen kann, zeigt Luigi Pirandello, der das moderne Theater nachdrücklich beeinflusst hat.

Die Spitze erklimmt man natürlich nur über einen breiten Sockel. Ganz Sizilien dichtet. Jeder Dritte gesteht auf Nachfrage, dass er eigene Texte in der Schublade hat. Der einfache Schuster schreibt Mundartgedichte, und die Lehrerin im Ruhestand tut es ihm gleich. Die Grundlage dafür bietet der Wortwitz des Alltags: Ein Dorf an der Nordküste liegt da, wo sich Fuchs und Hase Gute Nacht sagen – die Sizilianer tauften

Die berühmtesten Schriftsteller Siziliens und ihre Werke

Giovanni Verga (1840 – 1922)
Mastro-Don Gesualdo; Die Malavoglia; Sizilianische Dorfgeschichten.
Luigi Pirandello (1867 – 1936)
Die Alten und die Jungen; Sechs Personen suchen einen Autor; Die vergessene Maske.
Leonardo Sciascia (1921 – 1989)
Das Gesetz des Schweigens; Mein Sizilien; Das weinfarbene Meer.
Andrea Camilleri (Jahrgang 1925)
Die Form des Wassers.
Vincenzo Consolo (Jahrgang 1933)
Das Lächeln des unbekannten Matrosen; Die Steine von Pantalica.
Dacia Maraini (Jahrgang 1936)
Die stumme Herzogin; Bagheria; Stimmen.

◂ *Leonardo Sciascia spaziert als Statue durch seine Heimatstadt Racalmuto.*

Kunst und Kultur

Im Fokus

Kunsthandwerk

An jedem Andenkenladen baumeln sie, die Miniaturausgaben der sizilianischen **Marionetten**. Ihre Vorbilder aus der „Opera dei pupi" waren oft über einen Meter groß und sind in ihren gelungensten Ausführungen kleine naive Kunstwerke. Das Repertoire im Marionettentheater allerdings war beschränkt: Die dramatischen Stücke erzählen von den Heldentaten von Orlando, einem Ritter Karls des Großen, im Kampf gegen die Sarazenen und seiner unglücklichen Liebe.

Entstanden aus der Tradition der Moritatensänger war dem Puppentheater nur eine kurze, aber üppige Blüte von zweihundert Jahren vergönnt, bevor es in den letzten Jahrzehnten vom Fernsehen verdrängt wurde.

Nur in Palermo gibt es noch Künstler, die ihre Marionettencharaktere selber erfinden und bauen und sie in modernen Stücken führen. Dabei entwickeln sie eine enge Beziehung zu den kleinen Persönlichkeiten, die wahrscheinlich ein Stück der Seele des Puppenführers in sich tragen. Wer in Palermo Gelegenheit hat, eine Aufführung im **Museo Pitré** oder **Mimmo Cuticchio** unter freiem Himmel vor dem **Teatro Massimo** zu erleben, wird feststellen: Das ist Theater auch für Erwachsene.

Die Kunst, Bauernkarren und kleine offene Kutschen mit verschwenderischen Ornamenten zu bemalen, wird jetzt nur noch für die Touristen weitergeführt. Eine gewisse Auferstehung hat sie erlebt, als die Sizilianer begannen, ihre Minilieferwagen, die Api, ausschmücken zu lassen. Immerhin hat noch der Maler Renato Guttuso als Karrenmaler angefangen.

Dafür wächst und gedeiht die sizilianische **Keramik** von Caltagirone, Sciacca und Santo Stefano di Camastra. Ihre künstlerischen Wurzeln gehen auf die griechische Vasenmalerei, auf Elemente der raffinierten Ornamentik und die metallische Glasur der Araber zurück. Aus bemalten Kacheln wurden – und werden für reiche Kunden immer noch – Landschaften und Genreszenen für Fußböden und Wände zusammengesetzt. Edle Teller, Vasen und Schüsseln brauchen sich vor ihren Vorfahren nicht zu verstecken. Zunehmend werden sie auch exportiert.

In den Bergen haben sich noch alte Handwerkstraditionen erhalten. Rund um den Ätna gibt es schmiedeeisernes Gerät, und in den Nebrodi werden farbenprächtige **Teppiche** gewebt. Scheinbar kurz vor dem Aussterben, haben diese Kunstfertigkeiten noch einmal die Chance erhalten, ihre Meisterinnen und Meister zu ernähren, seit die Touristen die Einzigartigkeit dieser Stücke zu würdigen wissen.

Leuchtende Farben kennzeichnen den Stil von Santo Stefano di Camastra.

es Buonanotte. Und die Familiennamen erzählen Geschichten: Badalamenti heißt: „Hör auf die Klagen!" und Tornabene „Komm gut heim!" Die sizilianischen Sprichwörter füllen Bände. Eine Kostprobe: „Lieber Schwein sein als Soldat." Beredt sind die Sizilianer auch, wenn sie schweigen. Dann sprechen die Gesten – übrigens die gleichen wie in Griechenland.

Angesichts dieser dichterischen Überfülle können sich die anderen Künste schwer behaupten. Zu Weltruhm hat es nur der Maler **Renato Guttuso** gebracht. Für das beim Erdbeben 1908 zerstörte Teatro Vittorio Emanuele in Messina, das vor kurzen wieder aufgebaut wurde, hat er die Deckenfresken gemalt. Das Einweihungskonzert dirigierte der berühmte Giuseppe Sinopoli – natürlich ein Landsmann.

Liebhaber der **Oper** gibt es viele in Sizilien, und nicht nur der sizilianische Komponist Vincenzo Bellini ist ein Kassenmagnet. Wenn die großen Häuser von Catania, Palermo und Messina im Sommer schließen, gehen die Aufführungen unter freiem Himmel weiter. Theater, Oper, Ballett, Kammer- und Jazzkonzerte – all das spielt sich im prächtigen Rahmen antiker Theater, malerischer Kirchenruinen oder Stadtparks ab, und kaum eine Kleinstadt verzichtet auf ihr Festival (siehe auch die Internet-Adresse www.taol.taormina-ol.it/mito/calendario).

Der Sportpalast von Acireale hat sich auf **Konzerte** internationaler Popstars und Rockgruppen spezialisiert. Doch seit einigen Jahren haben einheimische Musiker auch die **Volksmusik** wieder entdeckt, die bisher im Schatten der neapolitanischen Canzonen stand. Manche von ihnen spüren alte Texte und Melodien auf, andere verschmelzen sie mit modernen Ausdrucksmitteln. Die Popgruppe Mas-Nada hat schon CDs mit ihrem Ethno-Rock veröffentlicht.

Vielleicht ist es die Tradition der theatralischen Architektur des Barock, die im sizilianischen **Film** wieder aufersteht. Die Brüder Taviani und Giuseppo Tornatore haben in den großartigen Kulissen der Landschaft und der Bauten ihre Filme gedreht, die das Elend und die Sprachlosigkeit der armen Leute, aber auch die Kraft der sizilianischen Kultur zum Thema haben. Kein Wunder, dass auch auswärtige Regisseure „ihren Sizilien-Trip hatten": Roberto Rossellini, Michael Radford und auch Klaus-Maria Brandauer gehören zu der Riege der „cineastischen Wahl-Sizilianer".

Die schönsten Filme zum Thema Sizilien

„Der Leopard"
Klassiker (1963) nach dem Roman von Lampedusa. Als Hauptdarsteller wählte Luchino Visconti Burt Lancaster und Claudia Cardinale.

„Der Tag der Eule"
Spannender Mafiakrimi von Damiano Damiani. 1968 nach einem Buch von Leonardo Sciascia gedreht, in der Hauptrolle Claudia Cardinale.

„Kaos"
1984 verfilmten die Brüder Taviani Novellen von Luigi Pirandello. Der Flug eines Falken leitet uns in eine Welt voll Magie und Leidenschaft. Die verführerische Filmmusik passt zu den großartigen Bildern.

„Cinema Paradiso"
In einem Dorf freundet sich ein Junge mit dem Vorführer des Kinos an. Kino als Blick auf eine noch unverstandene große Welt, die den Jungen über die Sorgen des Alltags hinwegtröstet. Obwohl ohne Happyend, gibt es viel zu lachen (Giuseppe Tornatore, 1988).

„Il Postino – der Postmann"
Ein schwärmerischer Briefträger gewinnt die Freundschaft von Pablo Neruda, der in Sizilien im Exil lebt. Gedreht 1994 von Michael Radford auf Salina, in den Hauptrollen Philippe Noiret und Massimo Troisi.

„Marianna Ucria"
Verfilmung des Erfolgsromans „Die stumme Herzogin" von Dacia Maraini (1997). In den Hauptrollen Philippe Noiret und Emmanuelle Laborit. Reiche Adelige im 18. Jh. behauptet sich in der Männerwelt – als lustige Witwen ...!

Gesellschaft

Mamma, Madonna, Mafia

Alte Sozialstrukturen, mystische Mutter-Sohn-Beziehungen und Emanzipation prägen Siziliens Gesellschaft. In der Wirtschaft regiert die Mafia, und nur die Kirche gilt als Konstante.

"Tirare a campare" – sich durchwursteln – heißt die Devise der von Arbeitslosigkeit und gesellschaftlichen Umbrüchen geplagten Sizilianer. Mit großem Erfindungsreichtum springen sie oft zwischen drei verschiedenen Jobs hin und her – angestellt, freiberuflich und schon auch mal in Schwarzarbeit. So ist die offizielle Arbeitslosenquote von 27 Prozent mit Vorsicht zu genießen: Auf der einen Seite gibt es Resignierte, die den Gang zum Arbeitsamt längst aufgegeben haben und somit aus der Statistik herausfallen. Auf der anderen Seite arbeiten viele schwarz, und zwar Einheimische genau so wie die vielen Immigranten aus Nordafrika, die mit ihren improvisierten Verkaufsständen unübersehbar die Straßenränder der Großstädte säumen.

Über viele Jahrhunderte stellte die Großfamilie das soziale Netz auf Sizilien dar. Auf dem Land lebten Großeltern, Eltern, Kinder und Enkel unter einem Dach. Eine staatliche Betreuung der Kinder, Alten und Kranken gab es nicht. Sie war auch gar nicht nötig, denn in der Großfamilie musste sich kein Arbeitsloser um die nächste Mahlzeit Sorgen machen. Es fanden sich auch immer Omas, Tanten und Schwestern, die nicht berufstätig waren und sich beim Babysitten oder bei der Versorgung des Opas abwechselten. Aber das Netz hat Löcher bekommen. Zunehmend wird die Kleinfamilie zur Regel, Scheidungen sind – Papst hin oder her – nichts Besonderes mehr. Die Bevölkerung kleiner Dörfer besteht häufig nur aus Frauen und alten Menschen, die Männer sind auf der Suche nach Arbeit in den Norden emigriert.

In den Elendsvierteln der Großstädte geht es zu wie in jeder westlichen Metropole. Die Familie besteht hier oft genug aus einer Mutter mit Kindern verschiedener Väter, ihr Leben wird überschattet von Arbeitslosigkeit, Drogen und Kriminalität. Hier rekrutiert die Mafia heute einen Großteil ihres Nachwuchses.

Über die Ursprünge der **Mafia** gibt es verschiedene Theorien. Eine recht schlüssige behauptet, die Mafia sei hervorgegangen aus der Willkür der Gutsverwalter im Landesinneren, die für ihre in Palermo oder Rom im Luxus lebenden Herren das Letzte aus den Pächtern und Leibeigenen herauspressten und dabei darauf achteten, dass sie selbst auch nicht zu kurz kamen. Die Staatsmacht war weit weg und kümmerte sich nicht um ihre Untertanen, solange sie nicht in Hungerrevolten aufbegehrten. Die Untertanen wiederum waren rechtlos und unwissend, sie konnten nicht einmal lesen und schreiben und hätten es nie gewagt, etwas in Frage zu stellen, was sie seit jeher nicht anders kannten. Ihre Erfahrung nach Jahrhunderten der Fremdherrschaft war: Auch wenn die Herrscherhäuser wechseln, die Ausbeutung durch den Grundherrn bleibt. Die Protektion eines lokalen Patriarchen war die einzige Möglichkeit, es zu etwas zu bringen. Aber das hatte seinen Preis: Gehorsam und Kooperation nach dem Motto „Eine Hand wäscht die andere".

Diese traditionellen Strukturen des organisierten Verbrechens wurden nach dem Zweiten Weltkrieg erweitert durch den Rückimport eines einschlägigen Personenkreises aus den Vereinigten Staaten. Dorthin waren viele Bosse ausgewandert, denen der Boden in Sizilien zu heiß geworden war. In den US-Metropolen hatten sie Erfahrungen gesammelt, mit denen sie ihr Geschäft in der alten Heimat neu aufzogen. Beim

◀ *Immer häufiger treten die Sizilianer für ihre politischen Rechte ein.*

35

Bürokratie

Der ganze Abschaum ...

Verbittert kommentiert der Autor **Luigi Pirandello** im Roman „Die Alten und die Jungen" (1913) die auf Sizilien omnipräsente Macht der Bürokraten (Zitat aus dem Original in Eigenübersetzung): „Welch schreckliches Ende hatten in Sizilien alle Illusionen, all der glühende Glaube genommen, an denen sich die Revolte entzündet hatte! Arme Insel, behandelt als erobertes Gebiet! Arme Inselbewohner, behandelt als Barbaren, die man zivilisieren musste! Und vom Kontinent waren sie herabgekommen, um sie zu zivilisieren ... herabgekommen der ganze Abschaum der Bürokratie; und dazu Streitereien und Duelle, blutrünstige Szenen, die Präfektur des Medici, die Militärtribunale und die Diebstähle, Morde und Raubüberfälle, befohlen und ausgeführt von der neuen Polizei im Namen der Regierung des Königs; dazu Fälschungen, Unterschlagungen von Urkunden und politische Prozesse! Darin bestand die erste Regierung der parlamentarischen Rechten! Dann war die Linke an die Macht gekommen. Auch sie hatte begonnen mit Sonderverfügungen für Sizilien; dazu Übergriffe, Betrug, Erpressungen, skandalöse Begünstigungen und Verschwendung öffentlicher Gelder; Präfekten, Abgeordnete, Staatsanwälte abgestellt zur Verfügung der Ministerialbeauftragen, und schamlose Klientelwirtschaft und Wahlbetrug; unsinnige Ausgaben, erniedrigendes Hofschranzentum; die Unterdrückung der Besiegten und Arbeiter, unterstützt und protegiert vom Gesetz, und den Unterdrückern garantierte Straffreiheit."

Drogenhandel halfen ihnen die traditionellen Handelswege, die aus dem Nahen Osten und aus Nordafrika über Sizilien nach Europa führten.

Gäbe es die Mafia nicht, wäre Sizilien gewiss weiter entwickelt, denn Großunternehmen aus dem Norden scheuen die Investition in unsicheren Gebieten. Dafür investiert die Mafia selber: Ihr gehören korrupte Bauunternehmen, aber auch Banken und Hotels zur Geldwäsche.

Unbeeindruckt von allen gesellschaftlichen Veränderungen hat die **katholische Kirche** eine zentrale Stellung nicht nur in der Gesellschaft, sondern im Leben jedes einzelnen. „Es ist schön, einen Glauben zu haben", sagen die Menschen, auch wenn sie keineswegs besonders fromm sind. Sie meinen damit die Feste, an denen sie ihre schönsten Kleider anziehen und zur Messe in die Kathedrale gehen, wo die Leute sich im von Kerzen feierlich erleuchteten Kirchenraum den neuesten Tratsch erzählen, während weit vorn der Pfarrer die Liturgie vollzieht. Sie meinen die von allen benutzten und verstandenen Sprichwörter, die mit Gleichnissen der Religion spielen und dabei ganz weltliche und oft frivole Dinge abhandeln. Sie spüren, dass der Rhythmus des Jahresablaufs vom Kirchenjahr bestimmt wird. Es gibt vorläufig noch keine Struktur, die diesen kulturellen Zusammenhalt ersetzen könnte. Und man darf die katholische Kirche auch nicht auf überkommene Riten reduzieren. Gerade die Geistlichen an der Basis – aber nicht nur die – kämpfen häufig an vorderster Front gegen die Kriminalität, kümmern sich um arbeitslose Jugendliche und versuchen, die Bürger in Elendsvierteln für deren eigene Interessen zu mobilisieren.

Wer die sizilianische Gesellschaft näher erlebt, reibt sich zunächst einmal die Augen. Das klassische Vorurteil, hier auf ein uriges Patriarchat zu treffen, muss der Gast aus dem Ausland schnell aufgeben. „Die Männer entscheiden die wichtigen Fragen, zum Beispiel, wer die nächste Wahl gewinnen sollte und ob die europäische Einheit für Sizilien Vorteile bringt. Aber die Frauen entscheiden die Probleme des Alltags, also welchen Beruf der Sohn ergreift und wen die Tochter heiratet", hat es eine Familienmutter einmal augenzwinkernd auf den Punkt gebracht.

Die **Mamma** und ihr Sohn – eine enge und beinahe mystische Beziehung, in die keine künftige Schwiegertochter einbrechen kann. Sie heiratet nicht einen Mann, sondern eine Symbiose, die fortbesteht, auch wenn der Junge längst eine eigene Familie gegründet hat. Ein sizilianischer Richter, dem die hohen Kosten vorgeworfen wurden, die er durch Privatgespräche auf seinem Dienst-Handy verursacht hatte, verteidigte sich: „Ich musste doch jeden Tag von unterwegs mit meiner Mutter telefonieren." Dafür hatten alle Verständnis, vor allem alle Frauen.

Die Ehefrau verschaffte sich früher erst Respekt, wenn sie Kinder zur Welt brachte, am besten natürlich Söhne. Wer jemandem etwas Gutes wünschen wollte, sagte „Figli maschi – männliche Nachkommenschaft". Dabei sind bis heute die sizilianischen Väter ganz vernarrt in ihre Töchter. Das begreift man sofort, wenn man an einem Samstag- oder Sonntagvormittag die stolzen Papas mit ihren herausgeputzten kleinen Mädchen spazieren gehen sieht – kein Tadel, kein böses Wort fällt, die Töchter werden bei Laune gehalten, und wenn die Kleinen zufrieden sind, ist der Papa glücklich.

Dabei zeigt die Emanzipation überall längst Ergebnisse. Die Frauen beschränken sich nicht mehr auf ihre angestammte Rolle. Immer mehr ergreifen einen Beruf, und zwar nicht nur den der Volksschullehrerin oder Krankenschwester. Richterinnen sind sie heutzutage, Staatsanwältinnen, Bürgermeisterinnen – übrigens in Sizilien ausgesprochen gefährliche Berufe. Auch im Kultur- und Medienbetrieb spielen Frauen eine herausragende Rolle, sie sind Verlegerinnen und Journalistinnen. Und wenn die Touristen die Polizei brauchen, sitzen sie nicht selten einer Frau in Uniform gegenüber.

Die Madonna gehört zu jeder sizilianischen Familie.

Mafia

Die Bürger wehren sich

1992 wurden die palermitanischen Ermittlungsrichter **Falcone** und **Borsellino** von der Mafia ermordet. Sie waren nicht die ersten (und auch nicht die letzten) Opfer aus der Justiz und der Polizei. Aber damals war das Maß voll: Die Sizilianer hatten die Mafia satt! In Palermo wurde 1994 **Leoluca Orlando** Bürgermeister, der an der Spitze der **Anti-Mafia-Bewegung** stand. Witwen, Schwestern und Töchter von Mafia-Opfern organisieren sich als „Donne contro la Mafia". Geschäftsleute schließen sich zusammen, um sich gegenseitig zu ermutigen, bei Erpressungen Anzeige zu erstatten. Priester, Politiker und einfache Bürger organisieren Aktionen und Demonstrationen.
Wie sehr die Sizilianer zuvor von der Allmacht und Allgegenwart des organisierten Verbrechens überzeugt waren, zeigt ein bitteres Bonmot des Schriftstellers Leonardo Sciascia in Bezug auf die Bildung einer Truppe von Staatsanwälten gegen die Mafia: „Die Mafia leistet sich den Luxus einer Anti-Mafia-Kommission."
Die Regierung ergriff weitere Maßnahmen: die Bildung einer Polizeieinheit, ein Zeugenschutzprogramm und eine Kronzeugenregelung, die weitgehende Straffreiheit und eine neue Identität für Aussteiger zusicherte. Dies führte zu massenhaften Verhaftungen. Allerdings musste sie das Programm 1997 einschränken, weil die Bevölkerung nicht begriff, dass Mörder untertauchen können und vom Staat Pensionen erhalten, während die Familien der Opfer von Sozialhilfe leben müssen.

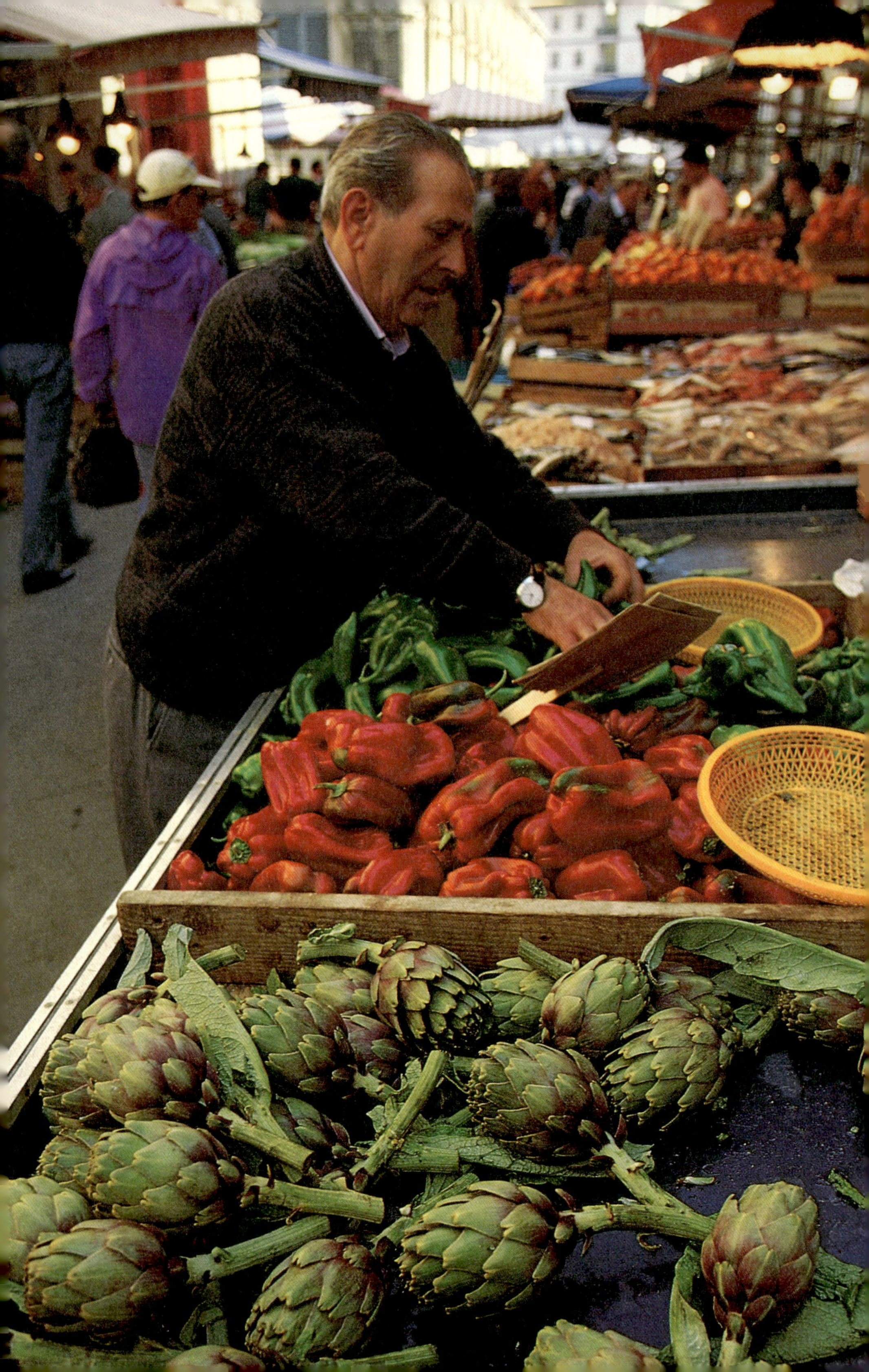

Essen und Trinken

Frugal und rustikal

Meeresfrüchte, Gemüse und sonnenverwöhntes Obst bilden die Basis der sizilianischen Küche. Schon seit den Tagen der Antike ist die Insel ein kulinarisches Paradies.

Die sizilianische Küche ist eine bunte Mischung verschiedener Traditionen rund ums Mittelmeer. Dazu kommen die Erzeugnisse der einzelnen Regionen, die die Küche unverwechselbar machen. Das bekannteste Nationalgericht: das **Eis**, das die Araber eingeführt haben. Sie wollten auf ihr geliebtes Sorbet auch in Sizilien nicht verzichten, und zum Glück gab es den Ätna, auf dessen Hängen der Schnee manchmal bis in den Juni nicht schmilzt. Damit er für den ganzen Sommer reichte, haben ihn die Zuckerbäcker der Emire in Grotten gebunkert. Mittlerweile macht jede Gelateria ihr Eis natürlich selbst. Und auch die kleinste Bar, die sonst kein Eis anbietet, hat die **Granita di limone** im Programm, ein seidigcremiges Sorbet aus Wasser mit viel Zucker und Zitronensaft. Bessere Bars bieten außerdem **Granita di caffè** an, und die wirklich edlen Lokale servieren sogar Maulbeersorbet.

Weitere Importe der Araber sind **Marzipan** und Mandelgebäck, Kuskus und die in Öl gesottenen Innereien. Dazu kommt die raffinierte Art des Würzens von salzigen Speisen mit Pinienkernen und Rosinen. Die Gerichte sind nicht sonderlich scharf, dafür wird fast überall eine Knoblauchzehe mitgebraten.

Überhaupt die **Gewürze** – neidisch könnte man werden, wenn man bei einem Gang über den Markt die strotzenden Büschel Basilikum sieht und riecht, die frisch geernteten und in Salz eingelegten Kapern, die Ketten von Chilischoten und Knoblauchzehen, die duftenden Oregano-Sträußchen. Die Pasta wird nicht einfach „mit Tomatensoße" zubereitet, hier kommt es auf die Nuancen an, die mit immer wieder abgewandelten Zutaten gezaubert werden. In Catania isst man die **Pasta alla Norma**, Makkaroni mit geschmorten Tomaten und Auberginen, dazu Flocken von frischem Ricotta, dem gern verwendeten Weißkäse. In Siracusa hackt man rohe Tomaten und Basilikum über die Spaghetti. Oder wie wär's mit **Spaghetti maredolce**, mit Thunfisch, Rosinen und Pinienkernen und nur einem Hauch Tomaten? Viel begehrt, selten serviert – und eigentlich unter Naturschutz – sind die Spaghetti mit einer Soße aus Seeigeln.

Wo jeder die eigenen Zitronen aus dem Garten holen oder für fünfhundert Lire das Kilo kaufen kann, wird ihr Saft für viele Gerichte verwendet: im Salat statt Essig, über das in Öl geschmorte Gemüse, über Fisch und die hauchdünn geschnittenen Schnitzel. Und natürlich als pikante Würze über die endlosen Variationen der **Antipasti**. Es gibt Restaurants, die auf ihrer Theke stolz fünfundzwanzig verschiedene Vorspeisen präsentieren. Auf alle Fälle gehört die

Pasta alla Norma – Leibspeise des Musikers Bellini.

Frisches Gemüse aus der Region wird auf dem Markt von Siracusa feilgeboten.

Spezialitäten

Einfach köstlich!

Die wahren Wunder der sizilianischen Küche entdeckt man auf der Straße. In Palermos offenen Garküchen werden etwa Lunge und Milz in Öl gesotten und in frische Semmeln gefüllt. **Pani ca meusa** nennt sich der Leckerbissen, der wahlweise schietta – ohne alles – oder maritata – verheiratet, das heißt mit frischem Weißkäse – serviert wird. Dann gibt es noch zarte knusprige Fladen aus Kichererbsenmehl, **Panella**.

Die Metzger bieten an ihren Marktständen feste Sülze, **Gelatina** (Vorsicht, scharf!), und Ochsenmaulsalat, **Mussu**, mit Scheibchen von Karotten, Lauch und grünem Sellerie. Ein schmackhafter Import aus Tunesien und mittlerweile in den Küstenstädten eingemeindet ist das **Kuskus**. Basis ist im Dampf einer kräftigen Brühe gegarter grober Gries. Dazu wird Fisch, Lamm oder Gemüse gereicht. Kenner bestellen dazu **Harissa**, eine höllisch scharfe Chilisoße. Richtig zubereiten können dieses Gericht aber nur die Köche der tunesischen Restaurants.

In den Küstenstädten gibt es ein großes Angebot an fangfrischem Fisch.

Caponata dazu, pikant eingelegtes Gemüse, je nach Landstrich mit Oregano, Pinienkernen oder Rosinen.

Natürlich isst man in den Küstenregionen gern fangfrischen **Fisch** und **Meeresfrüchte**. Mit Kennerblick wählen die Gäste im Restaurant „ihren" Fisch aus dem Angebot, das der Wirt in der Vitrine auf gehacktem Eis bereithält, und beraten mit ihm, wie man den Fisch am besten zubereitet: gegrillt, paniert mit Kräutern oder mit einer leichten Tomatensoße vielleicht? Aus den zarten Sardinen werden entweder mit Zitrone, Pfeffer und Petersilie marinierte Filets oder mit Käse und Semmelmehl gefüllte Rouladen, **Involtini**, oder ein süßsaurer Auflauf, **Sarde a Beccafico**. Oder man entscheidet sich für die rosigen Krabben und Garnelen. Wenn man Glück hat, sind gerade Meeresschnecken, **Babbaluci**, eingetroffen.

Auch im Landesinneren isst man gut, nämlich Wildschwein und Pilze, besonders in den Dörfern um den Ätna. Nur mit einem **Limoncello**, einem Zitronenlikör, oder einem Kräuterlikör, etwa von der berühmten Marke Averna, sind die fenchelduftenden, aber unheimlich fetten Schweinswürstchen, **Salsicce**, zu verdauen.

Wahre Orgien feiern die Sizilianer mit dem **Gebäck**. Berühmt sind die **Cannoli**, in Schmalz knusprig gebackene Teigrollen mit einer Füllung aus süßem Ricotta. Mandeln, Haselnüsse und Pistazien, die natürlich alle in Sizilien wachsen, werden besonders um den Ätna zu tausenderlei Plätzchen verarbeitet, und überall findet man aus Marzipan geformte Nachbildungen von Früchten und Gemüse. Selbst vor „süßen Wurstbroten" schreckt man nicht zurück. Hier fließen auch heidnische Bräuche in die Backkunst ein: In Siracusa werden die Augen der heiligen Lucia nachgebildet, so wie sie ihr einst ausgestochen wurden. In Catania bäckt man mürbe Teilchen, die den Busen der heiligen Agathe darstellen.

Dazu kommen noch Gebäckspezialitäten, die es nur zu besonderen Anlässen bzw. Festen gibt. An Ostern werden in Caltagirone Körbe aus Hefeteig gebacken, komplett mit zwei Ostereiern als Füllung. In Palermo verkaufen die Konditoreien zum Fest des heiligen Josef eine Art Windbeutel mit einer Cremefüllung, die **Sfinge di San Giuseppe**.

Dazu trinkt man einen aromatischen **Kaffee**, also einen sizilianischen. In der „Bar", dem Stehcafé, wird er in vielen Variationen zubereitet: „Espresso", ein kleiner Schluck eines konzentrierten Gebräus, das Tote weckt; „Cappuccino", versetzt mit heißer Milch; „Macchiato", mit einem Spritzer Milch; „Lungo", mit Wasser gestreckt; „Corretto", mit Hochprozentigem; „Caffelatte", Kaffee mit etwas Milch; „Latte macchiato", heiße Milch mit etwas Kaffee.

Die großen Weinführer sind gegenüber dem sizilianischen **Wein** sehr zurückhaltend. Dabei hat er diese Missachtung wahrlich nicht verdient. Die edlen Tropfen sind natürlich wegen ihrer Hochprozentigkeit mit Vorsicht zu genießen. Von den Kellern der Herzöge von Salaparuta kommen seit hundert Jahren der „Corvo Bianco" und der „Corvo Colomba Platino", beides trockene und elegante Weißweine. Auch ihr „Corvo Rosso" ist trocken, aber kräftig. Andere gute Weißweine sind der „Bianco d'Alcamo", der „Eloro Bianco" und der Vulkanwein „Etna Bianco". Der ausgesprochen aromatische „Rosé Cerasuolo di Vittoria" kommt aus dem Süden Siziliens.

In den letzten Jahren macht der sizilianische Weißwein dem Roten zunehmend Konkurrenz.

Bei uns am bekanntesten ist der **Marsala**, ein kompliziert hergestellter Dessertwein, der in seinen billigeren Varianten mit Branntwein und Süßmost versetzt ist. Ein naturreiner Dessertwein ist dagegen der Wein von der Insel Salina. Er wird aus der berühmten Malvasia-Traube hergestellt und ist deshalb so stark, weil die Trauben in der Sonne liegen, bis das meiste Wasser aus ihnen verdunstet ist.

Man kann aber in den Restaurants auch getrost den offenen Landwein bestellen, er ist immer frisch und kräftig im Geschmack.

Restaurant-Tipps

Ristorante Da Salvatore
Castiglione di Sicilia
20 km nordwestlich von Taormina
Contrada Arzilla
Tel. 0942/29 85 33.
Berggasthof mit Blick auf den Ätna, das Tal von Alcantara und Castiglione. Schon die Terrasse ist die Anfahrt wert. Es gibt hausgemachte Pasta und Steinpilze vom Ätna.

Trattoria La Scala
Caltagirone
Scala S. Maria del Monte 8
Tel. 0933/577 81.
Ein Familienrestaurant mit gemütlichen Räumen in antikem Gewölbe. Unter dicken Glasplatten verläuft eine Quelle quer durch den Saal. Freundlicher Service und nicht teuer.

Torre Bennistra
Scopello (Provinz Trapani)
9 km nordwestlich von Castellammare del Golfo
Tel. 0924/54 11 28.
Im alten Teil des Dorfes hoch auf dem Berg gelegen, mit luftiger Terrasse und Blick weit hinaus aufs Meer und den Parco dello Zingaro. Fangfrischer Fisch. Absolute Stille.

Vecchio Ponte
Mazara del Vallo
Via Piersanto Mattarella 9
Tel. 0923/94 63 29.
Das Lokal ist unscheinbar, die Küche ein Traum. Der Wirt kocht aus Leidenschaft und war früher Dozent an der Hotelfachschule! Lassen Sie sich von ihm Ihr Menü zusammenstellen.

Im Nam

Der Antike gedenken Kunst und Theater, wie hier in Siracusa (1), volkstümlich dagegen feiern die Menschen ihren katholischen Glauben wie beim Fest der Sant'Agata (2) oder dem Osterspiel in Caltanissetta (3).

Feste und Feiern des Glaubens

Die Religion bestimmt offiziell Siziliens Festtagskalender, doch die heidnischen Wurzeln der Feierlichkeiten sind häufig nicht zu übersehen.

Zahllos sind die Feste in Sizilien. Jede Stadt und jedes Dorf hat einen **Schutzpatron** oder eine **Schutzheilige**, die mindestens einmal im Jahr gefeiert werden müssen, wie es sich gehört: also mit einer Prozession. Und da gehen nicht nur sämtliche Bürger im Sonntagsstaat mit, sondern auch „die Heiligen selbst" werden auf den Schultern kräftiger Männer durch die Straßen getragen, wandern kreuz und quer durch die Stadtviertel, werden manchmal sogar mit echtem Wein gestärkt. Die Prozessionen haben sich die Heiligen mit vielerlei Wundertaten redlich verdient: Rosalia hat Palermo von der Pest erlöst. Der Heilige Calogero hat in Agrigento die Armen gespeist. Agata hielt vor Catania einen Lavastrom auf. Und noch heute gibt es viele Sizilianer, die bestätigen können, dass ihr ganz besonderer Heiliger ihnen in ihren Nöten geholfen hat.

Manchmal allerdings ist die christliche Schicht über **heidnischen Fruchtbarkeitsritualen** nur dünn. Eine Madonna, die – wie in **Trapani** – das Meer segnet oder die mit Tänzen fast nackter junger Männer gefeiert wird – wie in **Enna** –, sind nur die christlichen Darstellungen antiker Gottheiten, die aus dem Dämmer der Urgeschichte aufgetaucht sind. Nicht zufällig sind manche Madonnen „schwarz", eine der drei Farben der matriarchalen Erdgöttin. Der archaische Ritus des „jungen Weizens" in **Alcara** ist seit 4500 Jahren unverändert. Worum es geht, zeigen die Liebeslieder, die dabei gesungen werden, auch wenn heute statt Demeter und Adonis Johannes der Täufer dem Fest seine katholische Weihe geben soll.

Feste sind zum Feiern da, finden die Sizilianer. Man darf deshalb selbst beim **Allerseelenfest** keine Friedhofsstimmung erwarten. Warum sollte man trauern, wenn doch die Toten, wie in Siracusa, Süßigkeiten für die Kinder der Nachkommen bringen. Ist das Wetter mild, hält man unbekümmert ein Picknick auf dem Friedhof ab. Auch hier spukt das Heidentum: Die Erdmutter nimmt und gibt. Und spätestens bei den zahlreichen Jahrmärkten, die zu diesen Anlässen abgehalten werden, bricht sich die Lebensfreude wieder ihre Bahn.

Selbst die **Karfreitagsprozessionen** sind gesellschaftliche Anlässe mit viel Lust am Theater. Schon Wochen vorher studiert man die „Sacra rappresentazione", das **Mysterienspiel**, ein. Jede Stadt behauptet von sich, die schönste, auf alle Fälle aber älteste Aufführung zu bieten; vielleicht die Stadt Prizzi mit dem größten Recht, tanzen dort doch sogar die Teufel mit, Dämonen geradewegs aus der heidnischen Unterwelt.

Früher oblag in vielen Städten die Organisation der Prozessionen den Zünften, und noch heute sind es oft die Berufssparten, die ihren Stolz darein setzen, „ihre" Heiligen auszustaffieren und am Festtag durch die Stadt zu tragen. Am besten studieren lässt sich das in Trapani, wo am Karfreitag zwanzig Zünfte je eine Gruppe von drei bis vier lebensgroßen Figuren durch die Straßen wuchten. In anderen Fällen wird die „Vara", die tonnenschweren Trage mit der Madonna oder dem kristallenen Sarg mit Christi Leichnam, von Männern getragen, deren Amt sich innerhalb der Familie fortvererbt. Stundenlang wälzen sich die Züge durch die Straßen aller Viertel, an jeder Kirche wird zum Gebet gehalten. Immer wieder müssen sich die erschöpften Männer abwechseln lassen. Priester in vollem Ornat schreiten voran, Mönche und Nonnen folgen – auch die kleinen Mädchen sind in Nonnentracht dabei. Männer, die ein Gelübde abgelegt haben oder zu einer Confraternità, einer Art katholischem Club, gehören, erscheinen als vermummte Büßer.

Aber die katholische Kirche hat nicht das Monopol auf Siziliens Feste – schon weil man sich dann auf deren Feiertage beschränken müsste, und das wären ja viel zu wenige. Ganz ohne Religion vollzieht sich das **Schwertfischfest** von Aci Trezza, genannt „U pisci a mari". Die Fischer spielen im Hafenbecken die Jagd auf einen Schwertfisch nach, der zur Gaudi der Zuschauer immer wieder entkommt. In Messina werden keine Heiligen, sondern die mythologischen Gründer der Stadt durch die Straßen geführt – neun Meter hohe „Giganti". Ein Fest der Arbeiterbewegung haben die Sizilianer mittlerweile eingemeindet, den **Internationalen Frauentag**. Man schenkt den Damen Blumen und führt sie mit einer Schar von Freunden zum Festessen aus, wobei Musik oder Kabarett nicht fehlen dürfen.

Außer Rand und Band geraten die Sizilianer beim **Carnevale**. Die Faschingssaison beginnt, sobald die alte zu Ende ist. Dann fangen die Jecken an, für die Kostüme und die Ausstattung der Festwagen zu sparen. Jedes Stadtviertel hat seinen Karnevalsverein und versucht, die Nachbarn zu übertrumpfen. Viel Zeit wird auf die Arbeit an den Figuren und am Kostüm verwendet. Fünf tolle Tage und Nächte lang ist die Stadt unterwegs und tanzt zu der Musik von Lautsprecherwagen. Von der Oma bis zum Enkel ist jeder verkleidet. Wer also etwa beim Karneval in Sciacca mitmachen will: Kostüm nicht vergessen!

Die schönsten Feste

Festa del Mandorlo in Fiore
Volksfest vor herrlicher Kulisse in Agrigento (1. Februarwoche).

Karfreitagsprozession
Riesige Figurengruppen werden im Tanzschritt durch Trapani getragen.

Festa del Muzzuni
Heidnischer Fruchtbarkeitsritus in Alcara li Fusi (24. Juni).

U pisci a mari
Eine Jagd auf den Schwertfisch, bei der kein Blut fließt, in Aci Trezza (24. Juni).

Fistinu
Das Fest der hl. Rosalia von Palermo (10. – 15. Juli).

Scala Illuminata
Eine unendliche Treppe, bedeckt von einem Meer bunter Lichter, in Caltagirone (24. – 25. Juli).

Normannenfest
Ein mittelalterliches Reiterspiel in Piazza Armerina (13. – 14. August).

Festkalender

6. Januar
Feierliche Prozession zu Ehren der Heiligen Drei Könige in Caltanissetta.

Februar
Carnevale in Palma de Montechiaro, Sciacca, Taormina und Acireale; Termin nach dem Kirchenkalender.

3. – 5. Februar
Fest der Stadtheiligen Agata in Catania.

1. Februarwoche
„Festa del Mandorlo in Fiore" in Agrigento; großes Treffen internationaler Volkstanzgruppen. Theater- und Musikveranstaltungen vor der grandiosen Kulisse der antiken Tempel und inmitten blühender Mandelbäume.

April
Die Karwoche und das Osterfest werden an vielen Orten mit Karfreitagsprozessionen und Mysterienspielen gefeiert. Eine Auswahl: Caltagirone, Caltanissetta, Trapani, Prizzi (hier einmalig: Tanz der Teufel).

Mai
Festival der Volksmusik in Taormina; Aufzug sizilianischer Karren.

1. Sonntag im Mai
Fest der Stadtheiligen Lucia in Siracusa, bei dem Wachteln freigelassen werden.

Mai/Juni
Festival des antiken Theaters, findet in geraden Jahren in Siracusa statt, in ungeraden Jahren in Segesta.

Juni
Taormina bietet von Juni bis Mitte September Kultur satt: Kino, Musik, Ballett, Drama im antiken Theater.

1. und 2. Junisonntag
Fest des heiligen Calogero in Agrigento, an dem eigens dazu gebackene Brötchen in die Menge geworfen werden.

21. – 23. Juni
Fest der Madonna dei Miracoli in Alcamo, mit Umzug und Pferderennen.

24. Juni
„Festa del Muzzuni" in Alcara li Fusi nach einem antiken Fruchtbarkeitsritus.

„U pisci a mari" in Aci Trezza; dabei wird die Jagd auf den Schwertfisch nachgespielt.

10. – 15. Juli
„Fistinu" für Palermos Stadtheilige Rosalia, mit Wallfahrt auf den Monte Pellegrino.

24. – 25. Juli
„Scala Illuminata" zu Ehren des Stadtheiligen Jakob in Caltagirone; die Prunktreppe wird mit unzähligen Öllämpchen dekoriert, die ein Wappen oder ein religiöses Symbol bilden.

4. August
Noch eine Wallfahrt in Palermo zu Ehren von Rosalia.

3. – 16. August
Aus der ganzen Welt kommen die Wallfahrer zur Madonna von Trapani.

13./14. August
Normannenfest in Piazza Armerina; Ritterturnier und Umzug in mittelalterlichen Kostümen.

12. – 15. August
Messina, zunächst Prozession ans Meer; an den nächsten Tagen dann Parade der Riesen, die die Stadtgründer darstellen.

15. August
Fischerfest für die Madonna von Castellammare del Golfo; die Muttergottes fährt mit einem Boot auf den Golf hinaus, um das Meer zu segnen. Anschließend wird die Statue durch die Stadt getragen.

1./2. November
An Allerheiligen und Allerseelen besucht man die Gräber, was oft mit einem Picknick verbunden ist. In allen Städten verbreitet.

13. Dezember
Fest von Siracusas Stadtheiliger Lucia. Zu diesem Anlass formen die Konditoren aus Marzipan die Augen der Heiligen. Natürlich mit Prozession und Blasmusik.

Weihnachten
Krippenspiel in Caltagirone (und andernorts). In fast allen Kirchen Siziliens werden zur Weihnachtszeit liebevoll gestaltete Krippen aufgebaut.

Feuerwerk zu Ehren der Rosalia.

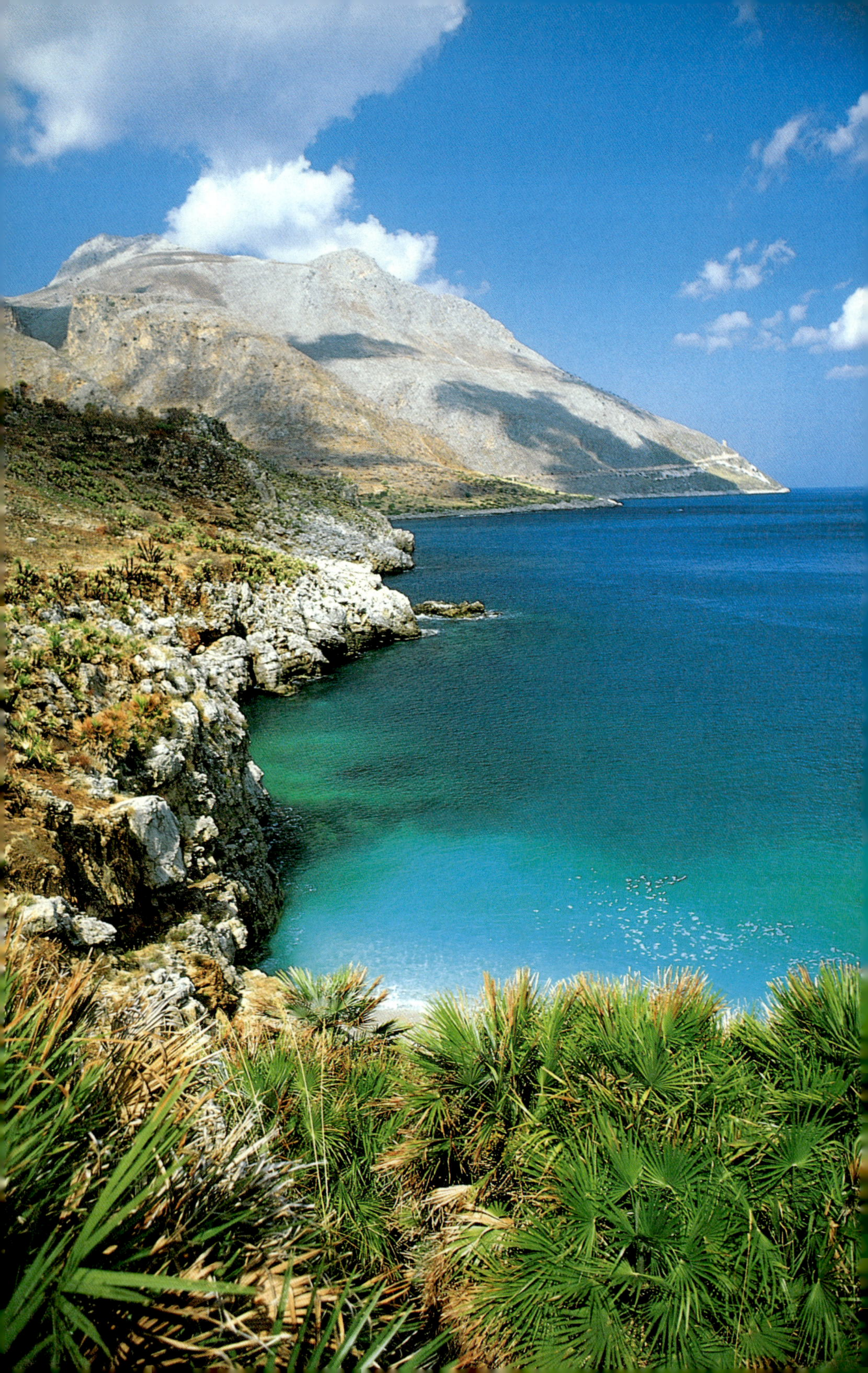

Freizeitaktivitäten

Zu Wasser und zu Land

Allmählich kommen neben den Kulturtouristen auch die Aktivurlauber nach Sizilien. Küsten und Berge im Hinterland bieten ihnen beste Voraussetzungen.

E s ist noch gar nicht so lange her, da war Sizilien nur das klassische Ziel für Bildungsreisende. Mit Goethes „Italienischer Reise" unter dem einen Arm und dem Baedeker unter dem anderen machten sie sich auf ins „Land, wo die Zitronen blühen". Tagsüber wandelten die Studienräte zwischen Tempeln, abends unter Palmen auf den Promenaden der Kulturstädte. Wer sich an einem Sandstrand eine zünftige Sonnenbräune holen wollte, gönnte sich zwei Wochen Rimini in Norditalien.

Mittlerweile sind die Touristen neugieriger geworden und die Charterflüge nach Sizilien billiger. Die Nordländer haben Sizilien für sich entdeckt. Der mondäne Badeort **Mondello** war noch vor einer Generation ausschließlich den Palermitanern vorbehalten. Heute hat er internationales Flair. **Castellammare del Golfo**, im Winter beschaulich, birst im Sommer vor Leben – Strandleben natürlich. Und das kleine Fischernest **Marzamemi** hat sich zum Lieblingsziel der jugendlichen Fun-Touristen entwickelt. An den kilometerlangen Sandstränden vor **Taormina** – **Giardini-Naxos** und **Letojanni** – stehen die Sonnenschirme und Liegestühle dicht an dicht, und allen macht der Trubel Spaß. In **Agrigento** lautet das Motto: nachmittags zu den Tempeln, abends in die Disko, am nächsten Morgen am Strand von **San Leone** ausschlafen.

Ruhige Strände sind zum Geheimtipp geworden – aber keine Sorge, es gibt sie noch: bei **Eloro** am Südzipfel Siziliens, auf den Inseln Pantelleria und **Salina** oder vor dem Naturschutzgebiet des **Parco dello Zingaro** zum Bei-

Die schönsten Wandergebiete

Ätna
Vom Rifugio Sapienza bis zum Torre del Filosofo
(siehe S. 120).

Foce del Simeto
Wattwanderung auf der Suche nach den Graureihern
(siehe S. 135).

Parco dello Zingaro
Höhlen und Stachelschweine – Badeanzug nicht vergessen
(siehe S. 191).

Madonie
Durch einsame Hochtäler und zu den Riesenstechpalmen
(siehe S. 76).

Valle dell'Anapò
Grüne Oase mit frühgeschichtlichen Felsengräbern
(siehe S. 147).

Riserva di Vendicari
Schmaler Grat zwischen Lagunen und Meer
(siehe S. 153).

Nebrodi
Von Galati Mamertino zur „Cascata del Catafurco"
(siehe S. 89).

Stromboli
Tiefblicke in den Vulkan
(siehe S. 101).

◀ *Im wilden Parco dello Zingaro kann man baden, tauchen und wandern.*

Freizeitaktivitäten

Die schönsten Strände

Im Sommer ballen sich die Sonnenanbeter an den wenigen Sandstränden. Die Kommunen vergeben Lizenzen an kommerzielle Unternehmen, die die schönsten Abschnitte mit Sonnenschirmen, Liegestühlen, Umkleidekabinen und Sanitäranlagen ausstatten. Auch Bars und Restaurants sind dabei. Je nach Standard fällt ein Eintritt zwischen 5000 und 20.000 Lire an. Die Betreiber sind verpflichtet, den Strand peinlich sauber zu halten, aber in der Hochsaison gelingt das nicht immer. Sauber und kostenlos sind dagegen die Felsenstrände der Ostküste und der Inseln. Wichtig: In Italien beginnt am 15. August die absolute Hochsaison. In dieser Zeit sind die Strände hoffnungslos überlaufen.

Marinello di Oliveri: Badeort an der Lagune von Tindari mit der berühmten weißen Düne.

Capo d'Orlando: langer Sandstrand; im Sommer ein „Hauch von Chic", der aber nicht aufdringlich wird.

Mondello: nördlich von Palermo; vornehme Privatstrände und ein kostenloser gepflegter Strand der Kommune; für Freunde des Dolce Vita.

Castellammare del Golfo: südwestlich von Palermo. Kilometerlanger, weißer Sandstrand. Im Sommer viel Trubel.

San Vito Lo Capo: an der Westspitze, 30 km nördlich von Trapani. Fernab von jeder Industrie, glasklares Wasser.

Marinella di Selinunte: kleine, saubere Buchten; größtenteils kommerzielle Stränden – außer der „Mare Pineta".

Marina di Noto: nicht überlaufener, sauberer Sandstrand vor Noto ohne jeglichen Massentourismus.

Eloro: in der Nähe von Noto und noch ein Geheimtipp! Ganz ruhig.

Fontane Bianche: schicker Badeort mit langem Sandstrand, 20 km südlich von Siracusa.

spiel. Nicht an allen Stränden kann man allerdings Sandburgen bauen, im Norden ist die Küste zum größten Teil felsig, und auch im Osten bis Catania hat die Lava des Ätna schroffe Klippen geschaffen.

Wem das Strandleben zu langweilig ist, der kann in glasklaren Buchten vor **San Vito lo Capo**, rund um die **Liparischen Inseln,** auf **Ustica** oder vor **Pantelleria** in die fantastische Welt des Meeres tauchen, womöglich sogar an einem Kurs für Unterwasserarchäologie teilnehmen. Das ist auch für Tauchneulinge kein Problem, die zahlreichen Tauchschulen freuen sich über zahlende Kursteilnehmer. Alte Hasen können sich ihre selbst mitgebrachten Atemgeräte problemlos nachfüllen lassen. Harpunen muss man allerdings zu Hause lassen, der Naturschutz verbietet die Unterwasserjagd.

Und wo es Tauchschulen gibt, sind meistens die Segelschulen nicht weit. Wer nur einmal einen von Fachleuten organisierten Törn mitmachen will, findet in jedem Badeort Fischer, die sich mit Ausflügen ein Zubrot verdienen. In den touristischen Hochburgen am Meer gibt es überall Yachthäfen, genannt Porto Turistico, in denen Gäste mit eigenem Boot festmachen und sich entsprechend versorgen können. Die technischen Daten kann man unter anderem über die Internet-Seiten der Fremdenverkehrsämter abfragen.

Erst seit kurzem reagieren auch die Sizilianer im Landesinneren auf die veränderten Bedürfnisse der Urlauber. Kein Wunder, hatte sich der Tourismus doch lang auf Kultur und Strand beschränkt. Der Vorteil: Die Ausflügler sind in menschenleerem Gebiet ganz unter sich. Der Nachteil: Jetzt müssen die Fremdenverkehrsbüros der Provinzen und die Verwaltungen der Naturparks in fieberhafter Eile Pfade markieren und Wanderkarten erstellen, die wirklich detailliert beschriebene Rundwanderungen ausweisen – statt der bisher üblichen Gebrauchsanleitungen im Stile von: „Man nehme die romantische Strada Statale Nummer soundso und fahre in das bezaubernde Bergdörfchen XY."

Die Bergwälder und Hochtäler der **Nebrodi** und der **Madonie** sind ideal fürs Wandern, Reiten und Mountainbiken. In **Cefalù** kann man sich Drahtesel und Pferde leihen, schwieriger wird es im Hinterland. Hier mietet man sich am besten für zwei Wochen auf einem Bauernhof ein, der auch Pferde für die Gäste hält. Auf der Insel **Pantelleria** kann man ebenfalls Reiterferien machen, und die Schluchten von **Salina** sind längst zu beliebten Ausflugszielen geworden. Auf Sizilien selbst sind die Grotten von **Santa Ninfa**, das Tal von **Cassibile**, die Schlucht des **Anapò** und die Felsengräber von **Pantalica** herrlich zu Fuß zu erkunden. Die senkrechten Hänge von Pantalica

Mondän und blitzsauber ist Mondello, der Hausstrand von Palermo.

und die Höhlen des **Monte Pellegrino** sind aber Kletterern vorbehalten. Wer in Strandnähe bleiben will, sollte einen Ausflug in die Naturschutzgebiete unternehmen, etwa am **Simeto,** zur Oase von **Vendicari** oder zum **Parco dello Zingaro**.

Beim Stichwort „Sport in Sizilien" würde niemand auf Anhieb ans Skifahren denken. Aber das ist hier Volkssport, zumindest in Catania und in Palermo. Sobald der erste Schnee fällt, brechen die Catanier auf zum **Ätna**, wo die Saison oft bis zum Mai dauert. Und wenn man sich rechtzeitig an die Abfahrt macht, kann man noch schnell am **Lido di Plaia** baden. Alpin geht es im Winter auch beim Skizirkus bei **Piano della Battaglia** in den Madonie zu. Hier toben sich die Palermitaner aus. Touristen müssen den Zauber des „Wedelns über den Palmen" aber erst noch entdecken.

Allahs Architekten

Palermo

Begräbnisstätte der Normannenkönige: der Dom von Palermo.

Inspirierte Baumeister und begnadete Künstler machten Palermo unter den Arabern zu einer Kunstmetropole. An diese Tradition knüpften später die Normannen an.

Palermo

Wer in **Palermo** aus dem Flugzeug klettert, könnte glauben, in einer Bergstadt angekommen zu sein. Im dunstigen Blaugrün erheben sich die Berge hinter der Rollbahn, und ein frischer Wind macht die gleißende Sonne erträglich. Vor dem Flughafen spürt man dann aber schnell, dass man im tiefen Süden gelandet ist. Denn gleich über der Straße liegt das Meer, von dem ein würziger Geruch von Salz und Algen aufsteigt.

Die Fahrt in die Innenstadt führt durch wild wuchernde Vororte und ein Chaos von Industrieansiedlungen. Die Stadtplaner – oder die allgegenwärtigen Spekulanten – haben in Palermo viele Bausünden begangen. Ungerührt wurde die Autobahn mitten durch Neubaugebiete geführt. Aber spätestens im Viale della Libertà ahnt man:

Palermo	Seite 57
Verkehr	Seite 57
Sehenswürdigkeiten	Seite 57
Museen	Seite 60
Unterkunft	Seite 61
Restaurants	Seite 62
Einkaufen	Seite 62
Strände	Seite 63
Monreale	Seite 64
Ustica	Seite 65

Palermo ist nicht nur eines der schlimmsten Beispiele dafür, was man mit Beton und Zement alles anrichten kann, es ist gleichzeitig eine faszinierende Metropole, wenngleich mit zwei völlig unterschiedlichen Gesichtern.

Der **Viale della Libertà**, eine kilometerlange Platanenallee, ist Palermos Antwort auf die Champs-Elysées in Paris. Es ist die feine Adresse für alles, was Rang und Namen hat: Hier stehen herrschaftliche Wohn- und Geschäftshäuser, eingebettet in Gärten von sattestem Grün selbst

Vom Monte Pellegrino blickt man weit über den Hafen von Palermo.

im Hochsommer. Sämtliche Modehäuser und Juweliere von Weltrang unterhalten in der Straße eine Filiale. Unbekümmert stellen hier die oberen Zehntausend Siziliens seit Jahrhunderten ihren enormen Reichtum zur Schau, ganz so, als ob sie aus der endlosen und leidvollen Geschichte von Aufständen und Hungerrevolten nichts gelernt hätten.

Hier flaniert man im milden sizilianischen Winter in teuren Pelzen, trägt schwere goldene Armbänder und Ketten und zeigt sich in eleganten Cafés. Am Straßenrand steht ein Mercedes, Alfa Romeo oder Jaguar am anderen. Die Allee mündet schließlich in eine weite Piazza voller Jacaranda-Bäume, die zur Blütezeit wie lila Wolken über dem staubigen Asphalt zu schweben scheinen: die **Piazza Ruggero Settimo**, wo das alte und das neue Palermo aufeinander treffen.

Das Herz der Altstadt ist die **Piazza Marina** mit ihren mittelalterlichen Fassaden im noblen Chiaramonte-Stil. An dieser Stelle ankerten in der Antike die Handelsschiffe, denn damals reichte das Hafenbecken viel weiter ins Landesinnere, bis zur jetzigen **Via Roma**. Um 800 v. Chr. hatten schon die Phönizier hier zwischen zwei Flussmündungen eine Handelsniederlassung gegründet. Sie wollten nichts anderes als Handel treiben. Viel mehr hatten sie wohl anfangs auch nicht im Sinn, denn in ihren anderen Mittelmeerhäfen kamen sie über solche Brückenköpfe selten hinaus.

Aber die Lage von Palermo war strategisch wichtig, und die zum Meer abfallende Senke am Fuß des **Monte Pellegrino** war äußerst fruchtbar. Wegen der üppigen Zitronen- und Orangen-

Ein Erbe der Normannen: sizilianische Kinder mit blonden Haaren.

Highlights

Duomo di Monreale ❂❂❂
Normannen-Dom mit herrlichen Goldgrundmosaiken
(siehe S. 64/65).

Palazzo dei Normanni
Mächtige Trutzburg mit dem Schatzkästchen der Cappella Palatina ❂❂❂
(siehe S. 56, 57, 58).

Museo Archeologico ❂
Aus ganz Sizilien die schönsten Werke der Antike
(siehe S. 60).

Mondello ❂
Palermos Vorzeigestrand
(siehe S. 63).

Viale della Libertà
Shopping vom Feinsten
(siehe S. 52).

La Martorana
Byzantinische Mosaiken, byzantinischer Ritus, aber arabischer Glockenturm
(siehe S. 59).

San Giovanni degli Eremiti
Ex-Moschee mit christlichem Kreuzgang, heute ein idyllischer Garten
(siehe S. 58).

La Zisa
Arabisches Lustschloss für normannische Könige
(siehe S. 59).

Convento dei Cappuccini
Mumien warten in den Grüften auf die Auferstehung
(siehe S. 59).

Chiesa del Gesù
Herrliche Einlegearbeiten
(siehe S. 60).

Grotte Addaura
Kunst aus der Steinzeit
(siehe S. 64).

haine erhielt die Bucht in späterer Zeit auch ihren Beinamen **Conca d'Oro**, übersetzt: Goldene Schale. Kein Wunder also, dass das expandierende Griechenland hier gern eine Kolonie gegründet hätte. Doch die Phönizier legten eine durchorganisierte Stadt an und bauten eine Festungsmauer, die allen Eroberungsversuchen standhielt. So konnten die Griechen in Palermo, im Gegensatz zu den meisten anderen sizilianischen Städten, nie Fuß fassen. Nur den Namen haben sie ihr gegeben: „Panhormos" – ständiger Hafen.

Es bedurfte schon der geballten Kraft des Römischen Reiches, um die Stadt einzunehmen. 254 v. Chr. hatte Palermo über 30.000 phönizische Einwohner und war damit eine veritable Großstadt. Wenn ihre politische Macht in der Folgezeit auch zurückging, wirtschaftlich blieb sie von großer Bedeutung. Nicht umsonst wurde sie später während der Völkerwanderung von den Wandalen und den Goten gestürmt und geplündert. Dann kam endlich die lang ersehnte Chance für die Eroberer aus dem Osten: Im 6. Jahrhundert wurde Palermo von Byzanz eingenommen. Die kulturellen Einflüsse sieht man noch heute in Kirchen wie der **Martorana**.

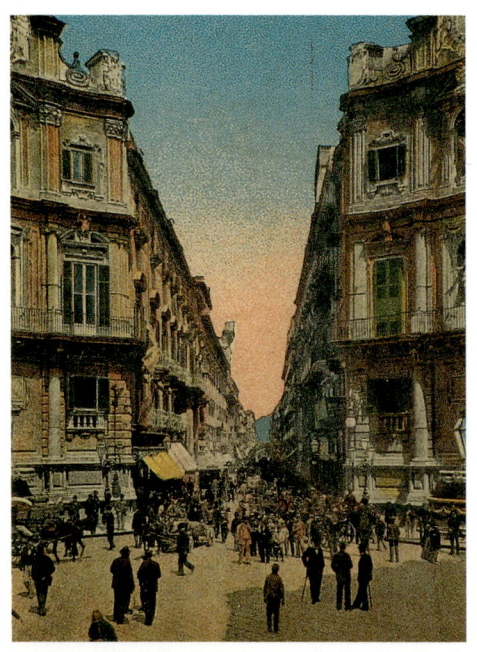

Aber eigentlich sind die Palermitaner die Erben der **Araber**. Als die im 9. Jahrhundert hier einmarschierten, begann für Sizilien zwar auch nur wieder eine neue Fremdherrschaft. Aber Palermo erlebte seine beste Zeit als Regierungssitz eines Emirs. Es erhielt Anteil an der Hochblüte der islamischen Kultur. 300.000 Einwohner zählte Palermo damals, und die arabischen Autoren jener Zeit verglichen seinen Glanz mit Städten wie Cordoba und Kairo. Sie schwärmten von den Basaren voller erlesener Waren, den prächtigen Palästen und von ihren Moscheen. Wo heute die Kathedrale steht, befand sich damals eine Moschee für 7000 Gläubige.

In der Altstadt erkennt man noch, nach welchem Prinzip die Menschen früher ihre Straßen

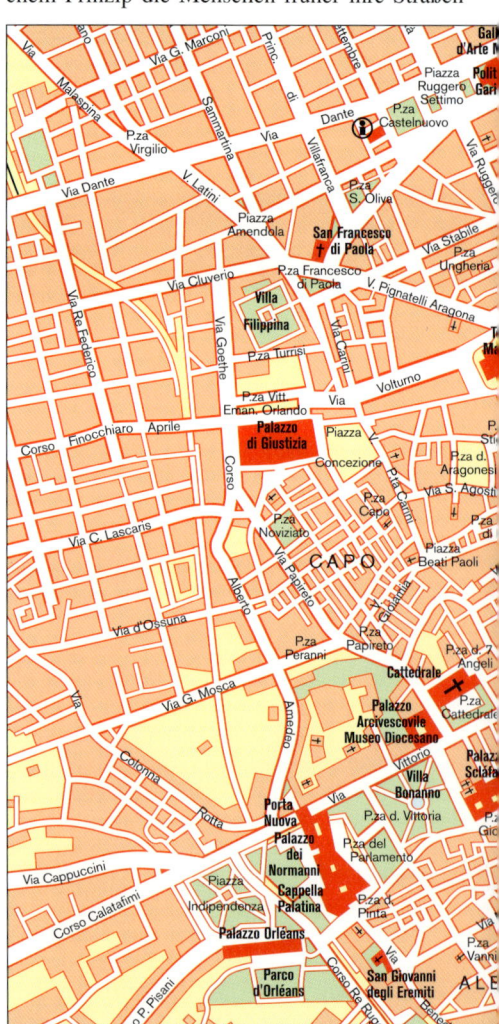

Gehörten früher den Fußgängern: die Quattro Canti.

Morello, die berühmte Bäckerei im Jugendstil.

planten: Die regelmäßigen Querstraßen zur **Via Vittorio Emanuele** sind das Baumuster der Antike. Auch das arabische System der Städtebaukunst kann man entdecken: Am Anfang stand dabei nicht wie in Europa die Straße, sondern das Bauwerk, dem sich andere zugesellten. Nach und nach entwickelten sich so verwinkelte Gänge, Sackgassen, winzige Plätze und Höfe. Auch manche Namen erinnern an die Araber: zum Beispiel das Viertel **Kalsa** – „Halisah" heißt Auserwählte –, dort hatte der Emir sein Stadtschloss errichtet; oder die zentrale Verkehrsader, die heute Via Vittorio Emanuele heißt. Früher hieß sie Cassaro, genau wie heute noch das Viertel, von dem diese Straße bis zum Palazzo dei Normanni führt. „Qasr" bedeutet Festung, und über der arabischen Festung erbauten später die Normannen ihren Palast.

Die Via Vittorio Emanuele steigt schnurgerade vom Hafen in Richtung Südwesten. Der Weg führt stetig bergauf, vorbei an bröckelnden Fassaden und verstaubten Läden. Nur einmal weitet er sich zu einer kleinen Piazza, die jeder in Palermo unter dem Namen **Quattro Canti** – vier Ecken – kennt, auch wenn sie in zahlreichen Stadtplänen **Piazza Vigliena** heißt. Bevor sich der Autoverkehr die Stadt untertan gemacht hat, muss es eine der guten Stuben von Palermo gewesen sein. Heute jedoch sind die vier barocken

Dynastie

Die Familie Florio

Ende des 18. Jh. wanderte ein Händler aus Kalabrien nach Sizilien aus, um auf der Insel sein Glück zu machen. Im Gepäck hatte Paolo Florio Gewürze und Heilkräuter – und Tatkraft und Gespür fürs Geschäft. Im Hafen von Palermo brachte er es bald zu mehreren Filialen, und vor allem der Handel mit Chinarinde machte ihn in einer Zeit wohlhabend, als gegen Malaria und sonstige Fieberkrankheiten noch kein anderes Kraut gewachsen war. Hundert Jahre später gehörten die Florios zu den reichsten Familien Siziliens, besaßen Gießereien, Thunfisch-Fanganlagen (siehe S. 194), Weingüter und Handelsflotten und förderten die Wissenschaft. So wurde die Villa Igiea als experimentelles Lungensanatorium gebaut. Aber die Therapien des leitenden Arztes schlugen fehl, und Ignazio Florio war schließlich Geschäftsmann. Er ließ die **Villa Igiea** vom Stararchitekten Basile in das Luxushotel umwandeln, das heute mit seinen Jugendstilfresken Schauplatz zahlreicher Filme ist.

Byzantinische Mosaiken in der Cappella Palatina.

Raffinierter Luxus des sizilianischen Adels in der Villa Igiea, heute ein nobles Hotel.

Eckhäuser rußgeschwärzt, die Symbolfiguren an den Fassaden kämpfen einen aussichtslosen Kampf gegen die Zersetzung durch die Abgase.

Unvermittelt öffnet sich weiter südwestlich der Vorplatz der **Cattedrale**. Sie wurde im 12. Jahrhundert in einer Rekordzeit von nur elf Jahren errichtet. Doch die nachfolgenden Generationen haben es geschafft, den normannischen Kern unter missglückten Verschönerungsversuchen zu verstecken. Aber das Innere beherbergt Werke von kunstgeschichtlicher und historischer Bedeutung: die Sarkophage der Schutzpatronin der Stadt, der heiligen Rosalia, und die steinernen Särge der normannischen Könige und der staufischen Kaiser. Hier ruhen unter anderem Roger II., Heinrich VI. und Gattin Konstanze und vor allem der Liebling Siziliens, Kaiser Friedrich II. von Hohenstaufen, genannt Federico di Svevia (siehe hierzu auch den Kasten auf Seite 57).

Schräg gegenüber erhebt sich streng und unnahbar der **Palazzo dei Normanni**. Wer ihn gebaut hat, rechnete damit, sich darin im Notfall auch verschanzen zu müssen. Wie immer bei arabisch geprägten Bauten offenbart sich die Pracht erst im Inneren: Klein, aber unendlich fein ist die **Cappella Palatina** ✪✪✪ aus dem 12. Jahrhundert. Hier haben arabische und byzantinische Handwerker unter einem Bauherrn zusammengearbeitet, für den, unbekümmert vom religiösen Dogma, das Beste gerade gut genug war: am Boden und an den Wänden akribische Einlegearbeiten in buntem Marmor, Mosaiken auf Goldgrund und eine geschnitzte Decke mit arabischen Malereien, die anschaulich das Leben am Herrscherhof darstellen.

Palermo

Verkehr

Palermo wird von Linien- und Chartergesellschaften angeflogen. Vom Flughafen fährt ein Bus für 6500 Lire bis ins Zentrum – eine billige Alternative zu den Taxis.

Touristen mit viel Zeit und Sinn für Romantik können mit der Fähre von Neapel oder Genua anreisen – Autos inbegriffen.

Auf Sizilien hat man bei der Anreise von Messina aus die Wahl zwischen zwei Küstenstraßen: der schnellen Autobahn und der romantischen Landstraße.

Die Bahn fährt ebenfalls über Messina und die Küste entlang.

In Palermo selbst funktioniert der öffentliche Nahverkehr reibungslos (Einzelfahrt Fahrt 1500 Lire, Tageskarte 5000 Lire). Im Sommer verkehren in der Altstadt die kleinen Aquilotto-Busse in zwei Ringen: Linea Gialla und Linea Rossa. Hier kostet eine Tageskarte 1000 Lire. Die Rundfahrten halten an den wichtigsten Sehenswürdigkeiten; Abfahrt jede halbe Stunde.

Der bei der AAPIT erhältliche Netzplan ist übersichtlich und auch für Ausländer zu verstehen.

Wer mit dem Auto unterwegs ist, braucht starke Nerven, vor allem zur Stoßzeit. Im Zentrum gibt es in der Via Sammartino 24 ein Parkhaus, geöffnet von 6.30 – 2 Uhr.

Sehenswürdigkeiten

Als Ausgangspunkt für Spaziergänge empfehlen sich die Quattro Canti, die Kreuzung zweier großer Straßen und der markante Mittelpunkt von Palermos Altstadt.

Quattro Canti

Der Platz wurde zwischen 1608 und 1620 von dem römischen Architekten Giulio Lasso erbaut. In einem rechten Winkel trifft hier die „Cassaro" genannte Via Vittorio Emanuele, die den Hafen mit dem Normannenpalast verbindet, auf die Via Maqueda. Konkav geschwungene Fassaden an jeder der vier „Canti" geben dem Platz seine Kreisform.

Im Westen der Quattro Canti:

Cappella Palatina ❂❂❂

Im Palazzo dei Normanni.

Die Hofkirche wurde von Roger II. nach seiner Königskrönung 1130 in Auftrag gegeben und 1140 geweiht. Besonders sehenswert sind die Mosaiken, die alle Innenwände bedecken. Sie schildern Themen aus dem Alten und Neuen Testament. In der Kuppel des Sanktuariums gruppieren sich die Bilder nach byzantinisch-ostkirchlichem Brauch um Christus „Pantokrator", den Allherscher, als den Mittelpunkt. Nur mit dem Operngucker zu

Im 20-Minuten-Takt fahren die Aquilotto-Busse durch die Altstadt.

Geschichte

Friedrich II. von Hohenstaufen

Friedrich II. wurde 1194 als Sohn Heinrichs VI. und Konstanzes von Hauteville geboren. Er v erbrachte seine Jugend als De-facto-Geisel des Papstes in Palermo, wo ihn arabische, byzantinische und abendländische Traditionen prägten. 1208 machte er sich von der Vormundschaft des Papstes unabhängig und wurde zunächst König von Sizilien, 1212 deutscher Kaiser.

Er sprach mehrere Sprachen, schrieb Gedichte und ein Lehrbuch „Über die Kunst, mit Vögeln zu jagen".

Er schuf einen straffen Verwaltungsstaat mit absolutistischen Zügen, in dem der Klerus nichts zu sagen hatte. Zur Ausbildung seiner Beamten gründete er die Universität von Neapel. Bis 1819 war seine Gesetzessammlung „Konstitutionen von Melfi" in Kraft. Seine Politik war geprägt durch den Konflikt mit dem Papsttum.

Später lebte Friedrich in Apulien. Mit seinem Tod 1250 beginnt eine Zeit der Rechtlosigkeit (siehe Kasten auf S. 25).

Palermo

Persönlichkeit

Bürgermeister Orlando

Am 22. März 1999 wurde Leoluca Orlando in Weimar die Goethe-Medaille verliehen. Orlando, der in Heidelberg studiert hat, ist heute Oberbürgermeister von Palermo und als Mafiajäger berühmt. Nicht weniger verdienstvoll aber ist seine Arbeit als Kulturpolitiker. In Palermo konnte die Kulturabteilung des Goethe-Instituts erhalten werden, weil die Stadt eine kostengünstige Unterbringung gewährte. Palermo, einst Synonym für das Organisierte Verbrechen, wandelte sich unter Orlando zu einer der sichersten Städte Italiens. Doch Orlando will nicht nur aufklären, sondern sucht selbst auch nach neuen Anregungen für die Jugend- und Kulturarbeit. Neben der klassischen, polizeilichen Verbrechensbekämpfung sieht er in der Jugend- und Kulturpolitik die wichtigste Komponente seiner Anti-Mafia-Politik. Die Identifikation der Bürger mit ihrer Stadt zu stärken, sei überall Voraussetzung zur erfolgreichen Verbrechensbekämpfung.

sehen, aber wunderschön sind die Hunderte mit höfischen Szenen bemalten, geschnitzten Nischen an der Decke im arabischen Stil.
Mo – Fr 9 – 11.45 und 15 – 16.45, Sa 9 – 11.45, So 9 – 10 und 12 – 13 Uhr. Eintritt: 3000 Lire.

Palazzo dei Normanni
Südwestliches Ende der Via Vittorio Emanuele, gleich bei der Cattedrale, Eingang an der Rückseite.
Auf dem Hügel errichteten im 9. Jh. die Araber den Palast ihrer Emire. Die Normannen übernahmen und erweiterten ihn. Unter Friedrich II. entwickelte er sich zu einem Treffpunkt für arabische und christliche Gelehrte und Künstler. In der Folgezeit verfiel der Palazzo, bis ihn die spanischen Vizekönige 1555 wieder aufbauten.
Appartamenti Reali: Die königlichen Gemächer befinden sich im zweiten Obergeschoss. Zu sehen sind der Saal Rogers (Sala di Ruggero) und der Herkulessaal (Sala di Ercole) mit den Fresken von Giuseppe Velazquez aus dem 18. Jh. Hier tagte im Mittelalter das Parlament der Barone, heute das sizilianische Regionalparlament.
Mo, Fr, Sa 9 – 12. Eintritt frei.

Cattedrale
Ecke Piazza Cattedrale / Via Vittorio Emanuele.
Wo früher bereits eine christliche Basilika und eine Moschee standen, ließ der Erzbischof Walter of the Mill 1170 eine Kathedrale errichten.
Ihr rechtes Seitenschiff birgt die Grablege der normannisch-staufischen Herrscher: In purpurfarbenen Porphyr-Sarkophagen fanden Roger II. († 1154), Heinrich VI. († 1197), seine Gattin Konstanze († 1198) und Friedrich II. († 1250) ihre letzte Ruhe. Die kostbaren Grabbeigaben befinden sich heute im Domschatz.
Tgl. 7 – 12 und 16 – 19 Uhr, in der Saison werktags durchgehend.

San Giovanni degli Eremiti
Via dei Benedettini 3.
Südlich des Palazzo dei Normanni. Stand nun erst eine byzantinische Kirche oder eine Moschee auf dem Gelände? Die Gelehrten streiten sich! Angeblich ließ 1132 Roger II. den kubischen Bau errichten, der von fünf Kuppeln gekrönt wird. Das schmucklose Innere wirkt eher streng. Sehenswert auch der dazugehörige botanische Garten. Südlich der Kirche ist noch die Halle einer alten Moschee erhalten.
Mo – Sa 9 – 13, Mo und Do auch 15 – 17, So 9 – 12.30 Uhr.
Eintritt frei.

Convento dei Cappuccini
Via dei Cappuccini.
Begräbnisstätte weltlicher Herrscher

Nicht nur Kirchen wurden mit Goldmosaiken ausgestattet: die prächtig verzierte Sala di Ruggero im Palazzo dei Normanni.

Palermo

Ein Import aus der Toskana: die barocke Fontana Pretoria vor dem Rathaus.

und Kirchenfürsten. Die unterirdischen Gänge wurden seit 1599 in den Tuffstein gehauen und dienten bis 1881 für Beisetzungen. Die stehend aufbewahrten Mumien sind nur etwas für starke Nerven.
Tgl. 9 – 12 und 15 – 17 Uhr.
Eintritt frei, aber eine Spende für die Mönche erbeten.

La Zisa
Via Whitaker.
1165 – 1180 von den Königen Wilhelm I. und Wilhelm II. errichtet. Lustschloss in rein arabischem Stil. Sie hieß auf arabisch „Al 'Aziz", die Herrliche. Ursprünglich suchten hier die Könige Entspannung, heute ist es ein Museum für arabische Kunst.
Tgl. 9 – 13, Di und Fr auch 15 – 17.30 Uhr, So und feiertags 9 – 12.30 Uhr.
Eintritt: 3000 Lire.

Im Norden der Quattro Canti:

Politeama
Piazza Ruggero Settimo.
Zwischen 1867 – 1874 von Giuseppe Damiani Almeyda errichtet. Heute ist das Theater ein kultureller Mehrzweckbau mit einer Fassade in Form eines römischen Triumphbogens. Ihn überragt eine himmelstürmende Bronzequadriga, entworfen von Mario Rutelli (1847).

Im Osten der Quattro Canti:

Piazza Pretoria / Fontana Pretoria
Der Platz im Zentrum, nahe den Quattro Canti, wird gesäumt von dem Palazzo del Municipio und den Barockkirchen Santa Caterina und San Giuseppe dei Teatini. Unübersehbar: der wuchtige Brunnen Fontana Pretoria. Der Florentiner Bildhauer Francesco Camilliani war auf diesem manieristischen Figurenensemble buchstäblich sitzen geblieben, bis Palermo schließlich 1573 den repräsentativen Brunnen erwarb.

La Martorana und San Cataldo
Via Maqueda, hinter dem Rathaus.
Im 12. Jh. im byzantinischen Stil gebaut. Im Inneren der auch als Santa Maria dell' Ammiraglio bekannten Kirche finden sich stilreine byzantinische Fresken, die leider während der Barockzeit verschandelt wurden. Sonntags kann man eine Messe im griechisch-orthodoxen Ritus verfolgen.
Mo – Sa 9.30 – 13 und 15.30 – 18; So 8.30 – 13 Uhr.
Direkt daneben das kleinere San Cataldo aus der gleichen Epoche.
Mo – Fr 9 – 16, Sa 8 – 13, So 9 – 13 Uhr.

San Francesco d'Assisi
Via A. Paternostro, in der Nähe des Corso Vittorio Emanuele.

Insider News

Degustation im edlen Ambiente

Elegante Weine bedürfen eines passenden Rahmens, dachte der Verband der sizilianischen Winzer und richtete im ehemaligen **Stadtpalast der Fürsten von Ramacca** in der Via Maqueda 92 eine Enoteca ein, die zugleich als **Weinmuseum** fungiert.
Die Ausstellung ist in prächtigen Sälen aus dem 16. – 18. Jh. untergebracht. Landwirtschaftliche Werkzeuge und Geräte aus der Böttcherei künden von den Anfängen des Weinbaus. Die heutigen Spitzenprodukte sind – geordnet nach Rot- und Weißweinen, Dessertweinen und Likören – auf die Säle verteilt. Wer nach der Kostprobe Lust auf mehr bekommt, kann sich an Ort und Stelle eindecken. Offiziell kostet die Degustation 10.000 Lire, die Verwalter nehmen es aber nicht so genau.
Mo – Sa 9 – 12 Uhr, Gruppen nur nach Anmeldung.

Palermo

Kultur

Museo Archeologico ✪

Im Verkehrslärm von Palermo ist das Museum mit seinen Innenhöfen eine Oase der Stille. Man sollte Muße mitbringen, denn die vielen Kulturen, die hier vertreten sind, wollen erkundet und verglichen werden. Seltsam unfertig wirken die phönizischen Funde im Erdgeschoss. Es sieht so aus, als hätten die Künstler sich mit der bloßen Andeutung

Hera und Zeus.

begnügt. Im ersten Stock dagegen die griechischen Giebelfiguren aus Selinunte, die sich vom archaisch-strengen Typ weiterentwickeln zu klassisch-dramatischen Momentaufnahmen. Endpunkt der Linie ist der lebensgroße hellenistische Bronzewidder, nervös-verspielt und mehr als echt.
Tgl. 9 – 13.30, Di und Fr auch 15 – 17.30 Uhr, So geschlossen. Eintritt: 8000 Lire.

Einfühlsam sanierte gotische Kirche aus dem 13. Jh. mit Anbauten aus späterer Zeit.
Zugänglich nur während der Gottesdienste.

Palazzo Chiaramonte
Piazza Marina.
Im 14. Jh. von der mächtigen Adelsfamilie Chiaramonte erbaut, nach der dieser südländisch-gotische Stil benannt ist. Heute Teil der Universität. Geöffnet je nach Semesterbetrieb.

Botanischer Garten
Am östlichen Ende der Via Lincoln. Gleich neben der Villa Giulia erstreckt sich der 1789 gegründete Botanische Garten. Er zeigt auf 11 ha mehr als 10.000 Pflanzen aus aller Welt. Hier glaubte Goethe, seine lang gesuchte „Urpflanze" entdeckt zu haben.
Tgl. 9 – 19, im Winter 9 – 12 Uhr. Eintritt frei.

Im Süden der Quattro Canti:

Chiesa del Gesù
Piazza Casa Professa.
Älteste sizilianische Jesuitenkirche, im 16. Jh. erbaut, im 17. und 18. Jh. weiter ausgeschmückt. Die Innenwände sind mit einmaligen Einlegearbeiten aus Marmor verziert.
Zugänglich nur während der Gottesdienste.

Chiesa del Vespro / Camposanto Sant'Orsola
bei der S-Bahnstation „Del Vespro". Die Kirche wurde zwischen 1173 und 1178 errichtet. Am 31. März 1282 begann hier ein Aufstand, die „Sizilianische Vesper", der sich gegen die französischen Herrscher richtete. Verdi ließ sich von dem dramatischen Ereignis zu der gleichnamigen Oper inspirieren.
Friedhof geöffnet von 8 – 14, Kirche von 9 – 13 Uhr.

Museen

Museo Archeologico ✪
Ecke Via Roma / Piazza Olivella.
Das Museum ist eine der bedeutendsten Antikensammlungen mit weltberühmten Funden. (Siehe Textkasten auf dieser Seite.)

Palazzo Abatellis
Via Alloro, nähe Piazza Marina.
Der Palast wurde 1490 unter König Ferdinand von Spanien in Auftrag gegeben. Der gotisch-katalanische Bau war 1526 – 1943 Dominikanerkloster und beherbergt heute die Galleria Regionale della Sicilia. Zu sehen sind Kunstwerke des Mittelalters und der Neuzeit.
Mo, Mi und Sa 9 – 13.30, Di, Do, Fr auch 15 – 19.30, So 9 – 12.30 Uhr. Eintritt: 8000 Lire.

Ein Überbleibsel aus dem alten Palermo: der Markt der Vucciria, die sich früher durch viele Gassen der Altstadt verästelte.

Palermo

Im subtropischen Klima von Palermo wachsen Urwaldriesen aller Art.

Palazzo Mirto
Via Merlo, nähe Piazza Marina.
Hier erhält man einen plastischen Eindruck vom raffinierten Luxus sizilianischer Adelsgeschlechter: Die Einrichtung ist original erhalten.
Tgl. 9 – 13 Uhr, Di und Do auch 15 – 17 Uhr, So 9 – 12.30 Uhr.
Eintritt: 4000 Lire.

Museo Etnografico Siciliano G. Pitrè
Palazzina Cinese
Via Duca degli Abruzzi 1.
Das Museum enthält eine der bedeutendsten volkskundlichen Sammlungen in Italien. Ein Puppentheater ist dem Museum angegliedert.
Tgl. außer Fr 9 – 13 Uhr.
Eintritt 5000 Lire, EU-Bürger bis 18 und über 65 frei.

Stadtführungen

Der Öffentliche Nahverkehr (AMAT) bietet sieben verschiedene Bustouren, kombiniert mit Spaziergängen, durch die Stadt und die nähere Umgebung an. Sie werden kompetent in mehreren Sprachen geführt. Karten gibt es in den Hotelrezeptionen oder direkt beim Einsteigen.
Abfahrt: Ecke Via Mariano Stabile / Via Ruggero Settimo.
Abfahrtszeiten: 9 und 15 Uhr.
Preis: 20.000 Lire.

Unterkunft

Am besten wählt man ein Hotel in der Innenstadt in der Nähe des Teatro Massimo. Von dort erreicht man die Sehenswürdigkeiten der Altstadt zu Fuß und ist in der Nähe des Busknotenpunkts an der Piazza Ruggero Settimo. Auch in Bahnhofsnähe gibt es Hotels, allerdings ist die Gegend nachts nicht ganz sicher.

***** Villa Igiea
Via Belmonte 43
90142 Palermo
Tel. 091/54 37 44
Fax 091/54 76 54.
Internationales Haus, weltberühmt für seine Fresken im Jugendstil, Schauplatz vieler Filme (siehe auch S. 56). Das Hotel liegt am Meer, außerhalb des Zentrums an der Straße zum Strand von Mondello (siehe S. 63).

**** Grande Albergo delle Palme
Via Roma 398
90139 Palermo
Tel. 091/58 39 33
Fax 091/33 15 45.
Im erlesenen Jugendstil gebaut, in Altstadtnähe. Die nach vorne liegenden Zimmer sind leider etwas laut.

**** Mediterraneo
Via Rosolino Pilo 43
90139 Palermo

Kultur-Tipps

Operngenuss
Nicht versäumen: Opernabend im wieder eröffneten **Teatro Massimo**, einem Meisterwerk des Architekten Basile.
Piazza Verdi 9
Tel. 091/58 95 75.

Avantgarde
Der etwas andere Theaterabend: Workshop oder eine Aufführung in den Ex-Werkhallen der **Cantieri Culturali della Zisa**.
Via Gili 4, Zona Zisa
Tel. 091/740 34 30.

Open Air
Freilichtaufführung in der Klosterruine **Lo Spasimo** in der Via dello Spasimo (Piazza Magione)
Tel. 091/616 14 86.

Marionetten
Klassisches sizilianisches Marionettentheater bei **Mimmo Cuticchio**.
Via Bara all'Olivella 52
Tel. 091/32 34 00.

Die AAPIT hält eine Broschüre (italienisch / englisch) mit dem Theaterprogramm (auch Infos zu Discos, Clubs und Museen, Stadtrundgängen und Ausflügen) bereit.
Ein zentraler Kartenvorverkauf existiert nicht.

Palermo

Einkaufs-Tipps

Von Kopf bis Fuß

Ein Schuhgeschäft am anderen steht in der **Via Ruggero Settimo**. Günstige Textilien findet man vor allem in der **Via Maqueda**.

Gewürze und Antiquitäten

Der malerischste Markt von allen ist die **Vuccirìa**. Er liegt westlich des antiken Hafens im ältesten Teil der Stadt und erstreckt sich von der Piazza Caracciolo bis zur Via dei Cassari sowie in den angrenzenden Nebenstraßen. Das Angebot ist äußerst vielseitig: Von Gewürzen und Delikatessen über Haushaltswaren und Antiquitäten bis zu Schuhen und Strandkleidung findet man fast alles, was Sizilien, China und Nordafrika zu bieten haben.

Schnäppchen

Der Flohmarkt **Mercato delle Pulci** liegt westlich der Kathedrale zwischen der Via Papireto und dem Corso Alberto Amedeo. Hier kann man originelle Andenken finden. Zum Stöbern braucht man Zeit und Kleidung, die Schmutz verträgt.

Zu neuem Leben erweckt wurde die Piazza Marina. Gemütliche Ristoranti wie die „Trattoria il crudo e il cotto" laden zum Besuch ein.

Tel. 091/58 11 33
Fax 091/58 69 74.
Ideale Lage nahe der Altstadt und dem Busknotenpunkt Piazza Ruggero Settimo, in einer ruhigen Nebenstraße.

*** Sole Grande Albergo
Corso Vittorio Emanuele 291
90133 Palermo
Tel. 091/58 18 11
Fax 091/611 01 82.
Zentral, daher vorne etwas laut, gemütliches Haus, schöne Dachterrasse.

** Hotel Sausele
Via Vincenzo Errante 12
90127 Palermo
Tel./Fax 091/616 75 25.
In einer Nebenstraße in Bahnhofsnähe, der Lärm hält sich in Grenzen. Gutes Frühstück. Etwas für Liebhaber der nahen Altstadt und ihrer Märkte. Keine Kreditkarten.

* Hotel Boston Madonie
Via Mariano Stabile 136
90139 Palermo
Tel./Fax 091/611 35 32.
Sehr sauberes Haus nicht weit vom Zentrum. Keine Kreditkarten.

Restaurants

Trattoria A Cuccagna
Via Principe Granatelli 21a
Tel. 091/58 72 67.
Hier kocht ein Fachmann fantastische sizilianische Spezialitäten. Die Preise dafür sind nicht zu hoch. Empfehlenswert: Ochsenmaulsalat. Sehr liebenswürdiger Service.

Trattoria il crudo e il cotto
Piazza Marina 45a
Tel. 091/616 92 61.
Als Dreingabe zum ausgezeichneten Essen erhält man die Aussicht auf antike Palazzi, den Garibaldi-Park – und himmlische Stille. Kinderfreundliches Ambiente.

I Girasoli
Via XII Gennaio 1h
Tel. 091/32 40 83.
Gepflegtes, modernes Selbstbedienungsrestaurant – garantiert touristenfrei – nahe der Viale della Libertà. Spezialität: hausgemachte Teigwaren.

La mensa del popolo
Via Mariano Stabile 84
Tel. 091/33 23 09.
Einfaches, kleines Lokal mit tollem Service und kleinen Preisen. Neben mediterranen Speisen drei Sorten Kuskus (der Besitzer ist Tunesier).

Antica focacceria San Francesco
Via A. Paternostro 58
Tel. 091/32 02 64.
Garküche im Jugendstil gegenüber der gleichnamigen Kirche gelegen.

Palermo

Palermitanische, aus dem Orient übernommene Spezialität: in Öl gesottene Milz.

Cafés

Gelateria Liberty
Via Principe Belmonte 100a
Tel. 091/32 77 88.
In der grünen Fußgängerzone liegen mehrere Cafés. Dieses hat die beste Granita (Sorbet).

Café Lucà
Piazza Marina 89
Tel. 091/32 87 77.
Köstliches Gebäck, Imbiss und Eis. Sauber und nett eingerichtet. Das Wichtigste: ein „Tea Room".

Café Kandisky
Florio
Via Libertà 12
Tel. 091/32 91 00.
Eleganter Wintergarten, davor riesiger Carubba-Baum, auch kleine Speisen.

Einkaufen

Siehe Kasten auf Seite 62.

Nachtleben

Discoteca Kandisky
(gehört denselben Besitzern wie das Café)
Via Tonnara 4 (außerhalb von Palermo in Richtung Villa Igiea), schwer zu finden, am besten vom Taxifahrer hinbringen lassen.
In einem alten Jugendstilpavillon, die angesagteste Diskothek von Palermo.

Strände

Mondello ✪
Mondäner Vorort im Norden der Stadt mit vornehmen, aber teuren Privatstränden und einem kostenlosen Strand. In der Badesaison verkehrt ein Shuttlebus zwischen der Innenstadt und Mondello.

Arenella
Ebenfalls nördlich von Palermo, aber nicht so sauber wie Mondello. Bus-Shuttle.

Castellammare del Golfe
Eine knappe Autostunde Fahrt in Richtung Westen, die sich wahrlich lohnt: ein kilometerlanger, weißer Sandstrand. Außerdem ist Castellamare eine schmucke Kleinstadt vor herrlicher Bergkulisse.

Ausflüge

Bagheria
10 km östlich von Palermo.
In Bagheria haben sich die Adeligen ihre Landsitze gebaut. Leider sind die meisten Schlösser zur Zeit nicht zu besichtigen. Offen sind lediglich die Villa Palagonia, eine Kuriosität aus dem frühen 18. Jh. mit grotesken Steinfiguren im Park (tgl. 9 – 12.30 und 16 – 19 Uhr), und demnächst wieder die Villa Cattolica aus dem 18. Jh. mit einer Galerie zeitgenössischer Maler, darunter Werke von Renato Guttuso.
Es empfiehlt sich die Anfahrt mit dem Auto, da die Schlösser weit auseinander liegen.
Wegen Renovierung kann man die Villa Cattolica mit der Galleria Comunale d'Arte moderne e contemporanea (Via Consolare) derzeit nur von außen zu besichtigen. Am Eingang findet man einen kleinen Laden für Bilder, Keramik und Andenken. Der Besitzer ist sehr nett und hilfsbereit.

**Monte Pellegrino /
Santuario di Santa Rosalia**
Berg im Norden Palermos, heute Naturschutzgebiet. In einer Grotte, die im Altertum der Göttin Venus geweiht war, errichteten die Palermitaner eine Wallfahrtskirche. Sie ist der heiligen Rosalia gewidmet, die die Stadt im 17. Jh. von der Pest erlöst haben soll. Votivgaben zeigen, dass die katholische Schutzpatronin der Stadt auch heute noch hilft. Bräute

---

Insider News

Kinderspiel Palermo

Wenn die Kinder genug haben vom Sightseeing: La città dei Ragazzi, ein Vergnügungspark für Kinder, halb Disneyland, halb pädagogische Freizeitanlage, ist neu eingerichtet worden im Park La Favorita, einem weitläufigen Gelände im Norden der Stadt.

Computer im Kloster

Im Kulturprojekt Santa Maria dello Spasimo in der Via dello Spasimo kann man an Computern mit aufwendigen interaktiven Programmen Palermos Geschichte erkunden.

Ex voto

Wer nahe der **Chiesa San Lorenzo** (mit schönem Oratorium) unterwegs ist, sollte in der Via dei Bambinai 12 vorbeischauen. Manchmal hat dort der letzte Hersteller der wächsernen Jesuskinder geöffnet, nach denen die Straße benannt ist. Er fertigt auch Votivgaben aus Wachs und Silber.

Palermo

opfern hier ihren Strauß, Mütter die Schuhe ihrer Babys. Die Zufahrtsstraße ist zur Zeit wegen eines Bergrutsches gesperrt, also muss man eine zweistündige Wanderung in Kauf nehmen. Es ist ratsam, warme Kleidung mitzunehmen!

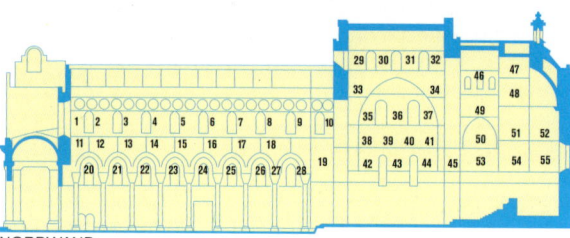

Grotte Addaura
Richtung Mondello, an der Punta di Priola, liegen diese Grotten mit Ritzzeichnungen aus der Steinzeit. Bekanntestes Motiv ist die Darstellung eines Initiationsritus. Feste Schuhe mitnehmen!

Zu weiteren Ausflügen ins Hinterland (San Giuseppe Iato, Piana degli Albanesi und Corleone) siehe S. 76/77.

Information

AAPIT
Piazza Castelnuovo 34/35
90100 Palermo (Stadtzentrum)
Tel. 091/58 38 47
www.aapit.pa.it
Büros auch im Flughafengebäude und im Bahnhof.

Monreale ✶✶✶

8 km südwestlich von Palermo.
Der mächtige Dom gilt als das bedeutendste Bauwerk der normannischen Epoche auf Sizilien. Der Bau versinnbildlicht das theokratische Selbstverständnis der normannischen Könige: Der Dom, den Wilhelm II. zwischen 1172 und 1185 errichten ließ, sollte die Kathedrale von Palermo und ihren

NORDWAND

1) Eva und die Schlange
2) Sündenfall
3) Adam und Eva schämen sich ihrer Nacktheit
4) Vertreibung aus dem Paradies
5) Adam und Eva bei der Arbeit
6) Kain und Abel bringen ein Opfer dar
7) Kain erschlägt Abel
8) Gott fragt Kain nach seinem Bruder
9) Lamech erschlägt Kain
10) Gott verkündigt Noah die Sintflut
11) Gott verlangt von Abraham ein Opfer
12) Opferung Isaaks
13) Rebekka mit den Kamelen an der Wasserstelle
14) Rebekkas Reise
15) Isaak sendet Esau zur Jagd
16) Isaak segnet Jakob
17) Jakobs Flucht
18) Jakobs Traum
19) Jakobs Kampf mit dem Engel
20) Heilung der Buckligen
21) Heilung der Wassersüchtigen
22) Heilung der zehn Aussätzigen
23) Heilung von zwei Blinden
24) Vertreibung der Geldwechsler aus dem Tempel
25) Jesus und die Ehebrecherin
26) Heilung des Gelähmten
27) Heilung der Lahmen und der Blinden
28) Maria Magdalena wäscht Jesus die Füße
29) Die drei Weisen aus dem Morgenland
30) Anbetung der Drei Weisen
31) Herodes' Befehl zum Kindermord
32) Kindermord in Bethlehem
33) Hochzeit zu Kanaa
34) Taufe Jesu
35) Kreuzigung
36) Grablegung
37) Die Höllenqualen
38) Ein Engel und die schlafende Wache vor dem leeren Grab; Jesus und die Jünger auf dem Weg nach Emaus
39) Das Emausmahl
40) Die beiden Jünger, nachdem Jesus entschwunden ist
41) Rückkehr der beiden Jünger nach Jerusalem
42) Der wunderbare Fischfang
43) Himmelfahrt Jesu
44) Ankunft des Heiligen Geistes
45) Krönung Wilhelms II. durch Jesus
46) Jakob und Zacharias
47) Zwei Cherubime
48) Erzengel Raphael und Michael
49) Malachias, Jonas, Hesekiel und Moses
50) Taufe des Paulus und sein Streitgespräch mit den Juden
51) Philippus, Bartholomäus und Lukas
52) Jakobus, Petrus und Erzengel Michael
53) Paulus flieht nach Damaskus und übergibt Briefe an Timotheus und Silas
54) Agatha, Antonius, Blasius
55) Stephanus, Petrus von Alexandrien und Clemens

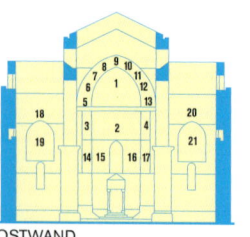

OSTWAND

1) Christus Pantokrator
2) Maria mit dem Kind, umgeben von den Erzengeln Michael u. Gabriel, sowie von Petrus und Paulus
3) Johannes
4) Matthäus
5) Nathan
6) Daniel
7) Elias
8) David
9) Christus Immanuel
10) Salomon
11) Samuel
12) Gideon
13) Elisa
14) Martin
15) Stephanus und Petrus von Alexandrien
16) Silvester und Thomas von Canterbury
17) Nikolaus
18) Martyrium des Paulus
19) Thronender Paulus
20) Kreuzigung des Petrus
21) Thronender Petrus

Die Apsis des Doms von Monreale.

Bauherrn Erzbischof Walter of the Mill übertrumpfen. Wilhelm drückte damit aus, dass er als König noch über dem Papst steht. Die Goldgrundmosaiken des Doms (siehe Legende S. 64/65) und der Kreuzgang sind in der europäischen Kunstgeschichte von hohem Rang. Opernglas nicht vergessen!
Tgl. von 8 – 12 und 15 – 18 Uhr.
Eintritt frei.

Ustica ✛

In knapp anderthalb Stunden fährt man mit dem Tragflügelboot vom Hafen zu der winzigen Vulkaninsel Ustica. Wenn man Glück hat, sieht man im Sommer die Bauern das Getreide mit der Hand dreschen und werfeln. Sehenswert die modernen Wandmalereien an vielen Häusern und etwas außerhalb das Aquarium. Die einmalige Unterwasserfauna steht unter Naturschutz und ist ein Paradies für Taucher. Ausrüstung und Boote kann man mieten. Auch Badegäste sind begeistert vom glasklaren Wasser. Wer sich in die Insel verliebt, findet mehrere gut geführte Gasthöfe und Pensionen.
Abfahrt: Palermo, Siremar, Stazione Maritima.
Fähre: tgl. 9, So 8.15 Uhr; Tragflügelboot: tgl. 8.15 und 17.15 Uhr.
Im Winter: nur die Morgentermine.

Unterkunft

** Albergo Stella Marina
Via C. Colombo 3
90010 Ustica
Tel. 091/844 90 14.
Hotel und Restaurant; die Besitzer bringen ihre Gäste mit dem Auto zum Strand und zu den Sehenswürdigkeiten. Vespaverleih.

Aktivitäten

Tauchen
Riserva Naturale Marina
Isola di Ustica

Piazza Umberto 1
Tel. 091/844 94 56
Fax 091/844 91 94.
Die Parkverwaltung organisiert Ausflüge und Tauchtouren; außerdem besteht die Möglichkeit, Tauchausrüstungen zu mieten.

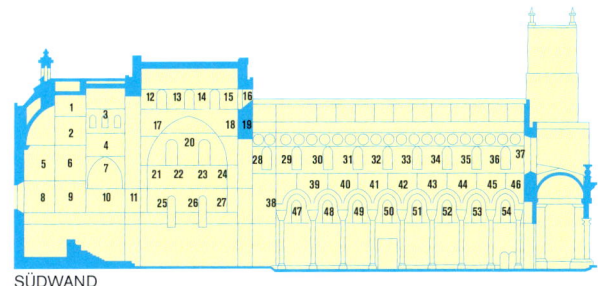

SÜDWAND

1) Zwei Cherubime
2) Erzengel Gabriel und Uriel
3) Jesaja und Habakuk
4) Jeremias, Amos, Obadja und Joel (v.l.n.r.)
5) Gabriel, Paulus und Andreas
6) Markus, Thomas und Simon Zelotes
7) Auferweckung Tabitas durch Petrus; Begegnung von Petrus und Paulus
8) Silvester, Thomas von Canterbury und Martin
9) Hilarius, Benedikt, Maria Magdalena
10) Streitgespräch zwischen Petrus u. Paulus mit dem Magier Simon; Sturz des Magiers
11) Wilhelm II. überreicht Maria das Modell der Kirche und weiht ihr den Dom
12) Verkündigung an Zacharias
13) Zacharias verlässt den Tempel
14) Verkündigung
15) Mariä Heimsuchung
16) Geburt Jesu
17) Josephs Traum
18) Flucht nach Ägypten
19) Beschneidung Jesu; Jesus unter den Gelehrten im Tempel
20) Drei Versuchungen Jesu
21) Jesus und die Samariterin
22) Verklärung Jesu
23) Auferweckung des Lazarus
24) Die Jünger bringen Jesus einen Esel
25) Fußwaschung
26) Jesus auf dem Ölberg
27) Verrat des Judas
28) Erschaffung von Himmel und Erde
29) Erschaffung des Lichts
30) Teilung der Erde und des Wassers
31) Erschaffung der Pflanzen und Bäume
32) Erschaffung der Gestirne
33) Erschaffung der Fische und Vögel
34) Erschaffung der Tiere und Adams
35) Ruhetag am siebten Schöpfungstag
36) Gott führt Adam ins Paradies
37) Adam im Paradies
38) Bau der Arche
39) Einzug der Tiere in die Arche
40) Noah sendet die Taube aus
41) Noah und die Tiere verlassen die Arche
42) Gottes Bund mit Noah
43) Noahs Trunkenheit
44) Turmbau zu Babel
45) Drei Engel erscheinen Abraham
46) Abraham bewirtet die drei Engel
47) Heilung eines Besessenen
48) Heilung der Aussätzigen
49) Heilung eines Lahmen
50) Errettung des Petrus aus dem Wasser
51) Auferweckung des Jünglings von Naim
52) Heilung der blutflüssigen Frau
53) Auferweckung der Tochter des Jairus
54) Heilung der Schwiegermutter des Petrus und Speisung der Fünftausend

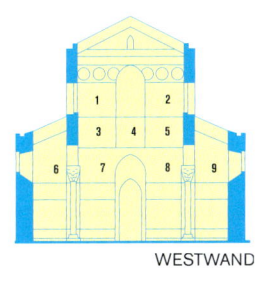

1) Erschaffung Evas
2) Gott führt Eva zu Adam
3) Lot und die Engel
4) Cassius und Castus in Rom
5) Zerstörung von Sodom
6) Speisung der Fünftausend
7) Einsturz des Apollontempels durch die Gebete von Cassius und Castus
8) Teufelsaustreibung durch Castrense
9) Heilung der Bucklingen

WESTWAND

Am Fuß der grünen Berge

Der Norden

Zwischen steiler Felswand und dem offenen Meer liegt das mittelalterliche Städtchen Cefalù.

Cefalù mit seinem Dom lockt an das Tyrrhenische Meer. Einen natürlichen Kontrast dazu bilden die unberührten Madonie mit ihren abgelegenen Dörfern, Bergen und Wäldern.

Der Norden

Zwei große Naturschutzgebiete – neben weiteren kleineren Reservaten – liegen in der Provinz von Palermo, der **Bosco della Ficuzza** und der **Parco delle Madonie**, mit Abstand der größte Naturpark in der Provinz. Der enge Kontakt zur Hauptstadt, die gleichzeitig auch Regierungssitz von Sizilien ist, mag ein Grund dafür sein, dass die Madonie touristisch gut erschlossen sind.

Cefalù	Seite 71
Unterkunft	Seite 71
Information	Seite 72
Madonie	Seite 72
Unterkunft	Seite 74
Information	Seite 76
Corleone	Seite 76
Piana degli Albanesi	Seite 77

Hinzu kommt der Magnet **Cefalù**, der seit vielen Jahrzehnten die Reisenden anzieht. Schon in der Vorzeit haben an diesem Ort Menschen gesiedelt. Der ins Meer vorspringende Felsen bot Schutz vor Feinden, und die Bucht wimmelte von Fischen, vor allem von der Sorte, die „Cefalo" genannt wird. Das Stadtwappen zeigt, wie man die Tiere lockt: Drei Fische schießen sternförmig auf eine Semmel zu, und der aus Cefalù stammende Schriftsteller Vincenzo Consolo beschreibt in einem seiner Romane, wie das Wasser der Bucht kocht, wenn die Fische sich um ein Brötchen balgen. Ob der Name der Stadt von diesem Fisch stammt, von dem phönizischen Wort Kefala oder vom griechischen Kefalé für Kopf – darüber gehen die Meinungen auseinander.

In der ältesten Zeit haben die Menschen in Grotten des heute **Rocca** genannten Felsens gewohnt. Doch damit gaben sich die Sikuler im 9. Jahrhundert v. Chr. nicht mehr zufrieden. Man trieb Handel mit den Phöniziern und den Griechen, war wohlhabend und baute sich Häuser am Fuß des Felsens. Hoch oben errichteten die Sikuler eine Zisterne und einen Tempel, der **Tempio di Diana** genannt wird, obwohl man von dieser römischen Göttin damals noch nichts wusste. Das änderte sich mit der Eroberung durch die Römer im Jahr 245 v. Chr. schlagartig. Cefalù wurde eine tributpflichtige Stadt unter vielen. Später byzantinisch und arabisch wie ganz Sizilien, wurde es dann durch die Ankunft der Normannen ins Zentrum der sizilianischen Geschichte katapultiert. 1063, neun Jahre vor der Eroberung Palermos, fiel Cefalù in die Hand Rogers I.

Sein Sohn Roger II. beschloss 1131, einen **Dom** ✪✪ bauen zu lassen, lange bevor der Grundstein von Monreale gelegt wurde. Die Legende behauptet, dass der in Seenot geratene Roger zuvor gelobt hatte, eine Kirche zu stiften. Tatsache ist, dass diese Version den Bischöfen von Cefalù über Jahrhunderte den Vorwand lieferte, den Bürgern in Stadt und Umkreis alle Arten von Sondersteuern abzupressen. Auf alle Fälle sollte die Cattedrale die Macht der neuen Religion und ihrer Kreuzritter gegenüber dem Islam und der byzantinischen Kirche dokumentieren.

Umso erstaunlicher ist die Unbekümmertheit, mit der man hier erstmals Anleihen bei der byzantinischen und arabischen Formensprache nahm. Nirgendwo wird diese Verschmelzung der Kulturen in Sizilien sichtbar wie an

Das arabische Waschhaus von Cefalù.

der Figur des Christus als Weltenherrscher – Pantokrator – in der Apsis. Heilige Figuren auf Goldgrund bilden ein tragendes Thema der byzantinischen Kirchenkunst. Aber in Byzanz durfte das unfassbare Wesen Gottes und der Heiligen nur stark stilisiert wiedergegeben werden. Hier jedoch sehen wir das individualistische Portrait eines nachdenklichen jungen Mannes mit normannisch rotblonden Locken, das schmale Gesicht mit der Adlernase, den schwarzen Brauen und den dunklen Augen könnte einem arabischen Edelmann gehören. Diese Vermenschlichung kündigt schon die Lösung vom strengen byzantinischen Kanon an, die in Monreale endgültig gelingen sollte. Doch die anderen Darstellungen in Cefalù folgen noch der Regel: unterhalb Christi vier betende Erzengel, winzig im Vergleich, und in deren Mitte Maria, ebenfalls unbedeutend, wenn man die Rolle bedenkt, die sie im katholischen Sizilien erhalten wird. Wieder eine Stufe tiefer die Apostel, die der Eingeweihte unfehlbar an ihren Attributen erkennt: Paulus schwarzhaa-

Highlights des Nordens

Dom von Cefalù ✪✪
Der goldene Himmel von Byzanz (siehe S. 68, 71).

Christus, der Weltenherrscher.

Museo Mandralisca ✪
Das Lächeln des unbekannten Matrosen im Museum von Cefalù
(siehe S. 71).

Castelbuono
Maria Santissima Assunta – ein Bilderbuch mittelalterlicher Kunstrichtungen
(siehe S. 73).

Santuario di Gibilmanna
Ein reich ausgestattetes Museum im Kloster
(siehe S. 72).

Castel di Tusa
Freilichtmuseum moderner Kunst, Wandern inbegriffen
(siehe S. 74).

Vallone Madonna degli Angeli
Die letzten Überlebenden der Nebrodi-Tanne
(siehe S. 75).

Piana degli Albanesi
Albanische Sprach- und Kulturinsel hoch droben auf dem Berg (siehe S. 77).

rig mit Glatze, Petrus ein Greis mit wallendem, weißen Haar. Der ganze Altarraum ist auf diese Weise mit Goldgrundmosaiken ausgekleidet, ganz so, wie sich die in der byzantinischen Despotie lebenden Künstler den Himmel vorgestellt haben: in strenger Hierarchie.

Die Pracht des Doms sollte die steinernen Särge der Dynastie von Hauteville bergen. Aber der Erzbischof von Palermo bestimmte es anders, denn wo die Königinnen und Könige begraben lagen, war das Zentrum der Macht. Deshalb liegen Roger II. und seine Nachfahren in Palermo. Der Bau des Doms von Cefalù schleppte sich bis 1267 mühsam fort, die Pläne wurden „verschlankt". Trotzdem ist der Dom eines der bedeutendsten Baudenkmäler Siziliens.

Jäh steigen hinter Cefalù die Berge in den südländischen Himmel, und man kann sich kaum vorstellen, wie in früheren Jahrhunderten eine tausendköpfige Armee mit Ross und Tross die Pfade der **Madonie** emporgezogen ist.

Und doch folgt im Jahr 1069 über die Maultierpfade ein Zug normannischer Soldaten den Spuren ihrer Gegner. Die Küste ist erobert, aber die Bergbauern gewähren den eigenen Truppen Unterschlupf und Verpflegung. Die Eroberer fühlen sich fremd in diesen Wäldern, wo stachelige lackschwarze Blätter ihnen das Gesicht zerkratzen. Über manchen Hochtälern liegt eine flache perlmuttschimmernde Nebeldecke, aus der nur die blauen Spitzen von Tannen herausragen. Buckel, die die Soldaten erst für Felsblöcke gehalten haben, entpuppen sich im Vorübergehen als halbmannshohe Steinbuden. Sind es wirklich nur Almhütten der Schäfer, oder lauern dort die feindlichen Araber? Die Soldaten ziehen durch das knietiefe Laub von Buchenwäldern, das Raascheln könnte es den anderen leicht machen, sich unbemerkt anzuschleichen. 1500 Meter sind sie aufgestiegen, das sind sie nicht gewohnt, denn an sich sind sie Seefahrer. Und es geht weiter aufwärts. Manchmal sehen sie von einer Felsnase aus in der Ferne ein Dorf, das mit dem Gestein zu verschmelzen scheint und dessen stumpfe graue Mauern nichts als Armut verheißen. Ist die Insel es wirklich wert, erobert zu werden? Oben kreisen Raubvögel mit Flügeln so weit wie ein Kirchenportal – ein böses Omen, sagen manche. Als sie in fast 2000 Meter Höhe die letzte, kahle Hochebene erklimmen, stehen dort – endlich – die feindlichen Truppen. Das Gemetzel wird so grausam, dass selbst tausend Jahre später dieser Fleck Erde immer noch **Piano della Battaglia** genannt wird, die „Ebene der Schlacht", in der die Normannen die arabischen Truppen besiegt haben.

Heute wedeln im Winter Skifahrer über die Pisten der Hochebene, für die der Name nur gleichbedeutend ist mit jeder Menge Spaß. Die Kämpfe zwischen Byzantinern, Arabern und Normannen sind nur noch für Historiker ein Thema. Die Bürger der Madonie hängen an jedem geschichtsträchtigen Stein mit dem gleichen Stolz, egal, aus welcher Epoche er stammt.

Mittlerweile sehen die Städtchen auch nicht mehr so bitterarm aus, denn im Lauf der Jahrhunderte wurden hervorragende Baumeister aus den Zentren höfischen Lebens geholt, um den Gläubigen Kirchen zu bauen – nach dem mittelalterlichen Prinzip, dass das Haus Gottes die gute Stube der armen Leute sein sollte. Für die Ausstattung waren die besten Künstler gerade gut genug: die Gagini-Familie mit ihren lieblichen kummervollen Madonnen, die so zahlreich und doch immer wieder anders sind, oder **der Zoppo di Gangi** mit seinen düster prächtigen Heiligenlegenden. Aber der anheimelnde Eindruck der gar nicht mehr so abgelegenen Bergdörfer hat noch einen anderen Grund. Jede Lira, die die Kommune abknapsen kann, wird in die Renovierung ihrer Kunstschätze gesteckt. Da das nicht viel ist, dauern die Arbeiten oft lange. Aber irgendwann kommt man in eine Burg, die noch nach frischem Putz riecht, und wird von schüchternen jungen Leuten gefragt, ob sie einem die Sehenswürdigkeiten erklären können – selbstverständlich kostenlos.

Vom Schlachtfeld zur Weide: Piano della Battaglia.

Der Norden

Cefalù

Transport und Verkehr

Cefalù liegt an der Autobahn A19 Palermo – Messina. Leider ist das Teilstück zwischen Sant'Agata di Militello und Cefalù noch nicht ausgebaut, so dass Reisende aus Messina auf der SS113 weiterfahren müssen. Parallel zur Küste verläuft die Bahn, die von Palermo eine und von Messina zweieinhalb Stunden unterwegs ist. Der Bahnhof befindet sich weit außerhalb (15 Min. Fußweg) im Viale Regina Margherita. Dort wurde auch der Busknotenpunkt eingerichtet. Der Regionalbus Palermo – Cefalù fährt zweimal täglich, Messina wird nicht bedient. Im Sommer verkehren dreimal pro Woche Tragflügelboote zu den Äolischen Inseln. Die Sehenswürdigkeiten in der Stadt sind gut zu Fuß zu entdecken, die Altstadt ist während der Hauptverkehrszeit Fußgängerzone.

Sehenswürdigkeiten

Duomo/Cattedrale ✪✪
Piazza Duomo.
Der imposante Bau wurde im Jahr 1131 begonnen. Der Portikus, der das prächtige Portal überdacht, stammt aus dem Jahr 1472. Im Inneren beeindruckt ein Goldgrundmosaik von Christus als Herrscher der Welt aus dem 12. Jh. Das Mosaik gehört, neben den Werken von Monreale, zu den größten Sehenswürdigkeiten Siziliens. Tgl. 9 – 12 und 15.30 – 19 Uhr.

Museo Mandralisca ✪
Via Mandralisca 13.
Eines der bedeutendsten Museen Siziliens wurde von einem adligen Privatgelehrten aus dem 19. Jh (siehe nebenstehenden Kasten) eingerichtet. Der ehemalige Familiensitz beherbergt z. B. das berühmte Portrait eines Mannes von Antonello da Messina, das als Darstellung eines Schiffsoffiziers (l'ignoto marinaio) gedeutet wird. Mo – Sa 9 – 12.30 und 15.30 – 18 Uhr, im Sommer häufig durchgehend; im Fremdenverkehrsamt Öffnungszeiten erfragen. Eintritt: 4000 Lire.

Corso Ruggero
Die Hauptachse der Altstadt, deren Verlauf aus dem Mittelalter stammt. Reizvoll die Gassen, die zum Meer verlaufen, zum Beispiel Via Spinuzza, Vicolo Purgatorio, Via Francavilla.

Osterio Magno
Ecke Corso Ruggero / Via Amendola.
Der im Lauf der Jahrhunderte immer wieder umgebaute und erweiterte Bau stammt aus dem 13. Jh. und war einst Residenz des Königs. Heute wird er für Ausstellungen genutzt.

Lavatoio Arabo
Ecke Via Vittorio Emanuele / Via Mandralisca.
Ein öffentliches Waschhaus aus der Zeit der Araber, das nicht mehr benutzt wird. Die Legende sagt, es sei einst von einem unterirdischen Bach gespeist worden. Frei zugänglich.

Bastione di Marchiafava
Am Nordende des Corso Ruggero, hinter der Piazza Crispi.
Reste der antiken Befestigung, weiter im Osten malerische Fischerhäuser.

Unterkunft

*** Baia del Capitano
Località Mazzaforno
Tel. 0921/200 05
Fax 0921/201 63.
5 km östlich der Stadt in einem Vorort. Neues Haus mit Terrassen im schönen Garten. Pool, Privatstrand.

** Hotel Mediterraneo
Via A. Gramsci 12 (Bahnhofsnähe)
Tel. 0921/92 25 73
Fax 0921/92 26 06.
Neues Haus mit allem Komfort. Im Juli und August nur mit Halbpension.

Persönlichkeiten

Der Baron von Mandralisca

Mit vollem Namen hieß er Enrico Pirajno di Mandralisca, und so erschien er auf den Deckeln seiner naturkundlichen Werke. Er lebte im 19. Jahrhundert und war einer der letzten humanistischen Universalgelehrten europäischen Zuschnitts, gleichzeitig ein typischer Vertreter der liberalen sizilianischen Oberschicht. Mit wissenschaftlicher Akribie erforschte er die Tier- und Pflanzenwelt seiner Heimat und beschrieb sie mit literarischem Stil. Mit gleicher Begeisterung sammelte er Antiken. Aber im Gegensatz zu manch anderen nicht für sein Privatkabinett: Er wollte die Schätze seinen Landsleuten zeigen. Sein Stadtpalast ist heute das Museum von Cefalù.
Nur logisch, dass eine solche Persönlichkeit auch politisch auf Seiten derer stand, die in der Revolution von 1848 gegen das verhasste Regime der Bourbonen aufstanden und die italienische Einigung vorbereiteten.

Der Norden

Restaurant-Tipps

La Rosa dei Venti
Via Vazzana 7
gegenüber
der Post.
Einfaches, nicht
touristisches Lokal,
kleine Auswahl,
dafür sehr günstig.

**Ristorante –
Bistrot La Brace**
Via XXV
Novembre 10
Tel. 0921/235 70.
Ausgezeichnetes
Spezialitäten-
restaurant,
Familienbetrieb.

Vecchia Marina
Via Vittorio
Emanuele 75
Tel. 0921/203 88.
Gehobenes Fisch-
restaurant mit
großer Auswahl.

Osteria La Botte
Via Veterani 6
Tel. 0921/243 15.
Sizilianische Spe-
zialitäten auf stän-
dig wechselnder
Speisekarte.

Nachtleben

In Cefalù gibt es
vier Diskotheken.
Ganzjährig geöffnet
ist das:

Il Covo dei Pirati
Via Vittorio
Emanuele.
Nahe der arabi-
schen Wäscherei.
Nicht allzu laut, und
man kann gut auf
ein Glas Wein
vorbeischauen.

** Riva del Sole
Viale Lungomare 25
Tel. 0921/42 12 30
Fax 0921/42 19 84.
Außen unscheinbar, innen elegant. Große Zimmer mit Meeresblick. Bester Service, zentrale Lage, aber laut.

** Pensione delle Rose
Via Gibilmanna (keine Hausnummer, etwas außerhalb gelegen)
Tel. 0921/42 18 85.
Schöne Lage am Hang inmitten von Olivenhainen. Saubere Zimmer und Terrasse mit Blick auf die Stadt. Netter Familienbetrieb. Wegen des Lärms Zimmer nach hinten verlangen.

Restaurants

Siehe nebenstehenden Spalte.

Strände

Cefalù
Neben dem Lungomare erstreckt sich ein langer, schmaler Sandstrand.

Torre oder **Castello di Roccella**
15 km westlich von Cefalù, Bahnstation Campofelice di Roccella.

Aktivitäten

Reiten
Valle Grande Ranch
Tel. 0921/42 02 86.
8 km südöstlich von Cefalù.

Mountainbike
Meditravel
Via Vittorio Emanuele 57
(neben der arabischen Wäscherei)
Tel. 0921/42 07 85.
Das Geschäft verleiht auch normale Räder und Vespas.

Ausflüge

La Rocca
Der Aufstieg beginnt an der Straße Vicolo dei Saraceni südöstlich des Corso Ruggero. Der Weg dauert nur eine Stunde, trotzdem sollte man wegen der Hitze frühmorgens losgehen. Von der 270 m hohen Erhebung hat man eine schöne Aussicht. Hier lag das antike und prähistorische Cefalù. Die Festung stammt wahrscheinlich aus byzantinischer Zeit und wurde mehrfach verändert. Kar von Anjou wurde im Verlauf der Sizilianischen Vesper hier gefangen gesetzt. Das Gelände beherbergt eine Zisterne und einen Diana-Tempel (Tempio di Diana).

Rovine d'Imera
22 km westlich von Cefalù, über die Autobahn oder die Küstenstraße erreichbar; mit eigener Bahnstation.
Das antike Himera wurde von den Phöniziern 409 v. Chr. dem Erdboden gleichgemacht, die Ruinen sind daher eher romantisch als majestätisch.
Kostenlos zugänglich von 9 Uhr bis eine Stunde vor Sonnenuntergang.

Information

AST
Corso Ruggero 77
Tel. 0921/42 10 50
Fax 0921/223 86.
www.kefa.it
Mo – Fr 8 – 14 und 16 – 19, Sa 8 – 14 Uhr.

Madonie

Das 77.000 ha große Gebiet dieses Naturparks umfasst die höchsten Bergzüge Siziliens – mit Ausnahme des Ätna natürlich. Wer im Winter kommt, braucht für die Anfahrt in die Bergdörfer Schneeketten!
Die nachfolgenden Sehenswürdigkeiten, Unterkünfte etc. sind im Uhrzeigersinn von Cefalù aus aufgeführt.

Santuario di Gibilmanna

14 km südlich von Cefalù liegt das Kapuzinerkloster, das vom Orden in ein Museum samt Bibliothek umgewandelt wurde. Die Kirche stammt aus

Der Norden

dem 17./18. Jh. Das Museum zeigt Heiligenfiguren, Gemälde und prächtig gearbeitete antike Gewänder, am interessantesten aber sind Gebrauchsgegenstände aus dem klösterlichen Alltag. Die Katakomben beherbergen heute diverse Kunstobjekte.
Tgl. April – Sept. 9.30 – 12.30 und 15.30 – 19 Uhr, im Winter bis 17 Uhr. Freier Eintritt; Spende erbeten.

Isnello
25 km südlich von Cefalù.
Bergdorf mit Resten einer Burg.

Castelbuono
Die Bergstadt mit der Burg aus dem 14. Jh. liegt 15 km südöstlich von Cefalù und ist sechsmal täglich mit dem Bus der SAIS ab Cefalù zu erreichen. Anfahrt über SS113, hinter Sant'Ambrogio die SS286 nach Süden.
Die Stadtburg Castello dei Ventimiglia stammt aus dem Jahr 1316. Sie wurde renoviert und restauriert. Die Arbeiten in der dazugehörigen Cappella di Sant'Anna sollen demnächst beendet sein, dann erstrahlen die prächtigen Stukkaturen von Serpotta (1638) wieder in neuem Glanz. Von den Fenstern der Burg überblickt man weit die Madonie. Hier ist auch das Stadtmuseum untergebracht. (Tgl. 9 – 12.30, Sa und So 14.30 – 17 Uhr. Eintritt: 2000 Lire.) Nahe dem Castello befindet sich die Chiesa Matrice Vecchia (auch als Maria Santissima Assunta bekannt, siehe unten). Gegründet 1350 und im 15. Jh. um ein viertes Schiff erweitert, sind der romanisch-gotischen Kirche in späteren Jahrhunderten Veränderungen erspart geblieben. Altargemälde aus dem 16. Jh. mit Heili-

Die Stadt Himera wurde von den Karthagern dem Erdboden gleichgemacht.

Im Fokus

Maria Santissima Assunta in Castelbuono

Schon das Baujahr 1350 macht sie zu einem altehrwürdigen Heiligtum. Doch schon viel früher stand hier ein Tempel des Sonnengottes. Bei Sanierungsarbeiten wurden Spuren davon entdeckt: ein Säulenstumpf mit Reliefs, die den Kult darstellen, und Reste eines Pflasters, ausgelegt mit roten Fliesen in Hakenkreuzform, die Sonnenräder darstellen sollen. Die Säulen sind teilweise mit Pfauen geschmückt, die dem Sonnengott heilig waren.
Der Fassade ist eine elegante Renaissance-Loggia mit drei Bögen und schwalbenschwanzförmigen Zinnen. Der Campanile steht etwas unbeholfen daneben. Die ungekalkten Säulen des Innenraums sind mit Heiligen im byzantinischen Stil bemalt. An der Wand neben der Sakristei hat sich ein Künstler im neumodischen toskanischen Stil versucht, das heißt, die Fresken haben schon Perspektive. Die Holzbalken der Decke sind mit einem Sammelsurium von maurischen, byzantinischen, romanischen und gotischen Motiven gestaltet. Mit dem Opernglas erkennt man die kleinen Monster, Halbmonde und Vögel am besten. Auch die kämpfenden Krieger mit Keule und Schild wirken recht unheilig. Blickfang, wenn auch nicht die einzige Kostbarkeit, ist der Hauptaltar von Antonello da Saliba mit der Krönung Mariä (1520) – auch das ein Bild mit unzähligen Heiligendarstellungen. Unter der Sakristei geht es zur Krypta. Sie war einst Bestandteil des griechischen Tempels und wurde später von Künstlern des 16. und 17. Jh. im naiven Stil mit Darstellungen aus den letzten Tagen im Leben Jesu gestaltet, expressiv wie ein moderner Comic Strip.

Der Norden

Die letzten Exemplare der Nebrodi-Tanne wachsen in den Madonie, im Vallone Madonna degli Angeli.

Insider News

Targa Florio

Die Targa Florio ist nicht nur eines der berühmtesten, sondern auch eines der ersten Autorennen der Welt. Man nannte es in einem Atemzug mit Le Mans und Indianapolis. Die Targa führte über die Passstraßen der **Madonie** und fand erstmals 1906 statt, mit der atemberaubenden Durchschnittsgeschwindigkeit von 46 km/Std. Initiiert wurde das Rennen von dem Industriellen **Graf Vincenzo Florio**, einem der ersten Autobesitzer Siziliens. Er ärgerte sich über die katastrophalen Straßenzustände und hoffte, dass ein Autorennen den Anstoß für eine Verbesserung geben könnte. Mit zunehmender Geschwindigkeiten wurde das Rennen mörderisch. Als 1977 zwei Fahrer tödlich verunglückten, wurde das Rennen abgeschafft – zur Freude der Umweltschützer. Und trotzdem wurde kürzlich das 92. Rennen ausgetragen – als Auto- und Motorrad-Rallye und Prozession von Oldtimern. Anmeldungen nimmt der Autoclub von Palermo entgegen.

gennischen, Krypta mit ihren rustikalen Fresken. Gewöhnlich vormittags bis 13 Uhr geöffnet.

Gangi

20 km südöstlich von Castelbuono, Erreichbar mit dem Bus ab Cefalù über eine serpentinenreiche Straße (SS286) mit fantastischer Aussicht. Der Campanile der Chiesa di San Nicola stammt aus dem 14. Jh. Bekannt wurde Gangi als Geburtsort eines Malers des 16. Jh. „Lo Zoppo di Gangi", der Hinkende aus Gangi.

Castel di Tusa

Seit der Bildhauer Pietro Consacra 1986 in Fiumara d'Arte bei Castel di Tusa, 40 km östlich von Cefalù, am Ufer des Sturzbaches Tusa ein Objekt der Land Art installierte, haben weitere namhafte Künstler sich hier verewigt.

Unterkunft

*** Hotel Milocca
Contrada Piano Castagna
Castelbuono
Tel. 0921/719 44
Fax 0921/714 37.
Mitten in den Bergen, ruhig. Von Castelbuono serpentinenreiche Anfahrt in Richtung Süden.

** Hotel delle Madonie
Via P. Agliata 81
Petralia Sottana

20 km südwestlich von Castelbuono
Tel. 0921/64 11 06.
Frisch renoviert in historischem Stil, in einem alten Stadthaus untergebracht. Mit gutem Restaurant.

*** Azienda Agrituristica Gangi Vecchio
4 km südöstlich von Gangi (die Anfahrt ist ausgeschildert)
Tel. 0921/644 04
Fax 0921/68 91 91.
In einer alten Benediktinerabtei mitten in der Natur, nur acht sehr schön restaurierte Zimmer. Gute Küche.

** Hotel Miramonti
Via Nazionale 19
Gangi
Tel. 0921/444 24
Fax 0921/449 00.
Einfaches Haus mit Restaurant.

**** Museo Albergo L'Atelier sul Mare
Castel di Tusa
Tel. 0921/342 95.
Von zeitgenössischen Künstlern ausgestaltete Räume. Das Haus liegt nahe dem antiken Wachturm direkt am Meer, mit Badestrand.

** Azienda Agrituristica Borgo degli Olivi
Contrada Aielli, Abfahrt von der Küstenstraße SS113, 15 km östlich von Cefalù in Tusa.

Tel. 090/71 24 30, 0347/818 20 25
Fax 090/71 90 81.
Biohof (18. Jh.!) in einem Weiler, der zum Bergdorf Tusa gehört; rollstuhlgerecht. Organisierte Ausflüge zu Pferd. Unbedingt vorher anrufen.

Berghütten – Rifugi

Es handelt sich hierbei um einfache Unterkünfte mit einem kleinen Lokal.

Francesco Crispi
Località Piano Sempria
Castelbuono
Tel. 0921/722 79.

Lo Scoiattolo
Località Piano degli Zucchi
Isnello
Tel. 0921/620 80, Fax 0921/620 80.

Rifugio Ostello della Gioventù
Località Mandria Marcate
Piano della Battaglia, Isnello
Tel. 0921/722 79.

Giuliano Marini
Piano della Battaglia
Tel. 0921/499 94.

Restaurants

Nangalarruni
Via degli Alberghi 5
Castelbuono
Tel. 0921/67 14 28.
Spezialität sind köstliche, mit frischem Ricotta gratinierte Steinpilze. Mi Ruhetag.

Villa Rainò
Contrada Rainò (1,5 km von Gangi)
Tel. 0921/764 46 80.
Teil einer Azienda Agrituristica.

La Montanina
Località Piano Zucchi
Isnello
Tel. 0921/66 20 30.
Für die Gegend typischer Berggasthof mit Zimmervermietung. Rustikale Küche. Mo Ruhetag.

Der Norden

Flora

Nebrodi-Tannen

Ein Grüppchen von zweiundzwanzig Überlebenden hat sich ins **Vallone Madonna degli Angeli** zurückgezogen. Die Familie ist alt, genauer gesagt, geht sie aufs Tertiär zurück: Abies nebrodensis heißen sie auf Latein, auf Deutsch: Nebrodi-Tannen. Der Name ist irreführend, denn sie ragen heute nur in einem Tal der Madonie auf. Die Bäume werden über 20 m hoch. In der Antike waren sie mit ihren glockenförmigen Kronen und den kreuzförmig angeordneten Zweigen dem Jupiter Etneo heilig. Weltweit sind dies die einzigen lebenden Exemplare.
Wer sie besuchen will, fährt auf der A19 ab Palermo Richtung Südosten und biegt bei **Scillato** ab. Über Landstraßen geht es nach **Polizzi Generosa**. Von dort auf der SP119 etwa 10 km in Richtung Norden. Die letzten zwei Kilometer muss – darf? – man zu Fuß in Richtung Osten marschieren.

Im Fokus

Blutiger 1. Mai 1947

Portella della Ginestra, Pass des Ginsters – der romantische Name steht in Sizilien für eines der blutrünstigsten Dramen der Nachkriegszeit: Auf diesem Gebirgssattel, zwei Kilometer außerhalb von Piana degli Albanesi, versammelten sich am 1. Mai 1947 Arbeiter und landlose Bauern zur Kundgebung. Plötzlich fielen Schüsse. Elf Teilnehmer fielen tot zu Boden, andere waren schwer verletzt. Hinter Felsbrocken hatten sich Outlaws unter der Führung von **Salvatore Giuliano** verschanzt, um den Linken im Auftrag der Mafia einen Denkzettel zu verpassen.
Es war der Tiefpunkt auf dem Lebensweg der abenteuerlichen Gestalt Giuliano. Begonnen hatte der Bandit als Kämpfer für die Unabhängigkeit Siziliens. Dabei hatte sich Giuliano viele Sympathien erworben. Wie Robin Hood überfiel er die Reichen und verteilte die Beute unter den Armen. Als sich jedoch die italienische Republik konsolidierte, geriet er an den Rand der Gesellschaft. Zwar war ihm und seinen Leuten zunächst Straffreiheit versprochen worden, wenn sie die Waffen abgäben, doch dann war es plötzlich nicht so gemeint gewesen. Gejagt und von Verhaftungen dezimiert versteckte sich die Bande in der Macchia des **Montelepre**. Dann bot die Mafia ein Bündnis an. Nach der Bluttat von Portella della Ginestra wurde der Bandenboss von seinen eigenen Leuten an die Polizei verraten. Er starb unter ungeklärten Umständen in der Haft.

Corleone

Image-Problem

„Corleone ist durch unselige Ereignisse zur bekanntesten Kleinstadt der Welt geworden." Mit diesen Worten leitet das Fremdenverkehrsamt eine seiner Broschüren ein. So wird umschrieben, dass Corleones Name zumindest all denen bekannt ist, die im Kino den „Paten" gesehen haben. Der amerikanische Krimiautor **Mario Puzo** taufte seinen Mafia-Clan der Einfachheit halber nach der Stadt, die traditionell die Hochburg der Mafia alten Stils ist.
Der langjährige Boss der Bosse, Totò Riina, der hier lange Zeit unumschränkt herrschte, sitzt seit 1993 hinter Schloss und Riegel. Corleone bemüht sich verzweifelt, aus seinem Schatten herauszutreten. Dafür steht schon die Adresse des Fremdenverkehrsamtes: Piazza Falcone e Borsellino, benannt nach den Richtern, die die Mafia 1992 umbrachte als warnendes Beispiel für alle, die sie herausfordern wollten. Touristen sollten sich vom zweifelhaften Ruf Corleones nicht abschrecken lassen, sie sind sicher wie in Abrahams Schoß!

Cafè La Terrazza
Petralia Sottana.
An der Piazza; wunderschöne Aussicht von der Terrasse.

Aktivitäten

Reiten – Cooperativa Eraura
Isnello 20 km, westlich Castelbuono
Tel. 0921/663 03.
Ausflüge zu Pferd, weitere Reiterhöfe vermittelt das Fremdenverkehrsbüro von Castelbuono.

Wanderung zu den hundertjährigen Riesenstechpalmen
(Hierfür gibt es eine deutschsprachige Wanderkarte, in den Touristenbüros von Cefalù und Palermo erhältlich).
Mit dem Auto von Castelbuono bis zur Berghütte Francesco Crispi auf der grünen Lichtung von Piano Sempria (1327 m ü. d. M.). Zu Fuß 4 km bergauf, weiter auf dem ausgeschilderten Wanderweg bis nach Piano Pomo, einer Hochebene (1450 m ü. d. M). Unterwegs passiert man Aussichtspunkte und die berühmte achthundert Jahre alte Eiche. Zurück auf demselben Weg (Tagesausflug). Feste Wanderstiefel und Getränke mitnehmen.

Information

Ufficio Turistico di Castelbuono
Via Umberto 1
Tel. 0921/671 12.
Informationen zu der Region Madonie.

Oder in den Fremdenverkehrsbüros von Cefalù (ASST) oder Palermo (AAPIT). Es gibt mehrere gute Wanderkarten, auch auf deutsch.

Corleone

60 km südlich von Palermo und von dort mit dem Bus der AST erreichbar. Eine verschlafene Kreisstadt mit angeknackstem Ruf, die Ausgangspunkt für Ausflüge auf die Rocca Busambra (siehe Foto auf S. 20) und andere Naturschönheiten der Gegend ist.

Ausflüge

Bosco della Ficuzza
Beliebtes Ausflugsziel der Palermitaner, 20 km südöstlich von Corleone. Unter schattigen Bäumen wird vor allem an Ostern und am 1. Mai Picknick gemacht. Höchster Punkt ist mit 1613 m die Rocca Busambra. Von den Berghütten aus gibt es Wanderwege.

Palazzina Reale della Ficuzza
Im Ort Ficuzza, 20 km südöstlich von Corleone.
Ferdinand IV. von Bourbon ließ sich das Jagdschloss bauen, nachdem er 1799 vor den jakobinischen Revolutionären aus Neapel in die übrig gebliebene Hälfte seines Königreiches geflohen war. Von der ursprünglichen Ausstattung haben die Bauernaufstände im 19. Jh. nicht viel übrig gelassen. Tgl. 10 – 17, Eintritt: 3000 Lire.
Auf Wunsch Führungen durch Kooperative (Pause 13 – 14 Uhr); Trinkgeld wird erwartet!

Santuario del Rosario di Tagliavia
Von Ficuzza aus auf der SS118 ca. 6 km südwestlich, dann Seitenstraße nach rechts (Westen).
Die Terrasse vor der Kirche bietet eine Aussicht weit übers Land. Die Kirche selbst ist neueren Datums und wurde bekannt, weil sich anlässlich einer Wallfahrt drei Priester mit der Waffe in der Hand um die Kollekte stritten (5 Tote).

Unterkunft

*** Belvedere
Contrada Belvedere
Tel. 091/846 49 44
Fax 091/846 40 00.
Mit nur 20 Zimmern das einzige Hotel am Ort. Sehr günstig, keine Hochsaisonpreise. Schön gelegen, etwas außerhalb der Stadt.

Der Norden

Hoch über Corleone thront nur noch der Turm der Sarazenenfestung.

Insider News

Feiern in mittelalterlichen Mauern

Das höchstgelegene Dorf der Madonie heißt **Petralia Soprana** und liegt etwa 15 südlich von Castelbuono. Es ist in seiner mittelalterlichen Struktur intakt geblieben. Außer der Chiesa Madre und der fantastischen Aussicht bietet es noch eine andere Attraktion: Am ersten Sonntag nach dem 15. August wird die **Revocazione** veranstaltet. Dabei zieht ein mit Getreidebüscheln geschmückter Prozessionszug durch die Straßen – Erinnerungen an den Kult der Fruchtbarkeitsgöttin Ceres.

Das Buch zum Bild

Den in Cefalù geborenen Schriftsteller **Vincenzo Consolo** hat das rätselhafte Gemälde Antonello di Messina im Museo Mandralisca zu seinem Roman „Das Lächeln des unbekannten Matrosen" inspiriert. Wer sich vor der Reise einstimmen will, kann das im Suhrkamp-Verlag erschienene Buch für 10,80 Mark erwerben.

* **Casa Mia**
Contrada da Malvello
Tel. 091/846 31 97.
Ein altes Haus auf dem Land, das sich dem Agriturismo widmet.

Information

Ufficio Turistico Corleone
c/o Villa Comunale
Piazza Falcone e Borsellino
Tel. 091/84 63 55.
Tgl. 9 – 13, Di, Do und Sa auch 15.30 – 18.30 Uhr.

Piana degli Albanesi

Von Palermo auf der SS624 10 km nach Süden, ab der Abzweigung 10 km auf der SS118. Busse ab Palermo. Die Stadt wurde im 15. Jh. von aus der Türkei geflohenen Albanern gegründet. Die Einwohner sprechen Albanisch, das sie mit italienischen Brocken mischen. Alle Schilder sind zweisprachig. Am Sonntag sieht man den „griechisch-katholischen" Pfarrer in Soutane und mit hoher Kappe. Sehenswert sind die Kirchen:
Chiesa Maria SS. Odigitra mit zwei Bildern von Pietro Novelli und byzantinischen Ikonen, von der alten Kirche stammt noch die strenge Fassade. Das Portal ist schon im Barockstil, umgebaut von Novelli, im Inneren Bilder aus dem 15. und 17. Jh.
San Demetrio – Chiesa Madre (Ende 16. Jh.): In der Zentralapsis Fresken von P. Novelli, leider kaum zu sehen. Quer davor die typische orthodoxe Holzwand mit den Heiligendarstellungen in den Kassetten unten und oben (Ikonostase), in der mittleren Reihe das Leben Jesu – byzantinischer Stil auf Goldgrund.

Ausflug

San Giuseppe Iato
Das antike Ietum ist eine griechische Gründung, die Friedrich II. zerstörte. Sie liegt auf einem Berg über dem modernen San Giuseppe Iato etwa 18 km östlich von Piana degli Albanesi. Der Aufstieg Nr. 2 beginnt beim alten Friedhof (Camposanto Vecchio) und ist ausgeschildert. In zwei Stunden kommt man zum Gipfel. Die Ruinen sind unscheinbar, aber die Aussicht entschädigt: Hochtäler, blaue Berge, grüne Felder, Lago Piana degli Albanesi ... Falls die offizielle Pforte außerhalb der Saison geschlossen ist: Ein Schäfer hat für seine Herde eine „Behelfspforte" in den Maschendraht geschnitten, nach dem Durchgehen bitte wieder schließen! Keine Einrichtungen auf dem Gelände, also Getränke mitnehmen. Das AAPIT-Büro von Palermo bietet Wanderkarten für San Giuseppe Iato mit mehreren Touren rund ums Ausgrabungsgelände, allerdings leider nur italienisch.

Einsame Wanderwege

Der Nordosten

Von der Wallfahrtskirche von Tindari blickt man hinab auf die weiße Lagune.

Im Rücken lebhafter Küstenstädte erheben sich grün und schweigend die Berge der Nebrodi. In verwunschenen kleinen Bergdörfern scheint die Zeit stehen geblieben zu sein.

Der Nordosten

Messina	Seite 83
Sehenswürdigkeiten	Seite 83
Unterkunft	Seite 85
Milazzo	Seite 85
Tindari	Seite 86
Capo d'Orlando	Seite 87
Santo Stefano di Camastra	Seite 88
Nebrodi	Seite 88

Messina bildet das Nadelöhr, durch das sich der ganze Verkehr vom italienischen Stiefel nach Sizilien zwängen muss. Ob Lastwagen, Auto oder Eisenbahn – alles wird auf Fähren verfrachtet und über die Meerenge gebracht. Eine Zeit lang sah es danach aus, als ob ein japanisches Konsortium Ernst machen würden mit dem geplanten Bau einer Brücke über die Straße von Messina. Aber seit langem hört man nichts mehr von dem Projekt, wenn auch das Thema selbst immer wieder hochkocht.

„Zankle", die Sichel, nannten die Sikuler ihre Stadt, nach der Landzunge, die sich vor Messina sichelförmig ins Meer krümmt. An der Spitze der Sichel ragt eine Säule in den Nachthimmel. Oben steht eine zarte **Madonnina**, die die Stadt und die Seeleute beschützen soll. Das hat sie den Bürgern vor zweitausend Jahren in einem Brief versprochen, erzählt die Legende. Aber im Lauf der Zeit scheint sie sich von ihren Schützlingen abgewandt zu haben. Seit dem 17. Jahrhundert ging es bergab: 1693 das Erdbeben, das ganz Ostsizilien erschütterte, 1743 eine Pestepidemie, die über 50.000 Menschenleben kostete, 1783 ein weiteres Erdbeben mit 12.000 Toten. Als vier Jahre später Goethe kam, um das in der Antike berühmte Messina zu sehen, war er erschüttert. Er fand ein Kaff vor mit 30.000 Einwohnern, die sich mühten, der Berge von Trümmern allmählich Herr zu werden. 60.000 Opfer forderte das Erdbeben von 1908. Heute leben wieder 260.000 Einwohner in einer Stadt, in der nach den Bombenangriffen der Alliierten im Zweiten Weltkrieg kaum noch ein glorreiches Baudenkmal aus der Vergangenheit übrig geblieben war.

Vor dem Dom stehen mittags erwartungsvolle Reisegruppen und recken die Hälse zum Campanile. Die beiden Bauten aus normannischer Zeit sind so wundervoll erhalten, als seien sie erst gestern errichtet worden. Und genau so ist es, denn die Touristen bewundern hier die Kopie der Kopie der Kopie. Dreimal wurde der **Dom** zerstört und dreimal wieder aufgebaut. Abgebrannt im 13. Jahrhundert, Erdbebenopfer 1908 und zerbombt im Zweiten Weltkrieg, enthält er nur noch einige wenige Teile des ursprünglichen Baus. Er ist das Symbol des eisernen Durchhaltewillens der Bürger von Messina. Sie lassen sich wirklich nicht unterkriegen, so

Messina: Nach dem Erdbeben 1908 entstand der moderne Industriehafen.

lange der Dom steht. Und wenn er einmal nicht mehr steht, dann bauen sie ihn eben wieder auf.

Punkt zwölf Uhr geht es los: Die größte astronomische Uhr der Welt setzt sich in Bewegung. Hier hat im Jahr 1933 eine Straßburger Firma die ganze Mythologie Messinas als riesige Spieluhr in den Glockenturm eingebaut. In jedem der Stockwerke treten Figuren aus den Fenstern wie bei einer Schwarzwälder Uhr: ganz oben ein goldener Löwe, darunter ein Gockel, der Tod und die Phasen des Menschenlebens, dann die Muttergottes mit dem Segensbrief. Dazu liefert ein Band den passenden Ton. Nach etwa zwanzig Minuten ist das Spektakel vorbei.

Auf dem Campanile prunkt das aufwendigste Glockenspiel der Welt.

Im Westen von Messina, noch jenseits der Monti Peloritani, rückt ein weiterer mächtiger Gebirgszug bis dicht an die Nordküste heran: die **Nebrodi**, abgeleitet vom Griechischen „nebros", das Reh. Die Küstenstraße nach Palermo windet sich an einem steilen Abhang entlang, nur an wenigen Stellen haben kleine Städte Platz gefunden. Das Hinterland war in früheren Jahrtausenden von hier aus nur mühsam zugänglich, am leichtesten ließ es sich noch von der Südseite, von den Hängen des Ätna erreichen. Das mag der Grund dafür sein, dass sich hier das größte zusammenhängende Waldgebiet Siziliens erhalten hat. Auch heute noch finden nur wenige Touristen den Weg in die einsame Bergwelt der Nebrodi. Das Leben in den kleinen Dörfern hat sich seit Jahrhunderten wenig geändert. Für die Bewohner bedeutete das: Wer es zu etwas bringen wollte, musste auswandern. Beim Stichwort „Deutschland" fällt hier jedem sofort „Wolfsburg" ein.

Aber die wachsende Sehnsucht der Mitteleuropäer nach unberührter Natur und die Flucht

Highlights des Nordostens

Dom von Messina
Auferstanden aus normannischen Ruinen, mit einem Disneyland-Glockenspiel (siehe S. 83).

Museo Regionale
Gemälde vom berühmtesten Sohn Messinas und einem noch berühmteren Gast (siehe S. 85).

Die Stauferburg von Milazzo
Perfekt erhaltene Festung, die Geschichte gemacht hat (siehe S. 85).

Tindari
Römische Ruinen mit Blick auf die Düne von Tindari (siehe S. 86).

Galati Mamertino
Stolze Bergstadt mit Renaissance-Palästen und einem Kruzifix aus der Werkstatt der Engel (siehe S. 82).

Cavalli Sanfratelliani
Frei lebende Pferde, die nur in den Nebrodi leben (siehe S. 88).

Festa dei Muzzuni
Am 24. Juni feiern Demeter und Adonis in Alcara li Fusi Hochzeit, und Johannes der Täufer feiert mit (siehe S. 45).

Castello Maniace
Landsitz Lord Nelsons mit englischem Park in sizilianischer Landschaft (siehe S. 88).

vor dem perfekt organisierten und animierten Urlaub hat dieser Region eine reelle Chance eröffnet. 21 Gemeinden haben sich zum Verband „Parco dei Nebrodi" zusammengeschlossen. 85.000 Hektar stehen seit 1993 unter Naturschutz, abgestuft nach Zonen, in denen überhaupt keine menschlichen Eingriffe geduldet werden, bis hin zu Bereichen, in denen behutsame wirtschaftliche Aktivitäten erlaubt sind. Damit ist ein seltenes Ensemble bewahrt worden, in dem das Zusammenspiel von Hochseen und Felsen, Pflanzen und Tieren ein einzigartiges Biotop bildet. Nur über schmale Ziegenpfade ist der Lebensraum von Stachelschweinen, Wildkatzen, Wasseramseln und vielen anderen Arten erreichbar, die zum Teil nur noch hier einen Platz zum Leben haben. Über runden Lehmkuppen oder zerklüfteten Kalkfelsen kreisen die Steinadler auf der Suche nach Beute. Der Geier war von den Schafhirten ausgerottet worden, die hartnäckig glaubten, er reiße die Lämmer. Inzwischen ist der Aasfresser wieder erfolgreich ausgewildert worden.

Rund um drei klare Seen, den **Lago d'Ancipa** (950 m ü. d. M.), den **Lago Maulazzo** (1400 m ü. d. M.) und den **Lago Biviere di Cesarò** (1270 m ü. d. M.), wachsen leuchtende Orchideen. Selbstverständlich gibt es keinen Badebetrieb. In den Zonen des Winternebels, etwa am **Monte Soro**, stehen vielhundertjährige Buchenwälder.

Was die Menschen hier verändert haben, sieht aus, als gehörte es hierher. Schafe mit langen Zotteln, denen man die Hörner noch nicht weggezüchtet hat, und die bald kastanienfarbenen, bald mahagonibraunen kleinen Pferde von **San Fratello** ziehen in kleinen Gruppen über die Wiesen. An den Hängen der **Rocche del Crasto** liegt die mittlerweile verlassene Ansiedlung **Stidda**. Uralte Hirtenhäuschen aus Bruchsteinen, umgeben von Mauerringen, alles ohne Mörtel gebaut, erheben sich kaum über den Boden. Auch die bewohnten Dörfer liegen an den Berghängen, als seien sie aus dem Fels gewachsen. Und die Neuzeit baut weiter im alten Stil, Bausünden gibt es hier nicht.

Jedes Dorf hat seine Geschichte. Zum Beispiel **San Fratello**, das antike **Apollonia**, das schon jahrhundertelang verlassen war, als die Normannen kamen. Im 12. Jahrhundert landete mit dem Grafen Roger auch dessen Frau Adelaide di Monferrato in Sizilien. Sie war eine Norditalienerin und brachte ihre Gefolgsleute aus Ligurien und Piemont mit, die von den Sizilianern „Lombarden" genannt wurden. Noch heute sprechen die Sanfratellianer ihren alten Dialekt, den die Sizilianer so wenig verstehen wie die Touristen. Andere lombardische Gemeinden des Parco dei Nebrodi, zum Beispiel **Bronte** und **Randazzo**, sprechen mittlerweile ein piemontesisch-sizilianisches Pidgin-Italienisch.

Eine Legende erzählt, **San Marco d'Alunzio** sei von trojanischen Flüchtlingen gegründet worden. Nahe der Küste gelegen, war es früher reicher als die Gemeinden des Hinterlands. Als die Römer Sizilien erobert hatten, wollte der Gouverneur Verres die Stadt plündern, aber der Weg zur Stadt hinauf war so steil, erzählt Cicero, dass Verres unverrichteter Dinge wieder abziehen musste. Auch später war die Stadt wohlhabend. Davon zeugen Kirchen, die mit byzantinischen Fresken verziert sind oder dem edlen Renaissance-Stil huldigen.

Keine Legende, sondern historisch belegt sind die Gründer der Stadt **Galati Mamertino**. Es waren die Araber, die der Stadt ihren Namen „Qala'at", die Festung, gaben. Die noblen Renaissance-Paläste und -Kirchen verdankt die Stadt dagegen den Lehnsherren der Familie Lancia und ihrem Gefolge. Das Schmuckstück der Stadt ist ein Kruzifix des Fra' Umile da Petralia aus dem 17. Jahrhundert in der **Chiesa Santa Catarina**. Während der Arbeit soll er eingeschlafen sein, und Engel haben das Werk vollendet.

Aber auch die ärmsten Dörfer der Berge haben ihren Stolz dareingesetzt, ihre Kirchen würdig zu schmücken. Eine Statue von Gagini findet sich deshalb fast überall.

Verdiente Pause: Waldarbeiter in den Nebrodi.

Der Nordosten

Messina

Verkehr

Der Flughafen von Catania ist der Messina nächstgelegene Airport. Von dort fährt der Zug oder Bus in anderthalb Stunden in die Stadt. Einfacher ist der Flughafen von Reggio di Calabria auf dem Festland zu erreichen. Zwischen Reggio und Messina verkehrt ein Tragflügelboot der SNAV (Tel. 090/77 65 und 71 73 58, Anlegestelle Via V. Emanuele II., Abfahrten alle halbe Stunde 6 – 20 Uhr, feiertags und im Winter etwas seltener, Fahrzeit: 15 Minuten).

Die Fähre der Staatsbahn braucht zwischen Villa San Giovanni und Messina eine Stunde und nimmt auch Autos mit – unbedingt rechtzeitig vorher anmelden, spätestens eine Stunde vor Abfahrt (090/77 38 11 und 67 52 34, Anlegestelle Stazione Marittima, Nähe Bahnhof).

Außerdem verkehrt eine private Autofähre der Firma Caronte (Anlegestelle weit im Norden der Stadt, Viale della Libertà, Tel. 090/449 82).

Mit Zügen und Bussen kann man problemlos Milazzo, Taormina und Siracusa sowie Palermo erreichen. Knotenpunkt der Regionalbusse ist die Piazza della Repubblica neben dem Bahnhof.

Die städtische Busgesellschaft AMT hat ein gut ausgebautes Netz, darunter eine Schnellbuslinie „Velocittà", die in 10 Min. die Stadt von Süden nach Norden durchquert.

Taxistände findet man auf der Piazza Cairoli und direkt am Bahnhof.

Sehenswüdigkeiten

Madonnina
An der Spitze der Sichel, die heute Penisola di San Raineri heißt. Die Mariensäule, auch als Colonna Votiva bekannt, ist das moderne Wahrzeichen der Stadt (1934).

Forte San Salvatore
Halbinsel San Raineri.
Im 16. Jh. wurde mit dem Bau einer ausgedehnten Befestigungsanlage begonnen, die die Stadt vor den Einfällen der türkischen Piraten schützen sollte. Ihr Zustand ist schlecht, aber die sternförmige Konstruktion, die später auch bei anderen spanischen Festungsbauten übernommen wurde, ist gut erkennbar.

Santa Maria degli Alemanni
Eine gotische Marienkirche (frühes 13. Jh.), leider sehr verfallen.

Santissima Annunziata dei Catalani
Piazza Catalani, nahe dem Dom.
Marienkirche im arabisch-normannischen Stil. Die Fassade datiert aus dem 13. Jh., die Kuppel, das Querschiff und die Apsis stammen aus dem Ende des 12. Jh.

Statue des Juan d'Austria
Vor SS. Annunziata.
Ein „natürlicher Sohn" von Kaiser Karl V. von Habsburg und der Regensburgerin Katharina Blomberg. Im zarten Alter von 24 siegte er mit seinen Kriegsschiffen in der Schlacht von Lepanto 1571 über die türkische Flotte. Die Statue zeigt ihn, wie er den abgeschlagenen Kopf des Admirals Ali Pascha unter seinen Füßen zertritt.

Duomo
Von den Normannen im 11. Jh. begonnen und 1197 von den Staufern fertig gestellt. Mehrfach zerstört und wieder aufgebaut, sind nur noch die Nordwestecke und die heutige Krypta im Original erhalten. An der Fassade Basreliefs mit Alltagsszenen. Am großen Portal tragen zwei Löwen aus dem 14. Jh. Säulen. Im Inneren steht am ersten Altar des rechten Querschiffs eine Statue aus der Gagini-Schule, 16. Jh. Die Mosaiken sind Nachbildungen der zerstörten Originale. Der Domschatz ist nicht zu besichtigen.

Mythologie

Scylla und Charybdis

Keiner entkam den beiden Ungeheuern, die die **Straße von Messina** beherrschten. Auf dem Meeresgrund vor der sizilianischen Küste hauste Charybdis. Dreimal am Tag sog sie das Meerwasser mitsamt den Schiffen ein, dreimal spie sie es brüllend wieder aus. Auf der kalabrischen Seite wartete Scylla. Mit ihren zwölf Pranken packte sie die Seeleute, mit den Fängen ihrer sechs Köpfe zerriss und fraß sie sie.

Die Hexe Kirke riet Odysseus, lieber ein paar Matrosen zu opfern, als in den Mahlstrom zu geraten. Der Felsen, an dem die Schiffe zerschellten, heißt bei den Calabresen heute noch Scilla, und der Schiffe verschlingende Strudel Cariddo liegt vor der nördlichsten Landnase Siziliens. Der Strudel hat auch Kinder: Bastarde nennen die Fischer die unberechenbaren Wirbel, die nicht nur kleine Boote zum Kentern bringen. Noch vor Jahren sind in dieser Zone Tanker verunglückt, seither ist für sie die Straße von Messina tabu. Kleinere Schiffe ortsfremder Linien brauchen Lotsen.

Der Nordosten

Erdbeben

Die Katastrophe von Messina

Es geschah im Jahr **1908** kurz nach Weihnachten, als sich alle auf die Bescherung, die in Sizilien am Dreikönigstag gefeiert wird, freuten. Doch daraus wurde nichts mehr: Am 28. Dezember um fünf Uhr bebte die Erde, und 30 Sekunden später lag kein Stein mehr auf dem anderen. Unter den Trümmern wurden 60.000 Menschen begraben. Fast ganz Messina war ausradiert. Erst nach Tagen stellte man fest, dass sogar die Küste um einen halben Meter gesunken war und dass unterseeische Beben den Strudel der Charybdis etwas gebremst hatten. Die Behörden wollten die Stadt anderswo neu aufbauen, doch die Überlebenden wollten bleiben. Die Stadt erstand neu, nach Bauvorschriften, die sie erdbebensicher machen sollten. Nicht zu hoch sollten die Häuser sein und in sicherer Entfernung voneinander. Dass sich die Straßen im rechten Winkel schneiden, mag aber bestenfalls vermitteln, dass alles berechenbar wäre.

Tgl. im Sommer 7.30 – 11 und 16.30 – 19 Uhr, im Winter 16.30 – 18 Uhr. Auch der freistehende Glockenturm ist ein Nachbau. Die astronomische Spieluhr aus Straßburg (1933) soll die größte der Welt sein. Sie spielt um 12 und 24 Uhr ein anderes Programm.

Fontana di Orione
Piazza Duomo.

1547 von Montorsoli und Vanello errichteter Brunnen. Damals wurde die erste Wasserleitung Messinas eröffnet. Die Figuren stellen die Flüsse Ebro, Camaro, Tiber und Nil dar.

Museo Regionale
Via della Libertà 465.
Das Regionalmuseum ist in einer ehemaligen Spinnerei aus dem Ende des 18. Jh. untergebracht. Es enthält Goldschmiedearbeiten, wertvolle antike Kleidung, Statuen und Bilder von höchstem Rang, darunter eines von Antonello da Messina und zwei von Caravaggio.
9 – 13.30 Uhr, Mi, Do und Sa auch 16 – 18.30 Uhr.
Eintritt: 8000 Lire.

Unterkunft

Die preiswerten Hotels in Bahnhofsnähe sind nicht zu empfehlen.
Am 13./14./15. August, den Feiertagen der Stadt, sind alle Hotels ausgebucht; für diese Zeit also rechtzeitig vorbestellen!

**** Jolly Hotel
Via G. Garibaldi 126
Tel. 090/36 38 60.
Direkt an der Uferpromenade liegt das erste Haus am Platz. Moderner Komfort, zentrale Lage.

*** Albergo Excelsior
Via Maddalena 32
Tel. 090/293 87 21, 090/293 14 31
Fax 090/293 87 21.
Sehr gut ausgestattete Räume. Zentrale Lage.

** Nuovo Albergo Monza
Viale San Martino 63
Tel. 090/67 37 55, 66 20 17, 66 20 18
Fax 090/67 37 55.
Komfortable Zimmer in einem angenehm altmodischen Haus. Zentrale Lage. Freundlicher Service.

* Hotel Touring
Via N. Scotto 17
Tel./Fax 090/293 88 51.
Nicht weit vom Bahnhof, freundlicher Service. Unbedingt ein Zimmer nach hinten verlangen, die anderen sind laut.

Camping Il Peloritano
Tel. 090/34 84 96.
Frazione Rodia, Contrada Tarantonio, im Nordwesten der Stadt 200 m vom Meer gelegen. Geöffnet von Mai bis Oktober.

Restaurants

Trattoria del Popolo
Piazza del Popolo 30
Tel. 090/71 03 14.
Sehr gute, täglich wechselnde Gerichte. Nicht zu teuer. Im August geschlossen.

Self-Service
Via Fabbrizi 10.
Modern und sehr gepflegt. Hier essen die Leute aus dem Viertel.

Trattoria-Pizzeria Lungomare da Mario
Via V. Emanuele 108
Tel. 090/424 77.
An der Uferpromenade, Terrasse mit Blick auf die Sichel. Gute Fischgerichte.

Trattoria Dudù
Via Cesare Battisti 22
Tel. 090/67 43 93.
Familienbetrieb in zentraler Lage, anheimelndes Ambiente. Spezialitätenküche, sehr empfehlenswert.

Cafés

Pasticceria Irrera
Piazza Cairoli.
Die beste Konditorei am Platz. Leider keine Sitzplätze.

Bar Santoro
Piazza Cairoli.
Eine echte Konkurrenz des „Irrera", vor allem in Sachen Granite.

Dolcumi C. Pisani
Piazza della Repubblica 25.
Gute Konditorei, in Bahnhofsnähe gelegen.

Ausflug

Milazzo

Das Städtchen Milazzo – eine antike Gründung namens Mylai – hat leider durch Umweltsünden gelitten. Immerhin steht hier eine gigantische Erdölraffinerie, und die Stadt ist der Fährhafen für die **Liparischen Inseln**. Sehenswert sind die renovierte Kirche des Franz von Paola mit einer Madonna aus der Gagini-Schule, die **Chiesa del Carmine**, die Gemälde im **Neuen Dom** und die mächtige **Burg** Friedrichs II. von Hohenstaufen. Sie steht auf den Fundamenten einer griechischen Burg. Während der napoleonischen Kriege diente sie den Engländern als Militärbasis. Sie ist leider nur von außen zu besichtigen, es sei denn, man bestellt eine Tour über Signor Napoli
(Tel. 090/922 12 91).
Wer mehr Informationen möchte, wendet sich ans Fremdenverkehrsamt von Milazzo:
AAST
Piazza Duilio 20
Tel. 090/922 28 65
Fax 090/922 27 90
Mo – Sa 8 – 14
und 16 – 20 Uhr.

Der Nordosten

Ausflugs-Tipps

Marinello di Oliveri

Kleiner Badeort an der Lagune von **Tindari**, die von einer weißen Düne umschlossen wird. Vom Sandstrand aus kann man hinüberwaten. Hier gibt es Campingplätze und ein reiches Angebot für Wassersportler, darunter Wasserski und Windsurfen.

Palio dei Nebrodi

Am 15. August wird in **Cesarò** südlich des Parco dei Nebrodi ein Pferderennen mit den **Cavalli Sanfratelliani** abgehalten. Es ist ein Volksfest, an dem die Einheimischen – noch – unter sich sind. Im August wird auch die schönste einheimische Kuh prämiert. Muss man gesehen haben!

Strand

Wegen der Abwässer, die in Messina ins Meer geleitet werden, sollte man am besten nordöstlich der Stadt am Lido di Mortelle im Gebiet von Torre Faro baden. Schöner Sandstrand, im Sommer sehr überlaufen.

Ausflüge

Faro di Capo Peloro
Der Leuchtturm liegt 12 km nordöstlich von Messina, an der engsten Stelle der Straße von Messina. Auf der Fahrt passiert man die Salzseen von Ganzirri, die mit dem Meerwasser in einer von Menschen geschaffenen Verbindung stehen. Früher wurden hier Muscheln gezüchtet – bis die Umweltverschmutzung schließlich zu sehr überhand nahm.

Reggio di Calabria
Gegenüber auf dem Festland, 15 Min. mit dem Tragflügelboot.
400 m vom Hafen von Reggio an der Piazza di Nava liegt das Nationalmuseum mit den beiden 1972 im Meer gefundenen griechischen Bronzestatuen aus dem 5. Jh.
Tgl. 9 – 19 Uhr, erster und dritter Montag des Monats geschlossen.

Mili und Itala
Zwei Normannenkirchen, 12 km bzw. 15 km südlich von Messina, nur mit dem Auto (SS114) zu erreichen.

Information

AAST
Piazza Cairoli 45
Tel. 090/293 52 93
Fax 090/69 47 80.
Tgl. außer So von 8 – 14 Uhr.

Tindari

62 km westlich von Messina, erreichbar über die SS113. Da die Busverbindungen spärlich sind (zweimal täglich von Messina, Haltestelle weit weg vom Ausgrabungsgelände), am besten mit dem Auto zu erreichen. Das moderne Tindari liegt am Fuß des antiken Burgberges. Vom dortigen Parkplatz pendelt ein Bus zum Ausgrabungsgelände und zur Kirche.

Sehenswüdigkeiten

Ausgrabungen
Das antike Tyndaris ist eine Gründung von Dionysios dem Älteren von Syrakus. Später haben die Römer die Stadt ausgebaut. Sie wurde im 9. Jh. von den Arabern zerstört. Die Serpentinen führen direkt an den Zyklopenmauern, einem doppelten Mauerring, vorbei. Die Kakteen an den Hängen muss man sich wegdenken, diese Pflanze ist ein Import aus Amerika. Vor der Auffahrt zur Wallfahrtskirche links liegt das antike Haupttor, das wie ein kleines Theater aussieht.
Die Straße zum Ausgrabungsgelände verläuft auf der antiken Mauerkrone, am deutlichsten wird das System beim Rückweg. Unwillkürlich fühlt man sich als „Zwerg auf den Schultern von Riesen". Eine römische Basilika (Markthalle) ist teilweise bis zum 2. Stockwerk erhalten. Auch das Theater ist römisch. Kleines Museum mit Funden vom Gelände.

Imposante Reste der römischen Basilika von Tyndaris.

Der Nordosten

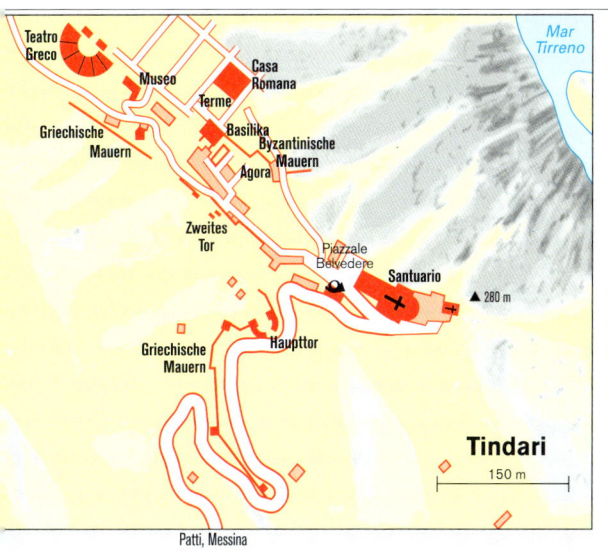

Patti, Messina

Ausgrabungsgelände und Museum 9 Uhr bis 2 Std. vor Sonnenuntergang. Eintritt: 4000 Lire.

Santuario

Die nagelneue Wallfahrtskirche der Schwarzen Madonna ist innen eine knallbunte Stilmischung à la Hollywood. Sie wurde um das alte Heiligtum herum gebaut.
Tgl. 6.45 – 12.45, 14.30 – 19.30 Uhr. Um Rücksicht während der Messe wird gebeten.
Von der Terrasse vor der Kirche sieht man tief unten die berühmte weiße Düne von Tindari, die in Wirklichkeit eher gelbgrau ist. Trotzdem ist die Aussicht wunderschön, vor allem, wenn bei klarem Wetter die Liparischen Inseln zu sehen sind.

Ausflüge

Patti
Westlich von Tindari.
Die größte Sehenswürdigkeit der Stadt ist die erst in jüngster Zeit entdeckte Villa Romana (vom Bahnhof Messina fährt die SAIS, dann die lokale TAI – hält direkt vor dem Gatter. Ein Parkplatz ist auf dem Gelände.) Die römische Villa wurde beim Bau eines Autobahnpfeilers entdeckt. Sie hat nicht den Luxus der Villa Casale zu bieten, ist aber immer noch eindrucksvoll. Auf ca. 1000 m² sind Mosaiken mit geometrischen oder Pflanzenmustern verlegt. Teilweise sind Ziegelwände, Bögen und Heizungs- und Wasserrohre erhalten, an denen man die hoch entwickelte Bautechnik studieren kann. Die Anlage ist vermutlich weitaus größer und wartet auf die Archäologen.
Tgl. 9 Uhr bis 1 Std. vor Sonnenuntergang. Eintritt: 4000 Lire.

Capo d'Orlando

Westlich von Patti an der Küste.
Ein im Sommer lebhafter Badeort mit langem Sandstrand. Beliebtes Ausflugsziel ist neben dem Leuchtturm – il faro – auf einem Felsen die kleine Wallfahrtskirche Maria Santissima di Capo d'Orlando (1598) und eine Burgruine aus dem 14. Jh. Außer Privatstränden, die Eintritt verlangen, gibt es auch freie Zonen. Vom Hafen im Stadtteil Bagnoli verkehren Fähren nach den Liparischen Inseln.

Unterkunft

*** Il Mulino
Lungomare Andrea Doria 46
Tel. 0941/902 43 12
Fax 0941/91 16 14.
Direkt an der Uferpromenade. Modernes Haus, das den Komfort eines 4-Sterne-Hotels bietet. Eigenes Restaurant. Wer früh schlafen will, sollte Zimmer nach hinten verlangen.

Aktivitäten

Windsurfen

Camping Marinello
Oliveri
Via del Sole 17
Tel. 0941/31 30 00
Fax 0941/31 37 02
www.camping.it/sicilia/marinello
Direkt am Strand, nahe der Düne von **Tindari**. Surf-Kurse.

Mit den Fischern unterwegs

Die Legambiente Nebrodi in **Capo d'Orlando** bietet Alternativurlaub an unter dem Motto „Il mare d'amare". Die Touristen sind bei Fischern untergebracht und begleiten sie aufs Meer. Dazu werden Ausflüge in die Nebrodi und zu den Liparischen Inseln organisiert.
Infos unter:
Tel. 0941/95 51 57
www.agatirno.it/sea2love/pr_sogg.htm

Ferien mit Pferden

Die Azienda „Santa Margherita" liegt in einem Wald und blickt auf die Liparischen Inseln. Sie hat gutmütige Reitpferde.
Azienda Agrituristica
Santa Margherita
Contrada Santa Margherita 72
98063 Gioso Marea (ME)
Tel. 0941/30 11 38
Fax 0941/30 12 37.

Der Nordosten

Tierwelt

Die Pferde von San Fratello

Man muss schon in die **Nebrodi** fahren, um die eleganten dunkelbraunen Pferde zu sehen, die in kleinen Herden, in glühender Sommerhitze wie bei Eis und Schnee im Winter, die Hochtäler durchstreifen. **Cavallo Sanfratelliano** heißt diese Pferderasse nach dem Dorf San

San-Fratello-Pferd.

Fratello. Dort wird jedes Jahr im Oktober **Pferdemarkt** gehalten. Auf einer Schau werden die schönsten Tiere prämiert und zur Zucht ausgewählt. Ob diese Rasse ein Import der Araber ist, die schon immer Pferdenarren waren, oder ob die Normannen sie mitgebracht haben, wissen die Zoologen nicht. Übrigens: So zierlich die Pferde sind – Hengste wie Stuten messen nur 1,50 bis 1,60 m bis zu Kruppe –, so sind sie doch genügsame, ausdauernde Last- und Reittiere.

Restaurants

La Tartaruga
Lido San Gregorio 70.
Feines Hotelrestaurant mit guten Fischgerichten.

Nachtleben

Das Hotel „Tartaruga" am Lido San Gregorio in Capo d'Orlando veranstaltet nur im Sommer eine Disko direkt am Strand unter freiem Himmel

Einkaufen

In Capo d'Orlando gibt es keine typischen Andenken oder Leckerbissen, dafür aber schicke Boutiquen. Die Straße heißt auch genau so wie die Einkaufsmeile in Rom: Via Veneto.

Information

AAST
Via Piave 71
Capo d'Orlando
Tel. 0941/91 27 84
Fax 0941/91 25 17.
Mo – Fr 8.30 – 13.30, 16 – 19,
Sa 8.30 – 12.30 Uhr.

Santo Stefano di Camastra

Zu erreichen mit der Bahn von Palermo oder Messina. Die Busse der Autolinee Sberna verbinden S. Stefano mit Messina, Caronia und Sant'Agata di Militello, die SAIS fährt nach Reitano und Mistretta, die Autolinee Matasso nach Tusa; mit dem Auto über die Küstenstraße SS113 ca. 150 km westlich von Messina.

Früher lebten die Bürger vom Fischen, heute ist der Ort das jüngste der drei sizilianischen Zentren der Keramikproduktion. Der Stil von Santo Stefano hebt sich mit seinen leuchtenden Kobalt-, Rot- und Orange-Tönen auffallend von den zurückhaltenden Renaissance-Mustern in Caltagirone und Sciacca ab.

Unterkunft

*** Za' Maria
Canneto di Caronia
3 km östlich von Santo Stefano di Camastra auf der SS113.
Hotel mit gutem Restaurant, eigenem Kiesstrand und einem Tennisplatz.

Einkaufen

Ceramiche Famulari
Via Vittoria 137.
In diesem Keramikladen kann man dem Meister bei der Arbeit zusehen.

Nebrodi

Die Berglandschaft wird über mehrere serpentinenreiche Passstraßen erschlossen. Ein Tipp für Autofahrer: Vor unübersichtlichen Kurven hupen! Der höchste Berg, der Monte Soro, ist immerhin 1847 m hoch. Die Landschaft ist zu jeder Jahreszeit ein Erlebnis, aber im Winter muss man Schneeketten dabei haben.

Sehenswüdigkeiten

Castello Maniace
Über die SS289 ab Sant'Agata di Militello 40 km südlich bis Cesarò, dann 15 km die SS120 nach Randazzo.
Das auch Castello di Nelson genannte Schlösschen liegt in einem lieblichen Tal der Nebrodi vor der Kulisse des Ätna. Lange und teuer war die Renovierung, seit kurzem ist der Komplex wieder geöffnet. Die Benediktinerabtei wurde von Margherita, der Mutter Wilhelms II. von Hauteville, 1174 gegründet. Von einer noch älteren Kirche sind Fundamente zu sehen. Der „jüngere" Bau mutet durch den Verzicht auf Zierrat und die harmonischen Proportionen eigenartig modern an.
Eintritt frei, Mo – Sa 9 – 13.30, 14.30 – 19, So 9 – 18 Uhr.

Nicosia
Von Santo Stefano di Camastra führt

Der Nordosten

ie SS117 über eine Schwindel erregende Brücke ins Landesinnere.
ie Stadt ist auf einem Felsen erbaut nd überblickt ein wildes und kaum esiedeltes Hochtal. In der Altstadt eht der gotische Duomo San Nicola, er seine Fassade, die Portale und en Glockenturm noch stilrein bewahrt hat. Selbstverständlich ist die ildhauerfamilie Gagini hier mit Staen vertreten. Neben dem Dom ein alazzo aus dem 13. Jh. Die Kirche anta Maria Maggiore, ebenfalls aus em 13. Jh., ist barock erneuert und irgt eine Figurengruppe aus dem arienleben von Antonello Gagini. ine barocke Abwechslung bietet die irche San Vincenzo Ferreri mit eiem Deckengemälde des flämischen ahlsizilianers Wilhelm Borremans.

Unterkunft

n den Nebrodi selbst gibt es nur weige, meist schlichte, aber saubere otels. Alternativen sind die Aziende griturístiche. Dort sollte man sich er vorher anmelden, denn sie haben ur wenige Zimmer. Daher empfiehlt sich, in den Orten im Landesinneen nahe den Nebrodi zu übernachten.

** Hotel Pineta
ia San Paolo 35 A
icosia
el. 0935/64 70 02
ax 0935/64 69 27.
ür Touristen, die auch in den Bergen icht auf Komfort verzichten wollen. ehindertengerecht. Mit Garten.

* Villa Miraglia
osco della Miraglia
esarò
el. 095/69 65 85.
esarò ist ca. 40 km östlich von Niosia an der SS120 gelegen.
as Hotel liegt nördlich bei Portella ella Miraglia, umgeben von Wälern und Stille. Nur fünf Zimmer. as dazugehörige Restaurant ist ängst kein Geheimtipp mehr.

** Parco dell'Etna
Contrada Borgonovo
Bronte
Tel./Fax 095/69 19 07.
Kleines, aber feines Hotel mit eigenem Schwimmbad und Klimaanlage. Der Ort Bronte ist von Cesarò aus auf der SS120 in Richtung Osten zu erreichen, dann nach Nordosten in Richtung abbiegen.

Restaurants

La Cirata
Nicosia
SS117, 3 km südlich von Nicosia.
Moderner schlichter Berggasthof mit umwerfender Aussicht und ausgezeichneter Küche. Mo geschlossen.

Antica Filanda
Contrada Parrazzi
Galati Mamertino.
Zwischen Capo d'Orlando und Sant'Agata di Militello zweigt eine serpentinenreiche kleine Straße in die Berge ab. Die Aussicht lohnt die Anfahrt. Spezialität des Hauses sind Gerichte mit Wildschwein.
Mi geschlossen außer im August.

Information

Das Büro des Gemeindeverbandes „Parco dei Nebrodi" verkauft Wanderkarten und Broschüren und hat eine Liste der Aziende Agrituristiche. Es vermittelt auch Führer für das Naturschutzgebiet.

Parco dei Nebrodi
Alcara li Fusi
Via Ugo Foscolo 1
Tel. 0941/79 39 04
Fax 0941/79 32 40
www.parks.it/parco.nebrodi
Mo – Fr 10 – 13 Uhr.
Man erreicht das Städtchen Alcara li Fusi über eine Straße, die östlich vor Sant'Agata di Militello in die Berge abzweigt, die Entfernung beträgt etwa 15 km.

Wander-Tipps

Durch die Nebrodi

Die Parkverwaltung arbeitet zusammen mit dem Touring Club Italiano detaillierte Wanderkarten aus, die in Kürze erscheinen sollen. Die bislang erhältlichen Pläne und Beschreibungen genügten den Bedürfnissen von Wanderern noch nicht völlig. Vielleicht steckte auch Arbeitsmarktpolitik dahinter. Die Informationsstellen empfehlen nämlich immer, einen einheimischen Führer anzuheuern. Übrigens: Keine Angst vor Asphaltstraßen – es kommt selten ein Auto! Eine Tagestour ist die Wanderung von **Galati Mamertino** zum Wasserfall des Basilio **Cascata del Catafurco**. Von Galati geht es dabei zunächst mit dem Auto in südöstlicher Richtung über den Ortsteil San Iacopo zum Weiler **Galini** (Ausschilderung Pineta). Von dort wandert man auf dem links abzweigenden Fußweg zum Weiler **Molisa** und nimmt von hier aus den Pfad nach links zum Weiler Cannula. Von dort folgt man dem Fluss San Basilio mit seiner üppigen Pflanzenwelt bis zum Wasserfall. Von einer 30 m hohen Felswand stürzt das Wasser tosend in einen kleinen Teich.

Inseln von Wind und Feuer

Äolische Inseln

Vulcano: Nach ihm wurden alle Feuer speienden Berge benannt.

Vulcanus, der Gott der Schmiede, hat auf dem Archipel seine eindrucksvolle Werkstatt, und Windmacher Äolus sorgt für eine frische Brise. Und noch etwas macht die Inseln attraktiv: die Ruhe.

Äolische Inseln

Vulcano	Seite 95
Lipari	Seite 97
Salina	Seite 99
Filicudi	Seite 100
Alicudi	Seite 100
Panarea	Seite 100
Stromboli	Seite 101

Die Vulkane haben den Inseln ihren Reichtum geschenkt: in der Steinzeit die begehrte Handelsware Obsidian, später den Bimsstein. Reich macht der Bimsstein **Lipari** heute nicht mehr, er wird aber immer noch abgebaut, direkt an der Küste am „Montblanc von Lipari". Dort leuchtet das Wasser in intensivem Türkis. Die Farbe entsteht durch weißen Bimsstaub, der aus den Gruben ins Wasser gespült wird. Die gewaltige offene Flanke des **Monte Pelato** gleißt wie ein Gletscher. Wie schwerfällige Käfer sehen die kleinen Baggerraupen aus, die über Rampen an die Abbaustellen herankriechen. Ihre Schaufeln brechen den mürben Bims direkt aus der Bergwand. Lange Förderbänder schaffen das Material an die Küste, wo es im Bauch von Frachtern verschwindet.

Die meisten von uns kennen nur die Bimssteine für die Fußpflege. Aber der leichte, poröse Stein ist vielseitig verwendbar: Wenn wir uns die Nase pudern, ist Bims dabei. Auch in der Zahnpasta ist Bims. Und wenn wir das Waschbecken scheuern, ist Bims im Putzmittel. Sogar die Ziegel werden auf Lipari aus einer Mischung von Bims und Zement gegossen. Das Material ist leicht und hält die Hitze ab. Aber es trägt nur bis in eine Höhe von zwei Stockwerken, deshalb sind die Häuser im liparischen Stil auch so niedrig. Und keiner darf mit Beton und Moniereisen höher hinaus, auch wenn er noch so gern möchte. Da gibt es auf Lipari Gott sei Dank strenge Vorschriften.

Alljährlich stürmen französische, deutsche und englische Reisegruppen die Insel. 10.000 Einwohner müssen das Drei- oder Vierfache an Touristen beherbergen und verpflegen. Das schafft viele Probleme. So ist zum Beispiel das Wasser auf der Insel knapp geworden. Rund um die Uhr pendeln Frachtschiffe zwischen Neapel und allen Äolischen Inseln, um das Wasser durch baumdicke Plastikschläuche an die Küsten zu leiten. Von dort transportieren Pumpwerke das Wasser in hoch gelegene Reservoirs, von denen aus es in die Häuser geleitet wird. Der Staat subventioniert die Preise: Das Wasser kostet die Liparoten nicht mehr als die Bürger in Südtirol.

Die Stadt Lipari mit ihren zwei kleinen Häfen und den verwinkelten Gassen hat sich den Charme einer mittelalterlichen Kleinstadt bewahrt. Auch die Inseldörfer liegen immer noch inmitten von Bergwiesen, bestanden von Blumen, wie man sie im übrigen Europa nicht findet. Manche davon gedeihen nicht einmal im übrigen Italien, sondern nur hier auf den Inseln. Alle

Auf Lipari wird der Bimsstein im Tagebau gewonnen und gleich verschifft.

Blüten sind groß und leuchten in prächtigen Farben: Geranienbüsche in Karmesin und Scharlach, Jupiterbärte in Magenta und Sonnengelb, große Wicken wie meerblaue Trompeten. Überall wachsen Stauden mit zart gefiederten silbergrauen Blättern, von denen ein leicht medizinischer Geruch aufsteigt, wenn man sie zwischen den Händen zerreibt: Es ist Wermut. Früher haben die Bauern beim Brotbacken ein Sträußchen davon in die Holzkohle geworfen. Davon bekam es einen besonders würzigen Geschmack.

Wenn Gesundheit und übler Geruch zusammenhängen, dann muss **Vulcano** der gesündeste Ort der Welt sein. Schon von weitem sieht man eine verdächtig gelbe Fumarole über den Krater steigen. Auch der Vulkan selbst ist nicht aus schwarzer Schlacke, sondern aus gelbkrümeligem Tuff. Hinter der Anlegestelle findet man keine Kulisse aus Altstadthäusern, sondern schlichte, weiße Bungalows. Kein Wunder: Der Vulcano machte bis in die jüngste Zeit hinein immer wieder durch heftige Ausbrüche auf sich aufmerksam, und keiner verspürte deshalb Lust, sich hier für teures Geld ein schmuckes Haus zu bauen. Überraschenderweise sind in den Pavillons jedoch statt der üblichen Andenkenläden vornehme Boutiquen für den gehobenen Anspruch zu finden.

Rheuma, Frauenleiden, Hautkrankheiten – alles heilt der Schwefelschlamm von Vulcano, der „Fango". Für einen Aufenthalt auf dieser Insel braucht man mindestens zwei Sätze an Badekleidung: einen für den Fango, einen für den Pool im Hotel; dann zwei Bademäntel, zwei Pareos, eben alles doppelt. Der Geruch nach faulen Eiern nistet sich nämlich hartnäckig in den Textili-

Den giftigen Dämpfen des Vulcano sollte man nicht zu nahe kommen.

Highlights

Stromboli ✪✪
Spektakel aus der Hölle: ein Vulkan in voller Aktion
(siehe S. 94, 101).

Salina ✪
Die stille Insel mit dem Zwillingskrater
(siehe S. 99).

Museo Archeologico Eoliano
Eine Reise mit der Zeitmaschine
(siehe S. 97).

Monte Pelato
Die gleißende Bimssteinflanke des „Montblanc von Lipari"
(siehe S. 92).

Die Fangogrube von Vulcano
Gesundheit aus dem heißen Schlamm
(siehe S. 93, 96).

Fossa di Vulcano
Wanderung zu einer Science-fiction-Landschaft
(siehe S. 96).

Krater von Pollara
Neues Leben in einem uralten Krater auf Salina
(siehe S. 94, 100).

Monte Fossa delle Felci
Wanderung in die „Farnschlucht" von Salina
(siehe S. 100).

Alicudi
Mönchisches Leben abseits jeglicher Zivilisation
(siehe S. 100).

en ein. Auf Vulcano gibt es eine Redensart: Eine Badekur dauert sechs Monate – vier Wochen, damit der Fango anschlägt, und fünf Monate, um den Geruch wieder aus den Poren zu waschen. Aber keine Sorge, nach ein paar Tagen nimmt man ihn selber nicht mehr wahr. Erst wenn man in die Zivilisation zurückkehrt, rümpfen die anderen die Nase.

Die Insel **Salina** ✪ ist etwas Besonderes, und nicht nur deshalb, weil sie ein eigener Gemeindeverband außerhalb der Äolischen Inseln ist. Dunkelgrün und schweigend steigt sie aus dem Meer. Der milde Wind trägt den Touristen schon bei der Ankunft mit der Fähre einen Duft von Gewürzen und Harz entgegen. Die Anlegestelle von **S. Marina** ist fast verlassen, kein Taxi wartet auf Fahrgäste, keine Zimmerwirtin auf Touristen.

Die Busse zu den Dörfern arbeiten sich über Serpentinen den Berg hinauf, vorbei an winzigen, oft nur wenige Quadratmeter großen Feldern mit Feldfrüchten oder Weinstöcken der berühmten Malvasiertraube, die am besten auf Salina gedeiht. Jedes Fleckchen des fruchtbaren Bodens, das irgendwie zugänglich ist, wurde in mühevoller Arbeit von den Bauern terrassiert und mit Mäuerchen gesichert. Nur fast senkrechte Stürze wurden dem Farn und den Kiefern überlassen.

Auf Salina sind noch die meisten Häuser im liparischen Stil gebaut, mit stumpfen Säulen, die um den ersten Stock herumgehen und ein Vordach aus Schilf oder eine weinbewachsene Pergola tragen. Da weht immer frische Luft ums Haus. Dann die wannenförmigen Flachdächer, die kleinen hoch gelegenen Fenster. Im Winter fangen die Dächer das Regenwasser auf. Über Rohre in den Mauern läuft es nach unten und sammelt sich in einem Reservoir unterhalb der Terrasse. Im Herbst wurden früher auf dem Dach die Malvasiertrauben ausgebreitet. Die Sonne hat sie ausgetrocknet, und in den Beeren blieb dicker Traubensaft zurück. Daraus wurde der schwere Wein gekeltert, für den Salina berühmt ist.

Die kleinen Fenster sorgen dafür, dass oben die heiße Luft abzieht. Typisch sind die Bullaugen direkt unter den Dächern. Die Maurer nahmen früher einen Tontopf und setzten ihn beim Hochziehen der Mauer mit ein. Später wurde der Boden der Pfanne herausgeschlagen. Die Leute waren damals so arm, dass sie sich kaum die Möbel leisten konnten. Sie haben sich die Schränke und Regale gleich in die Wände mit eingebaut.

Die stille Insel hat gleich zweimal Filmgeschichte geschrieben: mit der Komödie „Liebes Tagebuch" von Gianni Morandi und dann mit dem „Postmann" von Michael Radford (siehe Seite 33). Darunter hat die Inseleinsamkeit etwas gelitten. Ständig kommen Touristen vorbei, um einen Blick auf „das Haus von Pablo Neruda" zu erhaschen. Auf dieser Terrasse hat er dem Postmann – im Film, nicht in Wirklichkeit – das Gedichteschreiben beigebracht. Und von hier oben erstreckt sich die Aussicht weit hinunter in das smaragdene Tal von **Pollara**, die übrig gebliebene Hälfte eines uralten, ins Meer abgebrochenen Vulkankraters.

Reich sind die Leute von Salina trotz der Filmgeschichte nicht. Aber sie wollen auch keine schnelle Lira mit dem Massentourismus verdienen. Sie setzen auf die Gäste, die nicht nur baden, sondern sich auch die Berge erwandern wollen. Obwohl es in den letzten Jahren kaum noch regnet, stehen die Bäume und Farne in dunklem Grün. Sie holen sich ihr Wasser aus dem Nebel, der oft über den majestätischen Kuppen liegt.

„Strongyle", die Runde, nannten die Griechen die Insel wegen ihrer Form, und daraus wurde **Stromboli** ✪✪. Der riesige Vulkankegel hat seine Basis in 2000 Meter Tiefe auf dem Meeresboden, und seine Spitze ragt 926 Meter in den Himmel. Die Lavabrocken, die aus dem Erdinneren emporgeschleudert werden, fallen entweder in den Krater zurück oder stürzen über die sogenannte **Sciara del Fuoco**, die Feuerrutsche, ins Meer. Was bei Tageslicht aussieht wie graues Geröll und Gestein, entpuppt sich in der Dunkelheit als funkelnde Feuerfontäne. Es gehört zu den besonders eindrucksvollen Erlebnissen, dem Stromboli nachts bei seiner Arbeit zuzusehen. Man fährt entweder mit dem Boot, in sicherer Distanz, die Sciara del Fuoco entlang und beobachtet, wie die glühenden Brocken knisternd ins Meer purzeln. Oder man steigt dem Vulkan direkt aufs Dach und schaut ihm in seinen Schornstein.

Auch diese Insel hat einen Regisseur fasziniert. Roberto Rosselini hat mit dem Film „Stromboli" den Traum des Großstädters vom archaischen Leben in Szene gesetzt. Und hier zieht „das Haus von Ingrid Bergmann" die Touristen an.

Äolische Inseln

Verkehr

Am schnellsten (eine knappe Stunde nach Lipari) erreicht man die Inseln mit dem Tragflügelboot ab Milazzo. Die Fähren sind billiger, brauchen aber doppelt so lang. Etwa jede Stunde zwischen etwa 6.30 und 18.30 Uhr verlässt ein Boot den Hafen. Sommer- und Winterfahrplan weichen voneinander ab. Auch von Palermo und Neapel gibt es Verbindungen.

Auf den Inseln dürfen keine auswärtigen Autos fahren. Ausnahme Lipari: Wer länger als sieben Tage bleibt, darf sein Auto mitbringen. Man stellt also den Wagen am besten in einer Garage in Milazzo ab (ca. 15.000 Lire pro Tag; Preis vorher absprechen):

Garage Centrale
Via Riolo 37.
Garage Mylarium, Garage Eolia
beide Via Giorgio Rizzo.

Der öffentliche Nahverkehr ist gut organisiert, und die Inseln sind so klein, dass man auch mit einer Leih-Vespa die Strände erreicht. Alicudi ist ohnehin autofrei. Notfalls mit dem Taxi fahren (vorher Preis erfragen).

Der Verkehr zwischen den Inseln spielt sich per Schiff ab, die Fahrtzeiten sind kurz. Die Fähren aus Milazzo legen zuerst in Vulcano, dann in Lipari an und bedienen später je nach Linie Panarea, Filicudi, Alicudi und Stromboli. Achtung: Starker Wind wirbelt die Fahrpläne durcheinander! Alle Inseln sind Ausgangspunkte für Tauchexkursionen. Auf manchen Inseln kann man regelrechte Kurse mitmachen, auf anderen gibt es in der Hafengegend zumindest eine Nachfüllstationen.

Auf jeden Fall sollte man auf den kleineren Inseln vorher telefonisch sein Zimmer reservieren, das Fremdenverkehrsamt von Lipari hilft bei der Suche.

Zu Büros der Schifffahrtsgesellschaften siehe Kasten auf dieser Seite.

Hinweis: Auf den kleineren Inseln gibt es keine Bankautomaten!

Vulcano

Viele Besucher kommen, weil sie sich vom Bad im Schwefelfango Heilung versprechen. Und der Fango hilft tatsächlich. Allerdings schadet der Schwefel den Textilien, Metall oxidiert. Am besten nimmt man alte Kleidung mit und verzichtet auf Silberschmuck. Die Insel ist sehr teuer. Viele Kurgäste kommen deshalb täglich von der Nachbarinsel Lipari nur zum Baden herüber.

Der Vulkan wird von Jahr zu Jahr aktiver, deshalb gibt es nur wenige Unterkünfte. Im Fall eines Ausbruchs müssen die Gäste schnell evakuiert werden.

Verkehr

Der Bus fährt die Runde über die Insel nur viermal pro Tag.

Vespa-Verleih Campisi
Hafen
Tel. 090/985 25 74.

Schifffahrtsgesellschaften

Milazzo
Siremar
Via dei Mille 28
Tel. 090/928 32 42.

SNAV
Via L. Rizzo 14
Tel. 090/928 45 09.

Navigazione
Generale Italiana
Via dei Mille 26
Tel. 090/928 40 91.

Palermo
Siremar
Via Francesco
Crispi 120
Tel. 091/58 24 03.

SNAV
Via Principe Belmonte 55
Tel. 091/33 33 33
oder 32 42 55.

Alle Linien haben auf den Inseln Büros an der Anlegestelle.

Äolische Inseln

Wander-Tipp

Zum Vulkan auf Vulcano

Wer fit ist und früh aufbricht, schafft den Aufstieg zum Krater **Fossa di Vulcano** ab Porto Levante in einer Stunde. Ab Juni auf keinen Fall nach 10 Uhr losgehen, die Sonne sticht erbarmungslos! Unterwegs kommt man an glänzendem Obsidian vorbei. Oben sollte man sich an die Hinweise halten, denn ganz ungefährlich sind weder die Schwefeldämpfe noch der Krater.

Sehenswürdigkeiten

Padiglione ENEL
Porto Levante.
Die staatliche Stromgesellschaft experimentiert mit der Nutzung der Gasvorkommen.
Geöffnet Juli und August, vormittags versuchen.

Gruppo Nazionale di Vulcanologia
Porto Ponente, Straße nach Lentia.
Vulkanologisches Forschungszentrum mit Ausstellung (sehr gute Erklärungen!). Unregelmäßige Öffnungszeiten.

Unterkunft

Die Hotels sind nur von Mai bis Oktober geöffnet.

**** Les Sables Noirs
Locale Porto Ponente
Tel. 090/98 50
Fax 090/985 24 54.
Luxushotel mit Schwimmbad, eigenem Strand und Terrasse mit Blick aufs Meer.

** Pensione La Giara
Via Provinciale 18
Tel. 090/985 22 29.
Familiär geführtes Haus mit Terrasse, Solarium und Thermaldusche.

Restaurants

Ristorante da Maurizio
Vom Hafen aus dem Weg folgen, nach einigen Minuten nach links. Gutes Essen in schönem Garten.

Il Castello
Am Strand von Porto Levante.
Restaurant, Pizzeria, Self Service.

Einkaufen

Boutique Carlo
Via Porto Levante 26.
Schicke Strandmode.

I Gioielli del Mare
Porto.
Ausgefallener Schmuck und maritime Kuriositäten aus den Sieben Meeren. Hier erfährt man auch die Abfahrtszeiten für die Inselrundfahrten.

Aktivitäten

Bootsfahrten
Zu sonst unzugänglichen schwarzen Stränden, Klippen und Grotten kommt man mit dem Motorboot.
Centro Nautico Sabbie Nere
Porto Ponente
Tel. 090/982 20 41.

Tauchen
Vulcano Mare
Porto
Tel. 090/985 30 51.
Ausflüge und Nachfüllstation.

Schwefelbäder
Das Schwefelschlammbad „Il fango" liegt 5 Min. vom Fähranleger entfernt, rechts an der Hauptstraße. Die Grube ist jederzeit kostenlos zugänglich.

Ausflug

La Valle dei Mostri
Von der Pineta führt ein Weg zu den bizarren Lavaformationen vom letzten Ausbruch des Vulkans. (Die

Ginsterstauden säumen den Weg zum Krater des Vulcano.

Äolische Inseln

Schilder „Proprietà privata" gelten nicht für Wanderer.)

Lipari

Verkehr

Der öffentliche Nahverkehr mit Bussen in Blau oder Orange ist gut ausgebaut. Jede halbe Stunde kommt man in der Saison in die Außenbezirke.

Auto- und Vespa-Verleih
Roberto Foti
Anfang Corso Vittorio Emanuele / Marina Lunga
090/981 23 52.

Sehenswürdigkeiten

Castello
Zugang von der Via XXIV Maggio oder der Via Meligunis.
Am Eingang rechts den griechischen Turm beachten, eine der wenigen griechischen Festungsanlagen, die auf Sizilien erhalten sind! Für das Castello sollte man einen Tag einplanen, denn es handelt sich um einen Komplex von Festungsbauten, Museen, Kirchen und Ausgrabungsstätten von der Steinzeit bis zum Römischen Reich.

Cattedrale
Sie wurde im 11. Jh. von den Normannen gebaut, allerdings im Barock stark verändert. Am wichtigsten: der normannische Kreuzgang, in dem griechische und römische Funde mit eingebaut wurden.
Zu den Öffnungszeiten siehe Museo Archeologico Eoliano.

Museo Acheologico Eoliano
(ohne www!)web.tin.it/museolipari
Siehe Kasten auf dieser Seite.

Unterkunft

Die Hotels sind im Sommer oft ausgebucht, daher sollte man sich rechtzeitig anmelden. Sie sind allerdings nicht billig. Der Fremdenverkehrsverein vermittelt konzessionierte und geprüfte Zimmervermieter, „wilde" Vermieter (und ihre Gäste!) machen sich strafbar.

**** Hotel Meligunis
Via Marte 7
Tel. 090/981 24 26
Fax 090/988 01 49.
Elegantes, antikes Haus mit Meeresblick. Klimaanlage. Pendelbus zum eigenen Strand in Caneto.

*** Giardino sul Mare
Via Maddalena 65
Tel 090/981 10 04.
Freundlicher Familienbetrieb mit guter Küche. Treppen zum Meer.

** La Filadelfia
Via Madre Florenzia Profilio
Tel. 090/981 27 95
www.netnet.it/hotel/filadelfia
Modern und zentral gelegen, direkt beim Museo Archeologico Eoliano.

* Locanda Salina
Via Garibaldi 18
Tel. 090/981 23 32.
In der Nähe der Anlegestelle der Tragflügelboote, aber ohne Zugang zum Meer. Einfaches, sauberes Haus.

Restaurants

Die Äolischen Inseln müssen viel importieren. Das macht sich auch auf den Speisekarten bemerkbar.
Wer gern am Strand ein Picknick macht, kauft sich seinen Proviant im Supermarkt in der Via Vittorio Emanuele 212.
An der Hafenpromenade Marina Corta und der Piazza Ugo di S. Onofrio treffen sich täglich die Liparoten in einem der Straßencafés. Alle Lokale haben Meerblick, alle sind in Ordnung. Das beste Maulbeer-Sorbet gibt es im „Al Gabbiano" gegenüber der Anlegestelle für die Tragflügelboote.

Museums-Tipp

Archäologisches Museum

Die Schätze des **Museo Archeologico Eoliano** von **Lipari** aus der Vor- und Frühgeschichte und der Antike können sich mit denen des British Museum in London messen. Bernsteinklunker aus dem Baltikum und Ketten aus syrischem Glas beweisen, dass die Liparoten ehedem steinreich waren. Sie ließen sich sogar den Wein übers Meer kommen: Aus einem antiken Schiff wurden Hunderte griechischer Amphoren geborgen. Vasen im bunten liparischen Stil und expressive Theatermasken zeigen, dass Lipari damals ein kulturelles Zentrum gewesen sein muss. Rund ums Museum liegen Ringe aus Steinmauern, die die Wissenschaftler Hütten nennen: Hausfundamente, in denen vor 5000 Jahren die Liparoten wohnten. An drei Computern im Foyer kann man einen virtuellen Streifzug durch die Unterwasserarchäologie und die Geschichte unternehmen.
Tgl. 9 – 13.30, So 9 – 13; im Sommer auch 16 – 19 Uhr.
Eintritt: 8000 Lire, frei für Besucher unter 18 und über 60.

Äolische Inseln

Lipari aktiv

Segeln
S.E.N.
Via Vittorio
Emanuele 124
Tel. 090/981 12 40
Fax 090/981 23 41.
Charter von Jachten.

Centro Nautico
Eoliano
Salita San
Giuseppe 8
Tel. 090/981 24 37
Fax 090/981 26 91.
Segeln, Windsurfen
und Bootfahren.

Tauchen
Diving Center
„La Gorgonia"
Canneto
Via M. Garibaldi
Tel. 090/981 20 60.
Lohnende Ziele:
Pietra del Bagno im
Osten und Punta
Castagna/Canneto.

La Grotta del Saraceno
Via Maddalena 69
Tel. 090/988 02 18.
Restaurant und Pizzeria. Wunderschöne Terrasse mit Blick auf einen Rosengarten, dahinter das Meer. Exzellente liparische Küche.

Al Pirata
Via Salita San Giuseppe, am Hafen
090/981 17 96.
Schöner Blick von der Terrasse auf den Hafen.

A Menza Quartara
Mitten auf dem Land in Quattropiani
Tel. 090/988 62 36.
Gasthof mit Produkten von den nahen Höfen. Hier essen die Liparoten.

Nachtleben

Kasbah Café
Via Maurolico, Nähe Corso Vittorio Emanuele
Tel. 090/981 25 22.
Mit kleinem Garten. Gute Pizzas, guter Wein und abends manchmal ein Klavierspieler. Tgl. 18 – 3 Uhr.

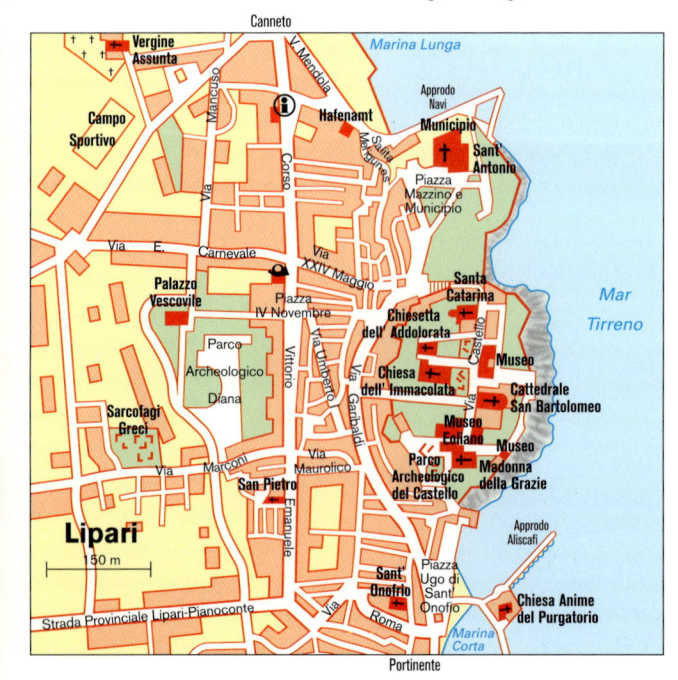

Einkaufen

Die selbst geernteten Kapern für wenig Geld, die die zahlreichen Straßenhändler anbieten, sollte man in jedem Fall probieren.

Fratelli Spada
Via XXIV Maggio, am Hafen.
Originelles Kunsthandwerk.

Aktivitäten

Zum Wassersport siehe Textkasten auf dieser Seite.

Wandern
Ein Mitarbeiter des Fremdenverkehrsamts spricht fließend deutsch und berät die Gäste gern bei der Ausarbeitung von Touren, die auf deren Interessen zugeschnitten sind – nicht nur auf Lipari, sondern auch auf den anderen Inseln.

Ausflüge

San Calogero
Nicht nur römische Thermen wurden hier beim Bau eines Kurhauses entdeckt, sondern auch eine Sauna, die sage und schreibe 4000 Jahre alt ist. Beim Fremdenverkehrsamt fragen, ob die Anlage mittlerweile geöffnet ist.

Canneto
5 km von Lipari entfernt; bequem mit dem Bus zu erreichen.
Canneto hat – im Gegensatz zu Lipari – einen Badestrand. Bei einer Wanderung (etwa 1 Std.) sind die Bimsstein-Gruben und die Obsidian-Felder von Forgia Vecchia und Rocche Rosse zu besichtigen.

Schiffstouren zu den anderen Inseln
Auf der Piazza Ugo di San Onofrio haben verschiedene Unternehmen Informationsstände aufgebaut, bei denen man sich Prospekte besorgen kann.

Äolische Inseln

Immer grün ist die Schlucht des Monte Fossa delle Felci auf Salina.

Information

AAST
Corso Vittorio Emanuele 202
Tel. 090/988 00 95
Fax 090/981 11 90.
Mo – Fr (im August auch Sa, So)
8 – 14 und 16.30 – 19.30 Uhr.

Salina ✪

Salina ist die zweitgrößte Insel des Archipels und liegt ziemlich genau in dessen Mitte. Ihr Wahrzeichen sind zwei völlig gleich geformte Gipfel, die größten von sechs erloschenen Kratern, nach denen Salina in der Antike Didyme, „Zwilling", hieß. Die Insel ist dicht bewaldet. Zur Zeit leben etwa 2000 Einwohner hier. Beeindruckend ist die Stille der Felder und Wälder. Die Insel ist wegen der schattigen Wanderwege und des geringen Verkehrs sehr kinderfreundlich.

Verkehr

Regelmäßige Busverbindungen.

Vespa-Verleih
Eolina Servizi
Hafen von Rinella Leni
090/980 92 03.

Francesco Taranto
Malfa
090/984 41 64.

Sehenswürdigkeiten

Heimatmuseum
Eine Bürgerinitiative ist dabei, in einem ehemaligen Herrensitz ein Kulturzentrum einzurichten. Unter anderem sind hier Gebrauchsgegenstände aus dem Haushalt und der Landwirtschaft ausgestellt, die klarmachen, in welch bitterer Armut die Untergebenen des Fürsten Salina früher gelebt haben.
Zu besichtigen nach Absprache mit der Besitzerin des „Hotel Signum".

Unterkunft

Es gibt nur wenige Hotels, deshalb heißt es frühzeitig buchen!

*** Hotel Signum
Malfa
Via Scalo 11b
Tel. 090/984 42 22
Fax 090/984 41 02.
Ehemalige Bauernhäuser, alle mit Meerblick. Über eine Treppe Zugang zum Strand. Familiäre Atmosphäre und exzellente Küche. Der Besitzer kocht selbst.

* Punta Barone
S. Marina Salina
Via Lungomare Notar Giuffré 8
Tel. 090/984 31 72.
Kleine, adrette Pension in der Hauptstadt Salinas, am Strand.

Obsidian

Schwarzes Gold

Aus Obsidian stellten die Menschen die schärfsten Werkzeuge her, bevor sie lernten, Bronze zu gießen. Für jeden Zweck gab es das geeignete Messer, für jedes Wild die Pfeilspitze, für jede Axt die richtige Schneide. Wer auf einer Karte eintragen will, an welchen Ausgrabungsstätten die begehrten Werkzeuge aus **Lipari** gefunden worden sind, braucht schon eine Europa- und Nordafrika-Karte. Lipari war im Mittelmeer – abgesehen von Pantelleria – kon-

Obsidian von Lipari.

kurrenzlos und konnte die Preise diktieren. Obsidian bedeutete wirtschaftliche Macht, so wie später Stahl. Immer wieder blitzt einem auf Lipari aus einer Felswand aus mürbem Gestein die schwarze Bruchfläche eines Obsidianklumpens entgegen, glänzend wie Glas. Und genau das ist es auch: natürliches Glas, entstanden durch die Hitze bei Vulkanausbrüchen.

Äolische Inseln

Insider News

Museal wohnen

Wer mitten im ältesten und ruhigsten Teil der Insel **Lipari** wohnen will, mietet sich in der Jugendherberge neben dem Museo Archeologico ein. Man lebt inmitten der Ausgrabungsstätten vor der grandiosen Kulisse barocker Kirchen und Festungsbauten. Hier kann man auch selbst kochen.
98055 Lipari
Zona Castello
Tel. 090/981 15 40
(März – Oktober).

Altes Handwerk

In **Canneto** auf Lipari existiert eine kleine Werft, in der man den Bootsbauern bei der Arbeit zusehen kann.

Kapern aus dem Krater

Im Krater von **Pollara** auf **Salina** werden exzellente Kapern angebaut. Ein Besuch bei der kleinen Cooperativa San Onofrio ist hochinteressant. Bei der Gelegenheit kann man sich auch mit den Spezialitäten rund um die Kaper eindecken.
Cooperativa San Onofrio
Via Chiesa 3
Tel. 090/984 41 43.

* **Mamma Santina**
S. Maria Salina
Tel. 090/984 30 54
Fax 090/984 30 51.

Restaurants

La Cambusa
Am Fähranleger in S. Marina.
Tel. 090/984 31 40.
Üppige Vorspeisen und fangfrischer Fisch. Abends in der Saison auch eine Diskothek.

Portobello
Ebenfalls am Hafen, schöne Terrasse und Spezialitätenküche.

A Lumaredda
Malfa, hinter der Tankstelle.
Abends Pizza.

Einkaufen

Alimentari Carpe Diem
Salina
Via Risorgimento 28.
Hier bekommt man den berühmten Malvasia-Wein.

Ausflug

Krater von Pollara
Zu erreichen über Malfa: erst entlang einer Hochstraße, dann über eine Treppe zum Meer.
Der Kessel ist teilweise überflutet, weil sein äußerer Rand in Urzeiten ins Meer gebrochen ist. Der Grund wird intensiv landwirtschaftlich genutzt. Kurios ist die Akustik: Was unten gesprochen wird, hört man oben am Aussichtspunkt der Bergstraße.

Wandern

Monte Fossa delle Felci
Tageswanderung. Mit dem Bus bis zum Santuario della Madonna di Terzito, dann gut beschilderter Aufstieg zur „Farnschlucht"; mit Aussicht über alle Inseln.

Filicudi

Tropische Landschaft, wild zerklüftete Küste und vorgeschichtliche Spuren aus dem 18. Jh. v. Chr. bei Capo Graziano. Da die Insel recht klein ist, werden sich stramme Marschierer unterfordert fühlen. Dafür kann man sich nicht verlaufen.

Unterkunft

* **Pensione La Canna**
Via Rosa 43
Tel. 090/988 99 56
Fax 090/988 99 66.
Schöne Lage. Klein, sehr gepflegt. Mit gutem Restaurant.

Alicudi

Autofrei, nur ein Hotel und völlig abgeschieden. Wer mönchisches Dasein liebt – die Insel hat nur 80 Einwohner –, kann hier wundervolle Ferien verbringen. Außerdem ist die Insel ein Taucherparadies.

Unterkunft

* **Hotel Ericusa**
Via Regina Elena
Tel. 090/988 99 02
Fax 090/988 96 71.
Das einzige Hotel auf der Insel mit nur 12 Zimmern und Restaurant.

Panarea

Panarea ist die kleinste, schickste und teuerste der Äolischen Inseln. Hier ankern die Luxusjachten, z. B. in der romantischen Felsenbucht von Calajunca.

Unterkunft

*** **Cinciotta**
Am Hafen
Tel. 090/98 30 14.
Zimmer mit Balkon, Schwimmbad, kein Restaurant, dafür Diskothek.

Äolische Inseln

* Rodà
Via San Pietro
Tel. 090/98 30 06
Fax 090/98 32 12.
Einfaches, aber sauberes Hotel mit einem guten Restaurant.

Ausflug

Prähistorisches Dorf
Von Drauto aus kann man ohne allzu große Anstrengungen in schöner Natur auf den 420 m hohen Berg Timpone del Corvo laufen und dort ein prähistorisches Dorf besuchen, das auf der felsigen Punta Milazzese oberhalb der Cala Junco ausgegraben wurde. Das bronzezeitliche Dorf umfasst 23 ovale Hütten, die aus dem 14. – 13. Jh. v. Chr. stammen.

Mit dem Boot nach Basiluzzo
Nordöstlich von Panarea.
Auf der Felseninsel Basiluzzo gibt es neben vielen Kapernsträuchern auch Spuren aus vorgeschichtlicher und römischer Zeit. Reste eines römischen Hafenbeckens sieht man vom Bootsanleger auf dem Meeresboden.

Stromboli ○○

Stromboli besitzt den einzigen aktiven Vulkan des Archipels. Die Ausbrüche erfolgen in Abständen von ungefähr 15 – 20 Min. Bedingt durch die Lava, sind die Strände der Insel tiefschwarz. Einst diente der Berg den Seefahrern als Leuchtturm.
Vor der Kirche in San Vincenzo am Ende der Via Roma liegt eine kleine Piazza, von der man – bei einem Drink im Café – eine wahrhaft märchenhafte Aussicht genießen kann.

Unterkunft

*** Sirenetta Park Hotel
Ficograndc
Via Marina 33
Tel. 090/98 60 25
Fax 090/98 61 24.
Familiäre Atmosphäre, Terrasse und Schwimmbad. Nur mit Halbpension zu buchen.

** Albergo Ossidiana
An der Anlegestelle
Tel. 090/98 60 06
Fax 090/98 62 50.
Frisch renoviert und sehr gut ausgestattet. Aber leider ohne Restaurant.

Ausflug

Am eindrucksvollsten ist eine nächtliche Umrundung der Insel mit dem Boot. Dann glüht der Himmel über dem Krater. Touren bietet an:
Strombolania
direkt am Hafen.
Tel. 090/98 63 90.

Wandern

Der Aufstieg zum Vulkan darf nur mit einem offiziellen Bergführer unternommen werden! Ausrüstung: feste Schuhe und Kleidung (Schutzhelm verleiht der Bergführer), Wasser und Verpflegung sowie Taschenlampe. Vulkanführer vermittelt das AAST in Lipari (siehe S. 99). Die von Vulkanfreaks heiß geliebten Übernachtungen auf dem Vulkan sind verboten. Für die gesamte Wanderung sind etwa 7 Std. zu rechnen.

Mythologie

König Äolus

Die griechische Sage weiß, dass Äolus, der Gott der Winde, mit seinen Töchtern auf dem Archipel wohnte und dort in einem Schlauch aus einem Tierbalg die Winde hütete.
Als Odysseus auf seinen Irrfahrten vorbeikam, gab ihm Äolus den Schlauch mit. Sollte Odysseus in eine Flaute geraten, konnte er die Winde gezielt und wohl dosiert herauslassen. Pech, dass einer aus seiner Mannschaft sich am Schlauch zu schaffen machte, ohne den Inhalt zu kennen. Alle Stürme entwichen auf einmal und sorgten für ein verheerendes Unwetter. Und wieder einmal verzögerte sich Odysseus' Heimkehr ...!

Bei Nacht erlebt man den Stromboli besonders eindrucksvoll.

Logenplatz am Ätna

Taormina

Teatro Greco: seit mehr als zweitausend Jahren spektakulärer Schauplatz für Theater und Musik.

Taormina thront auf einem Felssporn hoch über den blauen Fluten des Ionischen Meeres. Die Griechen errichteten hier ein Theater – mit dem Ätna als Bühnenkulisse.

Taormina

Als Johann Wolfgang von Goethe und sein malender Freund H. Kniep 1778 auf ihrer italienischen Reise in **Taormina** ✪✪✪ Station machten, gab es hier keinen einzigen Gasthof, nur eine Karawanserei – womöglich noch aus der Zeit, als Taormina arabisch war –, in der Mensch und Maultier einträchtig unter demselben Dach nächtigten. Das lehnte Goethe jedoch aus hygienischen Gründen ab. Dann war da noch ein Kloster, das Pilger aufnahm. Hier hinderten den Geheimrat ideologische Zimperlichkeiten: „Nie habe ich ein Kloster um Gastfreundschaft gebeten." Wo er nun tatsächlich geschlafen hat, wissen nur das Fremdenverkehrsamt des Nachbarortes Giardini-Naxos („Bei einem reichen Bauern von Giardini.") und das Fremdenverkehrsamt in Taormina („Natürlich in einer der Privatvillen von Taormina!"). Es sollte allerdings noch ein Jahrhundert vergehen, bis die Schönen und die Reichen der europäischen Schickeria anfingen, sich hier die Klinke in die Hand zu geben.

Heute leben fast alle der 10.000 Einwohner in Taormina direkt oder indirekt vom Fremdenverkehr und haben sich mehrere Fremdsprachen angeeignet. Im Gegensatz zu den anderen sizilianischen Städten können Besucher hier ohne Angst vor Überfällen bis tief in die Nacht bummeln gehen, ihr Auto ist ebenfalls sicher. Böse Zungen behaupten, die Mafia habe hier in großem Stil in den Tourismus investiert und sorge für Ruhe und Ordnung, damit der Strom der Fremden nicht versiegt.

Sehenswürdigkeiten	Seite 108
Unterkunft	Seite 110
Restaurants	Seite 111
Strände	Seite 112
Ausflüge	Seite 112
Information	Seite 113

Die Gästeliste Taorminas liest sich wie ein Auszug aus dem Who is Who: Guy de Maupassant, Kaiser Friedrich II. von Preußen, Elizabeth Taylor, Richard Burton, Oscar Wilde, König Edward VII. von England, Thomas Mann, Greta Garbo, Marlene Dietrich, Johannes Brahms, Richard Wagner, Nelson Rockefeller, Christian Dior, König Gustav Adolf von Schweden ... Taorminas Liebling aber war und bleibt **Wilhelm von Gloeden**, preußischer Baron und Fotograf. Auf dem Corso Umberto hat sich ein Laden nach ihm benannt und verkauft Andenken an ihn und sein Wirken (siehe S. 105).

Der **Corso Umberto** ist die gute Stube Taorminas, eine lange Häuserzeile, deren Architektur von Süden nach Norden durch die Zeit der Araber über die Gotik und Renaissance bis in den Barock führt. Von der **Porta Catania** bis zur **Porta Messina** wälzt sich stets ein mächtiger Strom von Touristen durch die Altstadt, auch wenn die Saison noch gar nicht richtig begonnen hat. Im Sommer kommt man nur vorwärts, wenn man sich

An der Porta Messina endete einst die Altstadt von Taormina.

mittreiben lässt. Aber der Trubel macht Spaß, weil die Fußgänger unter sich sind: Taormina ist autofrei, und das ist eine Wohltat, wenn man die lauten und staubigen Großstädte Siziliens kennt.

Manchmal fragt man sich, ob man hier überhaupt in Sizilien ist. Die Kirchen sind ganztags zur Besichtigung geöffnet – in anderen Städten eine Seltenheit. Die Straßen sind wie geleckt, die Häuser sind fast alle makellos gepflegt, und auf den Balkons prangen Blumenkästen. Wo sich ein Plätzchen findet, steht ein Pflanzenkübel. Die Mauern werden überrankt von Bougainvilleen und Glyzinien. Die Stadtverwaltung gönnt sich den Luxus, die wenigen noch asphaltierten Gassen nach und nach mit Naturstein zu pflastern. Die wenigen Häuser in Taorminas Altstadt, die nicht aussehen wie aus dem Baukasten, sind von einem Baugerüst umgittert und werden gerade saniert. Meistens sind das mittelalterliche Palazzi im noblen gotisch-katalanischen Stil mit seinen Spitzbogen und den durch eine Säule geteilten Doppelfenstern.

Das Fremdenverkehrsamt hat sich die schönste Stadtburg von Taormina als Sitz gewählt, den **Palazzo Corvaja**. Aber die schwalbenschwänzigen Zinnen und das Spitzbogenportal im gotisch-katalanischen Stil verstecken einen arabischen Kern: einen arabischen Festungsturm aus dem 11. Jahrhundert. Im 13. Jahrhundert entstanden die drei Reliefs mit Darstellungen aus der Schöpfungsgeschichte im Treppenhaus.

Dieser Stil, von dem Taormina allerhand Juwelen aufzuweisen hat, ließ allerdings die ersten Bildungsreisenden à la Goethe kalt. Sie kamen einzig und allein wegen der griechisch-römischen Antiken. Denn angefangen hatte alles im 4. Jahrhun-

Er fand in Taormina seine Selbstverwirklichung: Baron Wilhelm von Gloeden.

Persönlichkeit

Wilhelm von Gloeden

Im Jahr 1878 kam der junge Baron Wilhelm von Gloeden nach Taormina, um seine Schwindsucht auszukurieren. Das Bürschchen war so schwach, dass es den Weg von seinem Nobelquartier hinunter zum Strand nicht gehen konnte, um die kräftigenden Bäder im Meer zu nehmen. Also bezahlte Gloeden die einheimischen Jugendlichen, damit sie ihm das Meerwasser herauf nach Taormina trugen. Täglich hatte er muskulöse junge Männer vor Augen, während er in wollüstiger Entspannung in der Wanne lag. So hatte er sein Coming Out. Sein Haus wurde der Anziehungspunkt für die Schmarotzerszene, die bis dahin um den preußischen Prinzen Friedrich in Capri geschwärmt war. Auch sonst war das Haus bizarr genug: Zahme Vögel und Kleintiere wimmelten frei durchs Haus, und der Clou war eine Riesenhornisse, die durch die Gemächer schwirrte. Die wilden Feste im Haus Gloeden waren ein prickelndes Gesprächsthema im ganzen schicken Europa.

Doch mit einem Schlag verarmte Gloedens Familie. Jetzt zeigte sich die Großherzigkeit der Sizilianer: Umsonst versorgten sie ihn mit dem Luxus, für den er früher teuer bezahlt hatte. Doch der junge Baron wollte sich nichts schenken lassen: Er begann zu arbeiten! Mit einer geborgten Fotoausrüstung fing er an, Bilder von sizilianischen Knaben vor antiker Szenerie zu machen. Damit konnte er sich – genesen von der Tuberkulose – bis ins hohe Alter ernähren.

Taormina

dert vor Christus. Die Griechen gründeten, wenn sie auswanderten, gleich richtige Städte, und die hatten nun mal am Meer zu liegen. Da konnte man nicht nur fischen gehen und Seehandel treiben. Da hatte man auch Platz für die Flotte, um mit den anderen griechischen Städten in Sizilien und in der alten Heimat Krieg zu führen. Ein bisschen störten zwar die Sikuler, die die schöne Bucht schon vorher für sich entdeckt hatten, aber die Griechen vertrieben sie ins Landesinnere. Danach konnten sie die Stadt nach ihren Bedürfnissen ausbauen.

Nur an Winterabenden leer: der Corso Umberto.

Und ein Theater gehörte in jedem Fall dazu. Wie immer haben sich die Kolonisten auch hier einen Platz mit Ausblick für ihr **Teatro Greco** ausgesucht. Theaterfestspiele waren für die Griechen immer auch religiöse Ereignisse. Ihre Tragödien handelten vom unerbittlichen Schicksal, das die Götter über die Menschheit verhängt hatte. Und deshalb wollten sie, dem Treiben des Alltags entrückt, möglichst nahe bei den Göttern sein. Hinter der Bühne wollten sie in grenzenlose Weite sehen. Als dann die Römer 215 vor Christus Taormina kampflos übernahmen, bauten sie das Theater nach ihren Vorstellungen um. Zunächst einmal wurde der Bühnenhintergrund zugemauert. Wichtiger als die Nähe zu den Göttern waren ihnen funktionelle Kulissen und Garderoben für Schauspieler und Artisten. Man zog auch einen Orchestergraben für Spezialeffekte ein. Und dann setzte man auf die vorhandenen Sitzreihen noch ein Stockwerk drauf. Die dazu nötigen äußeren Stützbogen nutzte man für luftige Foyers, in denen in den Pausen Imbisse, Getränke und Andenken verkauft werden konnten. Deutlich sieht man, wo Griechenland endet und Rom beginnt, wo hohe Gewölbe aus Ziegeln in die hellen Kalksteinstrukturen hineinragen, wo zarte Säulen nachträglich wieder aufgesetzt wurden. Der Verfall späterer Jahrhunderte hat den Rundblick wieder eröffnet.

Vierzig Kilometer ist der Ätna entfernt. Aber wer seine Größe nicht kennt, glaubt ihn bei klarem Wetter nur einen Spaziergang weit weg, wie er sanft, aber unerbittlich zum Himmel steigt. Zweihundert Meter tiefer liegt die Bucht, auf der die winzigen Fischerboote kreuzen. Der Rückweg vom Theater

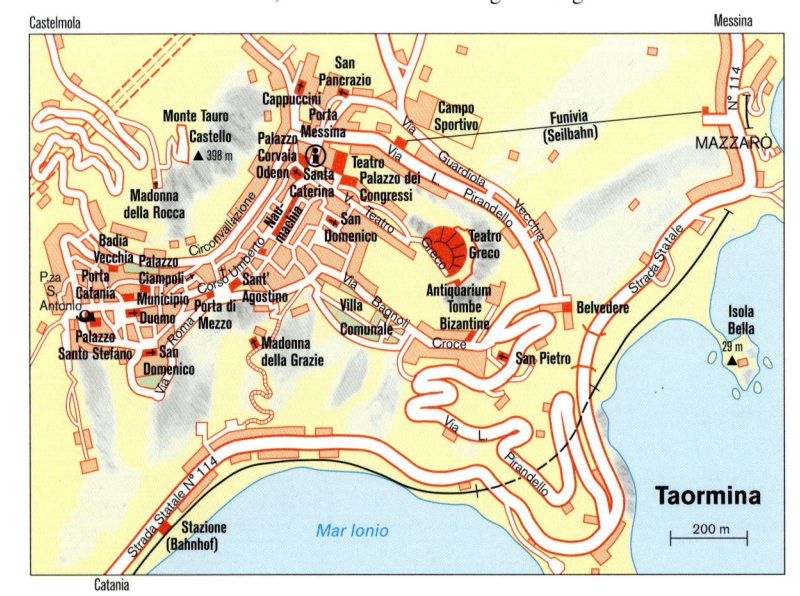

Papyrus-Stauden in der Oase von Fiumefreddo.

in die Innenstadt führt über die Via Teatro Greco, vorbei an winzigen mittelalterlichen Häuschen mit Spitzbogenfenstern. In jedem ist ein Andenkenladen. Die Besitzer stellen sich Stühle vor die Tür, sitzen in der Sonne und warten auf ihre Kundschaft.

Wer eine Abwechslung zu Taormina sucht, gelangt in einer halben Autostunde zur **Riserva del Fiumefreddo**. In zwei bis drei Stunden kann man um das Mündungsgebiet des Flusses wandern. Dabei kommt man auch an seiner „Quelle" vorbei, aus der er nach einer vierzig Kilometer langen unterirdischen Reise von den Eisfeldern des Ätna ans Tageslicht tritt. Erdbeben und Lavaströme haben ihn fünfzig Meter tief begraben.

Aber auch ein kurzer Spaziergang – etwa vierzig Minuten – im eigentlichen Naturschutzgebiet lohnt sich. Der eiskalte Bach, der noch vor wenigen Generationen ein reißender Fluss war, hat sich hier eine Oase geschaffen. Es scheint, dass sich viele Besucher in sie verliebt haben, denn im glasklaren Wasser einer Schlaufe liegen zwischen giftgrün leuchtendem Unterwasserkraut Münzen als Zeichen der Hoffnung, eines Tages zurückzukehren. Lilienstengel mit zitronengelben Blüten und bis zu vier Meter hohe Schilfwälder spiegeln sich in Tümpeln. Rund um ein schwarzes Wasserloch wiegen sich drei Meter hohe Papyrushalme – nur echt mit den drei Kanten. An der Spitze tragen sie Faserbüschel wie schüttere grüne Perücken. Kein Laut ist zu vernehmen – außer dem Summen von Insekten und dem Gezwitscher der Vögel.

Sehr klein ist die Oase und vielleicht gerade deshalb so anrührend. Aber die Umweltverbände wollen das geschützte Gebiet ausdehnen, so dass es von der Quelle bis zur Mündung ins Meer reicht.

Fantastischer Blick vom Castello auf das Teatro Greco und das Meer.

Antike
Teatro Greco

Das griechische Theater von Taormina ist das zweitgrößte in Sizilien nach dem Theater von Siracusa. Es ist 50 m breit, 120 m lang und 20 m hoch. Beim Bau der Anlage mussten 100.000 m^3 Fels entfernt werden. Früher fasste das Theater 5400 Zuschauer.

Das Theater ist in drei Abschnitte unterteilt: die Bühne, das Orchester und die Cavea.

Das **Orchester** war in der Antike die freie Fläche in der Mitte, die die Bühne vom (von den Römern hinzugefügten) Orchestergraben teilte. Hier spielten die Musiker, aber auch die Chöre und die Tänzer traten hier auf. Die **Cavea** ist die Reihe der steinernen Treppen, die wir heute Zuschauertribünen nennen würden. Der unterste Rang misst 62 m, der oberste ist 147,34 m lang. Die Ränge wurden aus dem Fels geschlagen, nur an manchen Stellen wurde mit Mauerwerk nachgeholfen. Die Cavea ist in fünf Sektionen unterteilt, in denen auch heute wieder Zuschauer gebannt Theaterstücke, Opern und Konzerte verfolgen.

Taormina

Insider News

Echt Spitze!

Nicht alles, was als original sizilianische Handarbeit angeboten wird, entspringt auch dem Eifer und Können sizilianischer Hausfrauen oder Klosterschwestern aus der Umgebung. Das meiste hat eine weite Schiffsreise aus China hinter sich und ist mit der Maschine gestickt. Das erkennt man an der Qualität ebenso wie am Preis: Eine echt sizilianische und mit der Nähnadel gestickte Tagesdecke kostet je nach Größe ab etwa 2.000.000 Lire. Die Frauen arbeiten schließlich daran oft über ein Jahr. Garantiert echte sizilianische Stickereien bekommt man u. a. in Castiglione bei Taormina bei:

Signora Maria Catena Casella
Via Edoardo Pantana 20.

Außerdem hat sie einen Kurzwarenladen in der Via Marconi 7.

(Anfahrt nach Castiglione siehe Seite 113.)

Verkehr

In 1,5 Std. kommt man mit dem Bus der SAIS vom Flughafen von Catania oder vom Busbahnhof von Messina nach Taormina, werktags etwa jede Stunde, sonntags seltener. Oder man nimmt den Zug. Wer mit dem Auto anreist, findet meist einen Parkplatz auf dem Hotelgelände (teuer!).
Die Altstadt ist Fußgängerzone. Für 15.000 Lire kann man das Auto auf dem Park-and-Ride-Parkplatz an der Autobahnabfahrt Taormina Nord lassen, von dort nimmt man einen kostenlosen Pendelbus.
Vom Busbahnhof von Taormina fahren Busse in alle größeren Städte Siziliens und in die Nachbarstädte Letojanni und Giardini-Naxos. In Taormina verkehren Stadtbusse. Eine Kabinenseilbahn pendelt in der Saison alle 20 Min. zwischen der Altstadt und dem Strand von Mazzarò.
Die Taxis haben Fixpreise, die die Fahrer gut sichtbar anbringen müssen. Am besten vor dem Einsteigen fragen oder beim Fremdenverkehrsamt die Liste holen.
Über Hotels oder in Reisebüros können bei örtlichen Busunternehmen Tagesausflüge zu allen sizilianischen Sehenswürdigkeiten gebucht werden. Vergewissern Sie sich vorher, ob eine kompetente Reiseleitung an Bord ist oder nur ein Busfahrer. Eine Tour zum Ätna kostet ca. 40.000 Lire.

Sehenswürdigkeiten

Bahnhof
Eines der letzten Bauwerke des sizilianischen Jugendstils, ein Schmuckkästchen in Creme und Dunkelrot am Fuß des Monte Tauro direkt am Meer.

Palazzo Corvaja
Ecke Corso Umberto / Via Teatro Greco.
Um einen arabischen Turm aus dem 10. Jh. wurde später ein gotischer Palast gebaut, der 1410 das sizilianische Adelsparlament beherbergte (siehe S. 110). Für die Besichtigung des reliefgeschmückten Innenhofs und des gotischen Saals gelten die Öffnungszeiten des hier untergebrachten Fremdenverkehrsamts (siehe S. 113).
Tgl. 8 – 14 und 16 – 19 Uhr.

Odeon
Neben dem Palazzo Corvaja.
Kleines antikes Theater für Dichterlesungen in der Nähe des Palazzo Corvaja, an das im 17. Jh. die Kirche Santa Caterina angebaut wurde.

Im mittelalterlichen Palazzo Corvaja residiert heute das Fremdenverkehrsamt.

Taormina

Im Palazzo Duca di Santo Stefano von Taormina werden heute Werke zeitgenössischer Künstler gezeigt.

Teatro Greco
Nähe Porta Messina.
Im Sommer gastieren hier Musiker von internationalem Rang bei Opernfestivals. Im Antiquarium sind Fragmente und Inschriften ausgestellt. (Siehe auch S. 107.)
Tgl. von 9 Uhr bis eine Stunde vor Sonnenuntergang.
Eintritt: 4500 Lire.

Porta di Mezzo
Corso Umberto.
Drei Stadttore, die Porta Catania am Südende, die Porta di Mezzo in der Mitte und am nördlichen Ende die Porta Messina, gliedern den Corso Umberto in einen älteren südlichen und einen jüngeren nördlichen Abschnitt. Am prächtigsten ist die Porta di Mezzo, ein ganzer Komplex ehemaliger Wachanlagen.

Naumachia
Vicolo Naumachia, hinter dem Corso Umberto.
Hohe nischengeschmückte Ziegelsteinmauer von 122 m Länge aus römischer Zeit; zu Füßen des Bauwerks eine wunderbar schattige Grünanlage mit Bänken.

Palazzo Ciampolli
Corso Umberto.
Am Corso Umberto erhebt sich, etwas nördlich des Doms gelegen, über einer eleganten Freitreppe der Palazzo Ciampolli (15. Jh.) im gotisch-katalanischen Stil.

Cattedrale di San Nicola
(Duomo)
Corso Umberto, auf halber Strecke zwischen der Porta Catania und der Porta di Mezzo.
Im Inneren der Kathedrale, die aus dem 13. Jh. stammt und in der Renaissance umgebaut wurde, sind einige sehenswerte Kunstwerke zu beachten: „Mariä Heimsuchung" von Antonio Giuffrè (15. Jh.), die Madonna mit Kind von Antonello da Saliba (1504), eine Alabaster-Madonna aus dem 15. Jh. und die Statue einer heiligen Agathe von Montanini aus dem 16. Jh.
Tgl. 9 – 18 Uhr.

San Domenico
Piazza San Domenico.
Das Kloster aus dem 15. Jh. in einem arabisch geprägten Winkel der Altstadt zählt heute zu den schönsten Hotels der Welt (siehe unter „Unterkunft" auf S. 110). Die Besitzer lassen Schaulustige zwar nicht ein, aber schon die baumbestandene Piazza vor San Domenico und der Vorhof sind sehenswert.

Palazzo Duca di Santo Stefano
Am südlichen Ende des Corso Umberto, ganz in der Nähe der Porta Catania.

Einkaufs-Tipps

Schmuck
Kettchen aus **Markasit** oder **Obsidian** – meiden sollte man Stücke aus Koralle, die vom Aussterben bedroht ist, – gibt es ab 10 DM. Auf der Einkaufsmeile des **Corso Umberto** liegen – wie für viele andere Souvenirs – die Preise wesentlich höher, billiger sind die Kettchen an den Ständen direkt vor dem Eingang zum Teatro Greco. In jedem Fall sollte man versuchen zu handeln.

Keramik als Souvenir.

Keramik
Hier kann man zugreifen. Die Ware kommt meist aus Caltagirone, seltener aus Santo Stefano di Camastra. Service der Geschäfte: Größere Einkäufe werden zugestellt.

Taormina

Das Hotel San Domenico Palace ist die erste Adresse in Taormina – natürlich mit Meerblick.

Geschichte

Der Rat der Häuptlinge

Als die Normannen nach Sizilien kamen, brachten sie eine urtümliche Einrichtung mit: den Rat der Häuptlinge. Sie diskutierten mit ihrem für den Kriegspfad gewählten Anführer den Schlachtplan und wachten nach dem Sieg über die Verteilung der Beute. Eine Revolution war der Beschluss Friedrichs II., zu diesen Treffs auch Vertreter der reichsunmittelbaren Städte zu laden – er wollte den Baronen ihre Grenzen weisen. Es hätte mehr werden können aus diesen Anfängen eines Parlaments, wenn nicht ein Bürgerkrieg dazwischen gekommen wäre. Das sporadisch zur Absegnung von Steuern und von neuen Königen zusammengeholte Adelsparlament war wieder einmal nötig im Jahr 1410. Blutjung war König Martin I. von Aragon gestorben. Sein Vater ließ sich im **Palazzo Corvaja** zum Nachfolger krönen. Und da er in Spanien beschäftigt war, schuf er das Amt eines sizilianischen Vizekönigs. Erster Amtsträger: seine Schwiegertochter Bianca von Navarra.

Die aus dem 14./15. Jh. stammende Burg wird für Ausstellungen moderner Kunst genutzt. Sehenswert die typischen Doppelfenster unter dem Spitzbogen, ein aus bunten Steinen eingelegtes Fries im arabischen Stil und die Aussicht vom obersten Stock. Tgl. 10 – 18 Uhr.

Badia Vecchia

Circonvallazione, oberhalb der Innenstadt.
Mächtige Abtei aus der Zeit um 1400 im normannischen Stil, immer noch in bequemer Fußmarschentfernung vom Corso Umberto.
Nur von außen zu besichtigen.

Castello di Taormina

Circonvallazione.
Entweder man nimmt die Circonvallazione, die Umgehungsstraße, oder man steigt über eine Treppe hinauf zur Wallfahrtskirche Madonna della Rocca und von da weiter zur Burgruine. Unter ihr vermutet man die alte Akropolis. Herrlicher Blick über die Bucht und auf den Ätna. Feste Schuhe!

Unterkunft

Die Hotelpreise liegen in Taormina gut ein Drittel höher als zum Beispiel in Catania. Es lohnt sich, beim Fremdenverkehrsamt zu fragen, welche privaten Vermieter gerade ein Zimmer frei haben.

***** **San Domenico Palace**
Piazza San Domenico 5
Tel. 0942/237 01
Fax 0942/62 55 06
Internet:
www.cormorano.net/sgas/sandomenico/home.htm
Luxus im wohl besten Hotel Siziliens. Historische Atmosphäre, nicht zuletzt dank des stimmungsvollen Kreuzgangs in diesem ehemaligen Kloster.

**** **Bristol Park Hotel**
Via Bagnoli Croci 92
Tel. 0942/230 06
Fax 0942/245 19.
Feudales Haus im britischen Plüschstil nahe dem Stadtpark. Einzelreisende sollten sich ihr Zimmer vor der Zusage zeigen lassen.

*** **Villa Belvedere**
Via Bagnoli Croci 79
Tel. 0942/237 91
Fax 0942/62 58 30.
Gepflegtes Haus im Mittelmeerstil. Wer's mag, kann sich das Mittagessen sogar am Swimmingpool servieren lassen. Äußerst freundlicher Service. Herrlicher Ausblick auf das Meer.

** **Villa Schuler**
Piazzetta Bastione 16
Tel. 0942/234 81
Fax 0942/235 22

Internet: www.infoservizi.it/hotels/taormina.htm
Ruhiges Haus unter schweizerisch-deutscher Leitung. Besonders schöner Garten in mehreren Terrassen. 100 m vom Corso Umberto. Mit Meerblick.
Von Mai bis Oktober Transportservice zum Strand.

* Pensione Svizzera
Via Luigi Pirandello 26
Tel. 0942/237 90
Fax 0942/62 59 06.
Klassische sizilianische Villa ganz in der Nähe des Busbahnhofs, aber immer noch in der Altstadt gelegen. Die Pension bietet für Gäste einen Transportservice zum eigenen Privatstrand. Die Zimmer zur Straße sind leider etwas laut. Schöne Terrasse mit Meerblick.

* Pensione Casa Grazia
Via Jallia Bassaia 20
Tel./Fax 0942/247 76.
Kleines, sehr gepflegtes Haus mit freundlichen Wirtsleuten, leider ohne Frühstück. Geöffnet von April bis Oktober.

Gole Alcantara
Azienda Agrituristica
Motta Camastra
Contrada Sciara Larderia
Via Nazionale 5
Tel. 090/98 50 10
Fax 0942/98 52 64.
SS185 Richtung Randazzo, 20 km westlich von Taormina.
In der Nähe der Gola dell'Alcantara gelegen (siehe S. 112), ist dieser mit allem Komfort ausgestattete Biohof eine Alternative für Touristen, die gern wandern und lieber im Fluss baden als durch die Stadt spazieren. Mit Camping- und Tennisplatz.

Camping
Die Campingplätze um Taormina liegen eingezwängt zwischen Eisenbahnlinie und Straße, alle sind laut und ziemlich überlaufen. Erholung findet man dort nicht!

Restaurants

Bei schmalem Geldbeutel empfiehlt es sich, sein Picknick im Lebensmittelgeschäft gegenüber dem Stadtpark, in der Via Bagnoli Croci 62, selbst zusammenzustellen und es unter den exotischen Bäumen des Parks mit Meerblick zu verzehren. Die Restaurants verlangen doppelt so hohe Preise wie in Catania.

Trattoria La Botte Giara del 1972
Piazza Santa Domenica 4
Tel. 0942/241 98.
Schattige Terrasse. Entweder früh kommen oder Tisch reservieren.

Die Cafés in der Stadt haben sich auf internationale Gäste eingestellt.

Cafés und Nachtleben

Café degli Artisti
Via Calapitrulli 13
Tel. 0942/621 50.
Leckere belegte Brötchen, Toasts und Crêpes. Nachts gibt es sizilianische Live-Musik mit Mandolinen und Gesang.

Piazza IX. Aprile
An dieser Piazza mit Blick auf die Bucht liegen gleich drei schicke Bars. Hier sitzt man auf der Terrasse, um zu sehen und gesehen zu werden. Das hat allerdings seinen Preis.

Café Bar Marrakech
Piazza Garibaldi 2
Tel. 0942/
62 56 92.
Original arabisches Café im arabischen Winkel Taorminas für alle, die Abwechslung vom typischen Mittelmeerstil suchen.

Cocktail Bar – Crêperie Shatulle
Piazza Paladini 4
Tel. 0942/211 41.
Tagsüber Familiencafé, spät nachts Treff für Schwule und Lesben.

Taormina

Aktivitäten

Tauchen
Naxos Diving Center
Giardini-Naxos
Via Naxos 1
Tel./Fax
0942/57 10 71.

Die Welt unter Wasser.

Drachenfliegen
Etna Fly
Scuola Nazionale
Volo Sportivo
Via Milano 6/a
95100 Catania
Tel./Fax
095/721 24 47
und
38 73 13
außerdem auch:
0336/92 35 92
0942/62 78 46.

Golf
Il Piccolo Golf Club
Via Picciolo 1
95012 Castiglione
Tel. 0942/98 61 71
oder 98 62 52
Der einzige Golfclub Siziliens! (Anfahrt siehe unter „Ausflüge" auf S. 113.)

Grotta Azzurra
Via Bagnoli Croci 2
Tel. 0942/241 63.
Die besondere Spezialität des Hauses sind Fischgerichte. Die Meeresfrüchte werden von den Gästen ausgewählt. Zum Nachtisch gibt es Mandelwein, eine Spezialität vom Nordhang des Ätna.

Taverna al Paladino
Via Naumachie 21
Tel. 0942/246 14.
In dem gemütlichen Familienbetrieb fühlt man sich wohl.

Bar – Pizzeria – Ristorante Mirage
Via Roma 11
Tel. 0942/246 60.
Einfache Pizzeria mit sehr freundlichem Wirt. Der Blick auf die Bucht ist traumhaft. Spezialität des Hauses: Pizza mit Rucola.

Strände

Mazzarò
Der Sandstrand direkt vor der Haustür ist klein, aber fein. Er ist alle 20 Minuten in der Zeit zwischen 8.30 und 24 Uhr mit der Kabinenbahn zu erreichen. Von Mazzarò aus verkehren Pendelbusse zu den Stränden der weiteren Umgebung, der Transport ist im Eintrittspreis für den Strand enthalten.

Isola Bella
Gegenüber der malerischen Insel gelegen, die einst Lord Nelson gehörte. Von hier aus bietet sich eine Bootsfahrt zur Grotta Azzurra an.

Lido Spisone und Lido Mazzeo
Beide 5 km nördlich, im Hochsommer sehr überlaufen.
Auf einem Abschnitt zwischen dem Lido Mazzeo und dem Lido Spisone tummeln sich die Herren, die unter sich bleiben wollen.

Giardini-Naxos
6 km südlich von Taormina.
Endloser und im Hochsommer überlaufener Sandstrand der Nachbarstadt direkt an der Küste. Eine Hochburg des Massentourismus! Immerhin kann man bei der Gelegenheit gleich die Überreste der ältesten griechischen Kolonie auf Sizilien besichtigen: Stadtmauern aus dem 6. Jh. v. Chr. und Reste zweier Tempel.

Ausflüge

Ätna ✪✪✪
50 km südlich, Autobahn Catania, Abfahrt 120 „Linguaglossa".
Eine schöne Strecke über die grüne Nordflanke. Man darf die Anfahrt jedoch nicht unterschätzen, denn die Straße steigt langsam, aber stetig an und führt über viele Serpentinen.

Zum eleganten Strand von Mazzarò schwebt man von der hoch gelegenen Altstadt hinab mit den Gondeln der Seilbahn.

Taormina

Ruheplätzchen auf Lavasteinen am Eingang der Schlucht von Alcantara.

Einen ganzen Tag einplanen.
(Siehe Kapitel „Ätna", S. 114 – 123.)

Gola dell'Alcantara ✪
Die Schlucht mit ihren Basaltprismen gehört ganz oben auf die Liste der Ausflugsziele. Es gibt einen Lift und eine Treppe – beides kostet Eintritt. Man erreicht die Schlucht auch über einen Fußweg ganz in der Nähe.
Tgl. ab 8 Uhr bis 2 Stunden vor Sonnenuntergang. Eintritt: 3000 Lire, Die Leihgebühr für die Gummistiefel, die man benötigt, wenn man etwas in dem eiskalten Wasser waten möchte, beträgt 10.000 Lire.

Castelmola
Ein mittelalterliches Dorf etwa 5 km nordwestlich von Taormina mit herrlichem Blick auf den Ätna. Das Dorf ist über eine Serpentinenstraße zu erreichen. Nur etwas für Schwindelfreie. Von Taormina aus fährt ein Stadtbus.

Castiglione di Sicilia
20 km landeinwärts, Richtung Francavilla, liegt die mittelalterliche Dornröschenstadt, komplett mit einer arabisch-normannischen Festung, die abenteuerlich über Felsen erbaut wurde. Von der Festung Castel Leone aus überblickt man die turmgespickte Altstadt und das liebliche weite Tal des Alcantara. Die Altstadt hat sehenswerte Kirchen, darunter San Pietro mit einer Apsis aus dem 12. Jh.

Riserva del Fiumefreddo
20 km Autobahn Richtung Catania, Abfahrt Fiumefreddo, Beschilderung „Marina di Cottone".
Naturschutzgebiet mit einzigartiger Flora (Papyrus, gelbe Wasserlilie) und Fauna (Zwergrohrdommel) unter Leitung des WWF.
Okt. – April 8.30 – 16.30, Mai – Sept. 9 – 18 Uhr.
Eintritt frei, aber bitte dem WWF eine Spende geben.

Information

AAST
Piazza Santa Caterina
im Palazzo Corvaja
Tel. 0942/232 43
Fax 0942/249 41
www.taormina-ol.it
Tgl. 8 – 14 und 16 – 19 Uhr.

Steinpilze von den Nordhängen des Ätna frisch auf den Tisch.

Insider News

Leckerbissen vom Ätna

Die Nordseite des Ätna ist seine Schokoladenseite. Die Sonne dörrt das Land nicht aus, die vielen gletschergespeisten Wasserläufe können für die Bewässerung genutzt werden. So gedeiht hier alles, was die sizilianische Küche bereichert und was die Touristen verpackt mitnehmen können: **Getrocknete Steinpilze**, ein Topf **Honig** von Wildkräuterblüten oder Konfitüre aus exotischen Früchten sind günstige und leckere Mitbringsel. Dazu **Gebäck** aus Haselnüssen, Mandeln und Pistazien, Marzipan in allen Formen, Nougat, Mürbkekse und Frischgebäck vom Konditor. Auch der **Limoncello**, der Zitronenlikör, ist zu empfehlen.

Unter dem Vulkan

Ätna

Wie eine Mondlandschaft mutet die bizarre Südseite des Ätna an.

Der Feuer speiende Ätna gilt als Wahrzeichen der Insel. Trotz der Bedrohung siedelten die Menschen an seinen Hängen, versprachen die Lavaböden doch gute Ernten.

Ätna

"Man geht über Blumen, ohne daran zu denken, dass unter unseren Füßen die Hölle liegt", schrieb der Dichter Lord Byron über den **Ätna** ✹✹✹. Aber in den alten Zeiten machten sich die Menschen Gedanken darüber, was auf dem Grund des Vulkans liegen könnte. Ein mächtiger und unberechenbarer Gott sollte darin wohnen, den man besänftigen musste, damit er die Fruchtbarkeit, die der Boden spendete, nicht durch Lavaströme wieder vernichtete. Der griechische Historiker Pausanias berichtete von Menschenopfern, die die Ureinwohner dem Berg darbrachten – vielleicht eine Legende, aber auf jeden Fall beteten die Sikuler im Ätna den Gott Adranos an, und noch heute heißt ein Städtchen an der Westflanke des Berges **Adrano**. Die griechische Götterwelt machte den Ätna zur Schmiede des Gottes Hephaistos. Der Dichter Homer erzählte, dass der Berg der Wohnsitz des Zyklopen war, der seine Felsbrocken nach den Schiffen des Odysseus schleuderte.

Nicolosi	Seite 118
Unterkunft	Seite 119
Aktivitäten	Seite 119
Linguaglossa	Seite 121
Unterkunft	Seite 121
Aktivitäten	Seite 121
Randazzo	Seite 122
Sehenswürdigkeiten	Seite 122
Unterkunft	Seite 122

Der Berg ist gleichzeitig allgegenwärtig und wandelbar. Seine Höhe ändert sich nach jeder Eruption. Kraterränder stürzen ein und bauen sich auf, Risse brechen auf und werden wieder von Feuerflüssen geschlossen. Nebenkrater öffnen sich, um von der nächsten seismischen Katastrophe wieder eingeebnet zu werden. Fruchtbare Hänge, die vor Menschengedenken urbar gemacht wurden, holt sich der Berg mit Lavaströmen binnen weniger Tage zurück. Und dann kriechen über die schwarzen Felder wieder winzige blühende Stauden, Ginster folgt, und nach vielen Generationen kann die fruchtbare Lavaerde erneut von den Menschen bearbeitet werden.

Für Mitteleuropäer, die den Berg mit der **Circumetnea** erkunden, ist diese Landschaft ein Verwirrspiel. Immer wieder glaubt man, die Alpen zu erkennen. Die Bergdörfer sind blitzsauber, die Landwirtschaft ist gründlich in der Ausnutzung des Bodens, die blauen Berge der Nebrodi umringen den Horizont – und plötzlich stehen da wieder Vulkankuppen oder Lavazacken wie Zwerge aus Schokolade, und erstarrte Lavaströme haben sich über Felder und Häuser geschoben.

Von subtropisch bis hochalpin reichen die Klimazonen des Bergstocks, und je nach Höhenlage haben die Menschen ihm Feldfrüchte abgewonnen, zum Teil durch generationenlange Eroberung. An den unteren Hängen im Norden leuchten Zitronen und die vitaminreichen Blutorangen des Ätna, die Tarocchi, aus dem Laub. Auf 900 Meter Höhe liegen kleine, smaragdene Hochebenen, auf denen die kostbaren Pistazien und Haselnüsse gedeihen. In noch höheren Regionen ist die urbare Erde in winzige, steil übereinander liegende Terrassen aufgeteilt, die oft nur Platz für zwei oder drei Bäume oder wenige Weinstöcke bieten. Wo gar nichts mehr gedeiht, weiden weiße Schafe mit schwarzen Gesichtern und Beinen und Ziegen mit langem Zottelfell. Sie spenden die Milch, aus der in den umliegenden Dörfern Käse gemacht wird – mit Pistazien gewürzt, gilt er als eine begehrte Spezialität.

Erbaut auf einem Lavastrom und doch in späterer Zeit stets um Haaresbreite verschont geblieben ist die mittelalterliche Stadt **Randazzo** auf einem Gebirgssattel an der Nordflanke. Die Einwohner nennen es voll Stolz das „Taormina der Berge". Als die Stadt von den Byzantinern gegründet wurde, erstreckten sich vom Ätna bis zu den Nebrodi noch dichte Wälder. Nicht umsonst hat König Peter I. von Aragon sie im Jahr 1305 zu seinem Sommersitz erwählt. Die Stadt verlor in der Neuzeit an Bedeutung und die Bautätigkeit erlahmte – zur Freude der Touristen, die die Aufteilung der mittelalterlichen Quartiere in ein byzantinisches („greco"), ein normannisches und ein lombardisches („latino")

Viertel in den verschiedenen Baustilen noch genau nachvollziehen können. Bis heute macht sich der Bevölkerungsmix noch im besonderen Dialekt der Stadt bemerkbar.

Mit der Eroberung des Ätna soll nun aber endgültig Schluss sein. Zu üppig war die wilde Besiedlung in den letzten Dekaden ins Kraut geschossen. Wer etwas in Catania auf sich hielt, baute sich eine Sommerfrische im Gebirge. Während vor hundert Jahren in den Wäldern um den Berg noch Bären, Wölfe und Wildschweine hausten, muss man heute schon Stachelschweine, Steinadler und Wildkatzen schützen. Deshalb wurde 1987 der **Parco Regionale dell'Etna** eingerichtet, ein 58.000 Hektar großes Naturschutzgebiet. Das Gebiet ist in unterschiedlich streng geschützte Zonen eingeteilt.

In der Zone A müssen die Eingriffe auf ein absolutes Minimum beschränkt werden. Das betrifft die Krater des Gipfels, die Lavahalden und die Forste. Da das Gebiet fast ausschließlich dem Staat gehört, ist das auch leicht durchzusetzen (für die Besucher, die im Frühjahr vormittags auf den Pisten Ski fahren und nachmittags an der Küste baden wollen, ist die Bahn aber frei). Etwas schwieriger wird der Schutz der darunter liegenden Zone B, mit 26.000 Hektar der Löwenanteil des Parks. Hier ist das Gelände zum größten Teil in Privatbesitz, auch landwirtschaftlich genutzte Flächen sind darunter. Man will erreichen, dass die traditionellen Erwerbszweige im Einklang mit dem Schutz der Umwelt erhalten bleiben. Der Bau neuer Häuser ist natürlich streng verboten. In den untersten Regionen, den Zonen C und D, plant man eine umweltfreundliche Ökonomie, zu dem auch sanfter Tourismus gehört.

Ein Kunstwerk der Natur: Pionierpflanzen erobern als Erste die Lavafelder.

Vulkanismus
Der Ätna ✪✪✪

Wo heute der größte und aktivste Vulkan Europas eine ganze Region prägt, war in grauer Vorzeit eine weite Bucht, aus der sich allmählich eine kleine Warze aus Lava erhob. Im Verlauf ständiger Eruptionen füllte der Ätna zuerst die Bucht aus und schob seine Lavaströme dann auch über die umliegenden Gebiete.

Er ist 3323 m hoch, und sein Durchmesser an der Basis entspricht der Strecke München – Augsburg. Letztmalig hat er 1999 Lava gespuckt. Während an der Südflanke die sizilianische Sonne eine karge Mondlandschaft geschaffen hat, ist die wasserreiche Nordflanke ein blühender Garten.

Der Ätna ist ein junger Berg, sagen die Geologen, für die 700.000 Jahre recht wenig bedeuten. Vielleicht ist er deshalb immer noch so lebendig. Ständig schwebt eine weiße Dampfwolke über seinem Krater, die bei klarem Wetter selbst in fünfzig Kilometer Entfernung noch gut zu sehen ist. Von weitem wirkt sie so zart, dass die Sizilianer sogar einen Kosenamen für sie erfunden haben: „Pennecchietto", Federbüschelchen. Aber die Wolke hat es in sich. Die Menge an CO_2, die der Ätna ausstößt, ist für einen jungen Vulkan außergewöhnlich hoch: Alle anderen Vulkane der Welt zusammen schaffen es gerade einmal, genauso viel CO_2 zu produzieren. Deshalb haben die Geologen den Ätna mit Forschungsstationen umzingelt, um zu ergründen, aus welchen Tiefen des Erdinneren er seine Ladung bezieht.

Ätna

Schmalspurbahn

La Circumetnea

Pendler, Hausfrauen und Schüler benutzen sie, die kleine Privatbahn rund um den Ätna. Pünktlich rollen die aus zwei Waggons bestehenden Züge auf ihrer Schmalspur in die Stationen.
Vom Meeresniveau kämpft sich die Circumetnea bis auf fast tausend Meter

Zitronen am Nordhang.

Höhe. Die Einheimischen achten längst nicht mehr auf den Wechsel der Klimazonen von schwülheiß bis kühl und trocken, von Zitruswäldern über Weinhänge und Nusshaine bis zu winzigen Terrassengärten und Schafweiden.
Für Touristen ist die Fahrt durch die grünen und blauen Hügel und die kargen Mondlandschaften ein Erlebnis.

Verkehr

Von Catania

Mit dem Auto fährt man die Via Etnea in Catania nach Nicolosi. Ab da ist die Strecke zum Rifugio Sapienza ausgeschildert. Fahrzeit: 1,5 Std.
Vom Bahnhof fährt täglich um 8 Uhr ein Bus der AST direkt zum Rifugio Sapienza, der Talstation der Seilbahn. Fahrkarten gibt es an Bord. Rückfahrt: 16 Uhr, Fahrzeit: 2 Std. je Strecke. Sonst mit dem Bus bis Nicolosi, dort umsteigen. Die Fahrkarte für die Seilbahn kostet 30.000 Lire.
Von der Bergstation der Seilbahn fahren Geländebusse der SITAS (noch einmal 50.000 Lire) bis auf 2900 m ü. d. M. Wagemutige und mit Bergstiefeln ausgerüstete Wanderer schaffen den Aufstieg von der Bergstation zu Fuß in 4 Std. (Unbedingt vorher nach dem Wetter am Gipfel erkundigen!)

Circumetnea

Ausgangsbahnhof der Privatbahn „Circumetnea" ist Catania, Via delle Provincie 13, ein weiterer Bahnhof befindet sich in Borgo/Nähe Via Etnea. Die Fahrt bis nach Giarre-Riposto dauert 3,5 Std. und kostet 10.000 Lire. Sechs Züge fahren die komplette Strecke, davon geht der erste um 5.30 Uhr, der letzte um 16 Uhr ab Catania.
Andere Züge fahren nur einen Teil der Strecke. Unterbrechungen sind möglich. Natürlich kann man auch in umgekehrter Richtung fahren.
Wer sich schon vor der Anfahrt über alle touristischen Einrichtungen rund um den Ätna detailliert informieren will, wendet sich am besten an das Fremdenverkehrsamt in Catania (siehe S. 135).

Nicolosi

Das schmucke Bergstädtchen inmitten von Pinienwäldern und Lavaströmen ist ein ideales Erholungsgebiet und gleichzeitig der Ausgangspunkt für alle Ausflüge und Unternehmungen an der Südflanke des Ätna.

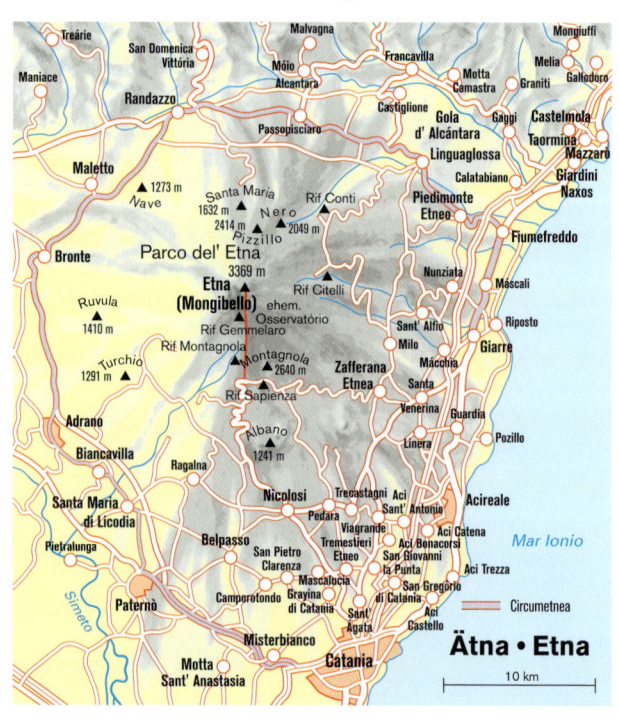

Ätna

Nicolosi ist der südliche Ausgangspunkt für Ausflüge zum Krater.

Unterkunft

*** Hotel Biancaneve
Via Etnea 163
Tel. 095/91 11 76
Fax 095/91 11 94.
Skurril, jedoch sehr gepflegt, unter anderem mit Schwimmbad und Terrasse. Etwas außerhalb gelegen, aber dafür sehr ruhig. Restaurant mit Spezialitätenküche. In der Saison unbedingt reservieren.

* Gemellaro
Via Etnea 160
Tel. 095/91 13 73
Fax 095/91 10 71.
Einfaches Haus mit Blick auf die Hänge der Monti Rossi. Die Zimmer zur Straße sind tagsüber leider etwas laut.

Ostello della Gioventù
Via della Quercia
Tel. 095/791 46 86.
Die Jugendherberge ist gut ausgestattet. Man kann selber kochen.

Restaurants und Cafés

Ristorante Belvedere
Via Etnea 110
Tel. 095/91 14 06.
Gute Gerichte mit Pilzen aus der Gegend. Von den Terrassen hat man einen schönen Blick auf die Stadt und die Berge.

Gelateria Bar Fratelli Vitale
Via Garibaldi 1
Tel. 095/91 44 91.
Eine überreiche Auswahl an Eis und Gebäck aus Nüssen, Mandeln und Pistazien, die alle rund um den Ätna geerntet werden.

Einkaufen

Am Rifugio Sapienza gibt es Andenkenläden mit allen Arten von Mineralien, entweder sortiert in Kästchen, als einzelne Kristallbrocken oder zu Schmuck verarbeitet.

Aktivitäten

Wandern
Das Naturschutzgebiet ist für Wanderungen ausgezeichnet erschlossen, es gibt Ausflüge für jeden Schwierigkeitsgrad. Die Verwaltung des Parks bietet Wanderkarten für die naturwis-

Das letzte Stück zum Krater wird mit Geländewagen zurückgelegt.

Highlights

Circumetnea
Per Bummelbahn durch subtropische und hochalpine Zonen (siehe S. 118).

Kratertour
Wanderung zum Schlund der Hölle (siehe S. 121).

Tafelfreuden
Nussgebäck und Salami, Orangensaft und Vulkanwein (siehe S. 121).

Altstadt von Randazzo
Drei Völker, drei Baustile, drei Sprachen (siehe S. 122).

Chiesa Madre di Santa Maria
Wehrhaftes himmlisches Jerusalem in Randazzo (siehe S. 122).

Castello Svevo
2500 Jahre alte Sparschweine und Geld aus Glas in Randazzo (siehe S. 122).

Ätna

Persönlichkeit

Lord Nelson

Im Jahr 1799 erreichte der Sturm der Französischen Revolution auch Neapel, die Hauptstadt des Bourbonenreiches in Süditalien. König Ferdinand III. floh nach Sizilien, das in seiner Hand geblieben war, und überließ es den Engländern, Neapel zurückzuerobern. Lord Nelson, der berühmte Brite, kreuzte mit einer Flotte vor Neapel auf und richtete seine Bordkanonen auf die Festungen der Jakobiner. Man versprach ihnen freien Abzug, wenn sie sich ergäben. Die Führer endeten dennoch am Galgen.

Zum Dank erhielt Lord Nelson ein nobles Geschenk: Die reiche Stadt **Bronte** an der Westflanke des Ätna wurde ihm mitsamt den Äckern und Pistazienhainen der weiteren Umgebung als Lehen übertragen. Das ehemalige **Kloster von Maniace** (siehe S. 88) wurde zum sizilianischen Sitz der Nelsons. Noch heute hat die Familie Besitzungen in dieser Gegend. Übrigens sagen die Einwohner dem Briten nichts Böses nach: Sie sind stolz darauf, einen berühmten Lehensherrn gehabt zu haben.

senschaftlichen Lehrpfade, geführte Touren an den Krater, in die Grotten sowie mehrtägige Trecks an.

Auf einer Wanderung von der Bergstation der Seilbahn aus erreicht man auch den Torre del Filosofo direkt unterhalb des Kraters in 2917 m Höhe. Hier stehen die Ruinen eines antiken Gebäudes. Die Legende behauptet, dass hier dereinst der griechische Philosoph Empedokles aus Agrigento eine Beobachtungsstation eingerichtet hatte, um die Vulkantätigkeit zu studieren.

Man sollte sich unbedingt vor einem Ausflug über notwenige Ausrüstung, Dauer der Tour, Wetterlage und Schwierigkeitsgrad informieren. Der Berg ist nicht nur sehr schön, sondern auch sehr tückisch und fordert jedes Jahr Todesopfer. Anstrengende und gefährliche Touren sollte man nie ohne Bergführer unternehmen. Sobald Schnee liegt, gibt es keine Hochtouren mehr. Die unteren Regionen sind im Herbst und Frühjahr je nach Wetter zu begehen.

Wichtige Adressen für Wanderer:

Ente Parco dell' Etna
Via Etnea 107a
Nicolosi
Tel. 095/91 45 88
Fax 095/91 47 38.
Parkverwaltung des Naturschutzgebietes. Hier erhält man alle erdenkli-

chen Informationen.
Tgl. 8 – 14, Mi 15.30 – 18.30 Uhr.
Sa und So geschlossen.

Gruppo Guide Alpine Etna Sud
Via Etnea 49
Nicolosi
Tel. 095/791 47 55.
Auch diese Organisation von Bergführern bietet zuverlässig geführte Touren an. Während der Saison ist fast immer jemand im Büro.
Sonntags geschlossen.

Skifahren

Das Skigebiet ist 8 km von Nicolosi entfernt und beginnt oberhalb des Rifugio Sapienza. Es ist zwar nicht so ausgedehnt wie das an der Nordflanke, aber dafür funktionieren die Lifte auch wirklich immer. Der Skipass für einen Tag kostet je nach Saison zwischen 25.000 und 35.000 Lire. Am Rifugio Sapienza gibt es eine Skischule, die auch Ausrüstungen verleiht (25.000 Lire).
Scuola Italiana Sci
Tel. 095/37 46 37.
Geöffnet tgl., solange es hell ist.

Information

AAST
Via Garibaldi 74
Tel. 095/91 15 05.
Di, Do und Sa 9 – 12 Uhr.

Edel betteten sich Lord Nelson und seine Geliebte Lady Hamilton im Castello Maniace.

Ätna

Altarschrein in Linguaglossa.

Linguaglossa

Verkehr

Vom 40 km östlich gelegenen Taormina aus verkehrt die Staatsbahn bis Giarre-Riposto, danach mit der Circumetnea bis nach Linguaglossa. Das 20 km weiter oben liegenden Piano Provenzana erreicht man nur mit dem Auto oder dem Bus der Minibus Star (Via Roma 233, Tel. 095/64 31 80).

Unterkunft

** Happy Day
Via Mareneve 9
Tel./Fax 095/64 34 84.
Mit Restaurant und Bustransfer.

**** Albergo-Ristorante
La Provenzana**
Piano Provenzana, 19 km Richtung Gipfel, Tel. 095/64 33 00.
Berggasthof am Ausgangspunkt der Gipfeltouren zum Ätna.

Café

Pasticceria Pino Azzurro
Piazza Matrice 10
Tel. 095/64 38 43.
Erlesene Konditoreiwaren und ein wunderschöner Blick auf die Piazza mit ihren Lavafassaden.

Aktivitäten

Kratertour
Ausflüge zum Gipfel mit dem Geländewagen enden unterhalb des Kraters. Das letzte Stück wird man von einem Bergführer begleitet, der Touristen aus Sicherheitsgründen nicht ganz an die Hauptkrater heranlässt.
Minibus Star
Via Roma 233
Tel. 095/64 31 80.
Abfahrt tgl. 9.30 – 13.30 Uhr, sobald ein Bus voll besetzt ist.
Preis: 50.000 Lire.

Skifahren
Theoretisch gibt es fünf Skilifte, alle ab Piano Provenzana. Am besten vorher im Pro Loco (s. u.) anrufen, ob sie funktionieren. Die Wochen-, Tages- und Viererkarten kosten 6000 – 100.000 Lire.

Einkaufen

Berühmt sind die Salami von Linguaglossa, erhältlich in jeder Metzgerei, und ein exzellenter Vulkanwein, der Vino Nero Mascalese, sowie Nougat aus den Haselnüssen der Gegend – alles zu kaufen in der Pasticceria Pino Azzurro (siehe unter „Café") oder in jedem anderen Café.

Information

Pro Loco
Piazza Annunziata 5
Linguaglossa
Tel./Fax 095/64 30 94.
Mo – Sa 9 – 12.30 und 15.30 – 19 Uhr.
Äußerst hilfsbereite Mitarbeiter. Angeschlossen ist ein Heimatmuseum voller Kuriositäten, darunter endlich einmal ein echter sizilianischer Bauernwagen.

Insider News

Jurassic Park
In der Nähe der Kleinstadt **Paternò** liegt an der Flanke des Ätna der über 5 ha große **Parco Zoo**. Eigentlich handelt es sich um zwei Anlagen, den prähistorischen Park und den zoologischen Garten. Wer in der Hitze nicht laufen will: Eine 2 km lange Seilbahn eröffnet einen ungewohnten Blickwinkel auf Löwen, Tiger, Nilpferde und Co. Insgesamt gibt es mehr als sechshundert Tiere. Der prähistorische Teil beginnt mit einem lebensgroßen Tyrannosaurus Rex und Brontosaurus – die Kinder werden begeistert sein! Dann geht die Reise durch die Urzeit weiter bis zu den ersten Menschen. Eintritt: Erwachsene 12.000 Lire, Kinder unter zehn Jahren 8000 Lire, Kleinkinder umsonst. Tgl. 9 Uhr – 2 Std. vor Sonnenuntergang. Anfahrt: Ab Catania 15 km nach Nordosten über die SS121 in Richtung Paternò, Ausfahrt Valcorrente. Ab da Beschilderung folgen.

Ätna

Wein

DOC

„Di Origine Controllato", mit kontrollierter Herkunft, heißt das Gütesiegel, das der italienische Staat Qualitätsweinen verleiht.
In Sizilien erhielten die Weine des Ätna als erste diese Auszeichnung. Drei Sorten kämpfen um die Gunst der Kenner: Der Etna Bianco, hell goldgelb, ein frischer, trockener Wein; der weißgelbe Etna Bianco Superiore, trocken und zart fruchtig, und der Etna Rosso oder Rosato, ein erdig-trockener Rotwein, der mit der Zeit hell rubinrot wird. Der Etna Rosso hat es in sich: mindestens 12,5 Grad Alkoholgehalt!

Randazzo

Transport

Man erreicht Randazzo mit der Circumetnea. Autofahrer nehmen die SS116 von der Nordküste oder die SS120 ab Fiumefreddo (Ostküste).

Sehenswürdigkeiten

Chiesa Madre di Santa Maria
Ecke Via Umberto/Piazza Santa Maria.
Im 13. Jh. von den Staufern gegründet. Später wurden Portale und Fenster im gotisch-katalanischen Stil erneuert. An Kuppel, Fassade und Turm hat das 19. Jh. Hand angelegt. Die Kirche ist ein sehr wehrhaftes himmlisches Jerusalem, die drei Apsiden stehen eng aneinander gedrängt. Innen riesige düster-expressive Gemälde, u. a. von Giuseppe Velazquez. Tagsüber geöffnet.

Chiesa di San Nicolò
Piazza San Nicolò.
Die größte Kirche Randazzos steht im ehemaligen byzantinischen Viertel. Im 14. Jh. erbaut, im 16. Jh. umgebaut. Die achteckigen Apsiden sind gut zu sehen, wenn man die Kirche umrundet. Besonders schön die zurückhaltend frühbarocke Fassade. Die Statuen im Inneren stammen von der Bildhauer-Dynastie Gagini. Tagsüber geöffnet.

Palazzo Reale
Via Orto 5.
Der vielfach umgebaute „Palast" aus dem 13 Jh. ist eher ein befestigtes Wochenendhaus der Könige. Sehenswert der verträumte kleine Innenhof. Nur von außen zu besichtigen.

Palazzo Lanza
Via Lanza 26, zu erreichen über die Via Umberto.
Der Stadtpalast aus der zweiten Hälfte des 13. Jh. war das Modell für den Palazzo dei Duchi di Santo Stefano und die Abbazzia Vecchia von Taormina. Im Inneren verfallen. Eine Initiative von ehrenamtlichen Hobbyheimatpflegern ist dabei, ihn zu sanieren.

Chiesa San Martino
Piazza San Martino.
Campanile mit rosa Zuckerhut aus dem 12. – 16. Jh., schwarzer Sockel, dann Schwarzweiß-Malerei mit gestaffelten Biforen und Triforen, quadratische Zinnen, Kirche 13. – 17. Jh., noble frühbarocke Fassade. Das Innere ist schlicht barockisiert, das alte Kreuzgewölbe noch erkennbar. Die Kirche ist reich ausgestattet mit Skulpturen aus dem 15. und 16. Jh. An der Wand des linken Seitenschiffs vorn Triptychon mit Marienleben von Antonio da Saliba.
Tagsüber geöffnet.

Castello Svevo / Museo Archeologico Vagliasindi
Gegenüber der Chiesa San Martino.
In einer Stauferburg untergebracht, zeigt das neu eröffnete Museum griechische Vasen und Goldschmuck, eine Münzsammlung, darunter arabische Glasmünzen, und aus antiker lokaler Herstellung Schweinchen, Mäuse, Pferdchen, Kentauren aus Keramik. Im Kellergewölbe Sammlung großer Theatermarionetten.

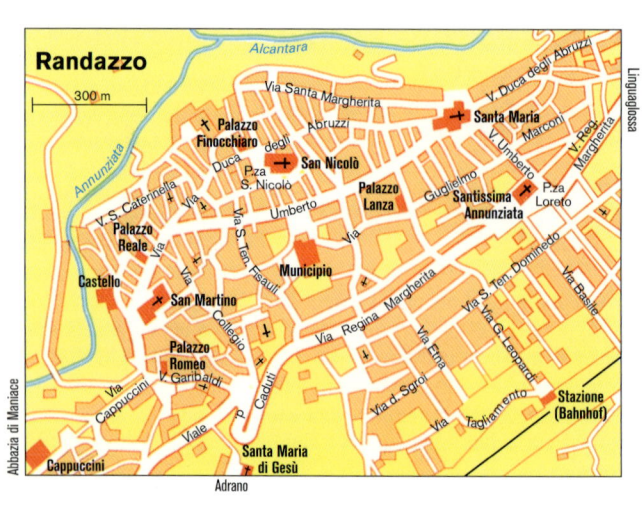

Ätna

Tgl. 10 – 13 und 15 – 18 Uhr.
Eintritt: 2000 Lire.

Unterkunft

** Scrivano
Via Bonaventura
Tel. 095/92 11 26.
Tagsüber laut, aber das einzige Hotel im Ort. Mit Restaurant und Bar.

Eine gute Alternative sind die kleinen Apartments in mittelalterlichen Stadthäusern, die über das Fremdenverkehrsbüro vermittelt werden.

L'Antica Vigna
Frazione Montelaguardia, auf der SS120 3 km in Richtung Osten
Tel. 095/92 40 03,
0335/622 67 16
Fax 090/92 33 24.
Ferien auf dem Bauernhof mit Tennis, Reiten und Mountainbiken.

Restaurant

Trattoria Veneziano
Via dei Romano 8
Tel. 095/799 13 53.
Guter Landwein und lokale Gerichte, Spezialität: Pasta mit Pistazien.

Pasticceria Santo Musumeci
Tel. 095/92 11 96.
Piazza Santa Maria 9 (bei der Kirche)
Kleiner Imbiss und alle Arten von süßen Spezialitäten.

Einkaufen

Ausgehend von der Chiesa Madre, finden sich in der Via Umberto links zwei, rechts ein Keramikgeschäft.
Im Juli während der Fiesta Medievale (siehe „Veranstaltung") gibt es Stände mit traditionellen Handwerksprodukten (u. a. Kunstschmieden, Keramikern, Lautenbauern) und Antiquitäten.

Veranstaltung

Jedes Jahr im Juli findet an einem Wochenende die Festa Medievale zu Ehren von Bianca di Navarra statt. Die ganze Stadt feiert in prächtigen mittelalterlichen Kostümen Ritterspiele.

Information

Ufficio Turismo
(im Rathaus)
Piazza Municipio
Tel. 095/799 00 64.
Mo – Fr 9 – 13 Uhr.

Mafia auf dem Land

Auch Kleinvieh macht Mist

Der Bauer traute seinen Augen nicht, als er eines Morgens nach seinem Weinberg sehen wollte: Wo noch eine Woche zuvor die Weinstöcke in Reih und Glied gestanden hatten, gähnte nun eine zwei Meter tiefe Ausschachtung, auf deren Grund schwarze Lava glänzte.
Die Nachbarn wussten zu berichten, dass an drei Tagen Arbeiter mit einem Kran und Lastwägen aufgetaucht waren und mit solcher Selbstverständlichkeit die Erde aufgeladen und weggeschafft hatten, dass man denken musste, es gehe mit rechten Dingen zu.
So geschehen im Jahr 1997 in der Nähe von Misterbianco, einem Städtchen an der Südflanke des Ätna. Ob die Nachbarn tatsächlich keinen Verdacht schöpften oder ob sie – wie so häufig in Sizilien – aus Angst wegsahen, kann niemand beweisen. Fest steht, dass die Mafiosi mit den Lastwägen voll fruchtbarer Lavaerde einen stattlichen Gewinn eingefahren hatten.

Randazzo, eine vollständig erhaltene mittelalterliche Kleinstadt im Westen des Ätna.

Einheimische und Touristen drängen sich auf dem Markt der Piazza Carlo Alberto.

Phönix aus der Asche

Catania

Allen Naturgewalten zum Trotz: Nach der Erdbebenkatastrophe
von 1693 wurde Catania neu erbaut. Das Ergebnis ist eine barock
geprägte Stadt voller Sehenswürdigkeiten und voll prallen Lebens.

Catania

Kommt man bereits im Morgengrauen auf den Fischmarkt in **Catania** ✱✱✱, dann sind die Händler längst dabei, zwischen den von Alter und Vulkanruß geschwärzten Barockhäusern um die **Piazza Currò** ihre Stände aufzubauen und die noch recht lebendigen Meeresfrüchte auszulegen. Flink breiten geschickte Hände zarte Fischchen und Garnelen auf gehacktes Eis, krümmen spitzmäulige Riesenfische zu Reifen, betten Meeresschnecken auf Algen. Dazwischen stecken sie kunstvoll aus Zitronen geschnitzte Rosetten. In den Nachbargassen bauen die Gemüsehändler Türme aus Orangen und Artischocken. Die Schlachter hängen Geflügel und Fleischstücke vor ihre Läden, den Fliegen zur Freude. Von den Ständen der Feinkosthändler wallen Düfte von Gewürzen, Schafskäse, getrockneten Tomaten und eingelegten Kapern herüber. Schon drängen sich Hausfrauen und Köche um die Stände. Gegen Mittag packen die Fischhändler wieder ihre Sachen zusammen, und kurz darauf kündet nur noch leichter Fischgeruch auf der Piazza vom frühmorgendlichen Markttreiben.

Wer erst jetzt, um die Mittagszeit, zu einem Erkundungsgang in die Altstadt aufbricht, der glaubt, in einer Dornröschenstadt gelandet zu sein. Einsam liegt die Burg unter der Sonne, die im Auftrag von Kaiser Friedrich II. von Hohenstaufen gebaut wurde. Sie war nur ein Glied in der Kette von Burgen, die an diesem Küstenabschnitt errichtet wurden. Damals war das Meer sehr viel näher, erst der Vulkanausbruch von 1669 hat das **Castello Ursino** von der Küste abgeschnitten und das Niveau des Bodens erhöht.

Auf dem nahen **Domplatz** liegen die zurückhaltenden Barockfassaden der Palazzi unter dem Mittagslicht wie Kulissen eines Opernfestspiels. Dagegen trumpft der **Duomo Sant'Agata** mit seinen wuchtigen, in zwei Stockwerken übereinander gesetzten Säulen und gebieterischen Heiligen auf, die ihm im 18. Jahrhundert vom Stararchitekten Vaccarini als Fassade gegeben wurden, nachdem das Erdbeben von 1693 den Normannenbau schwer beschädigt hatte.

Verkehr	Seite 130
Sehenswürdigkeiten	Seite 130
Unterkunft	Seite 133
Restaurants	Seite 133
Einkaufen	Seite 134
Strände	Seite 135
Ausflug	Seite 135
Information	Seite 135

Seine Fundamente sind die römischen achilläischen Thermen, und wenn man sie auch nicht besichtigen darf, so sind doch im Fußboden noch Gucklöcher in die Römerzeit eingelassen. Als die Normannen die Stadt im Jahr 1071 besetzten, fanden sie eine intakte byzantinische Kirchenhierarchie vor, die sich mit den Arabern in einem bequemen Modus Vivendi arrangiert hatte. Auch die große jüdische Gemeinde lebte gut. Man war zweisprachig – arabisch und griechisch. Kaum waren die Normannen weitergezogen, riefen die Cataner den Emir zurück. Im Jahr 1081 eroberte Roger von Hauteville die Stadt ein zweites Mal, und diesmal machte er Nägel mit Köpfen. Die Neuordnung der Verwaltung und die Durchsetzung der römischen Kirche übertrug er dem Benediktinerorden, dem er nicht nur Catania, sondern die ganze Region zu Lehen gab, so dass der Orden im Lauf der Jahrhunderte unermesslich reich wurde. Gleichzeitig begann man mit dem Bau der Kathedrale, die zugleich eine Festung sein sollte. Sie hatte mächtige Mauern und Wehrtürme und beherrschte den Hafen. Gegen das Erdbeben von 1196 war der Dom allerdings auch nicht gefeit. Wer von außen noch etwas von der ursprünglichen Struktur sehen will, muss um den Dom herum zu den Apsiden gehen.

Die finstere **Porta Uzeda**, die südlich des Doms zum Hafen führt, sieht aus, als wäre sie aus Magma gegossen. Der Lava-Elefant mit dem weißen Obelisken auf dem Rücken grinst und rollt mit seinen weißen Augen. Er ist seit 1239 das offizielle Wahrzeichen der Stadt und hat es faustdick hinter den Ohren. „Liotru" nennen ihn die Catanesen nach dem Gelehrten

Eliodoro, der im Jahr 778 vom Bischof als Hexenmeister auf den Scheiterhaufen geschickt wurde – unter anderem, weil er auf dem Elefanten durch die Luft ritt. Der arabische Geograf Idrisi schrieb, die Catanesen hätten ihn als Talisman aufgestellt, um die Lavaströme des Ätna aufzuhalten. Eine andere Legende erzählt, ein hilfsbereiter Elefant habe die wilden Tiere für sie vertrieben, als die ersten Menschen hier siedeln wollten. Vielleicht ist diese Sage eine letzte Erinnerung an die Altsteinzeit, als in Sizilien tatsächlich noch Elefanten in Ponygröße herumliefen.

Vom Domplatz verläuft schnurgerade die **Via Etnea** durch Catania, immer auf den Ätna zu, der an sonnigen Tagen – also fast immer – als imposante Kulisse über der Stadt aufragt. Hier ist am Nachmittag alles unterwegs, was fahren kann, und verzweifelt versuchen die Stadtpolizisten, die längst beschlossene Fußgängerzone durchzusetzen, die ab der **Piazza Stesicoro** beginnen soll. Ungerührt vom höllischen Lärm und den Abgasen bummeln die Catanesen an den Schaufenstern der schicken Geschäfte vorbei. Auf den Gehsteigen und Verkehrsinseln der Piazza Stesicoro warten Zeitungskioske und Stände mit Nüssen, Speiseeis, Blumen, Plastikramsch und diversen Andenken auf Kunden. An der westlichen Hälfte der Piazza öffnet sich inmitten barocker Palazzi der Blick in die antike Vergangenheit – auf das römische Amphitheater.

Das **Amphitheater** ist ein wenig kleiner als das Kolosseum in Rom, hatte aber immerhin 15.000 Sitzplätze. Man sieht nur einen kleinen Teil der Arena, die Versorgungstunnels und die

Fischmarkt auf der Piazza Currò: Am Nachmittag ist der Fang bereits verkauft.

Highlights

Marionettentheater ✪
Die Brüder Fratelli Napoli pflegen die Tradition des Straßentheaters
(siehe S. 130).

Odeon ✪
Filme im Art-déco-Ambiente
(siehe S. 130).

Castello Ursino
Ein stolze Festung „bis zur Hüfte in der Lava"
(siehe S. 132).

Duomo Sant'Agata
Normannische Wehrkirche, barockisiert von Vaccarini
(siehe S. 130).

Teatro Greco Romano
Versteckt zwischen den Altstadthäusern ein Koloss aus der Antike
(siehe S. 131).

Via Crociferi
Eine Tour durch die eleganteste Barockstraße Catanias
(siehe S. 131).

Pescheria
Das Geheimnis catanesischer Küche: alles frisch vom Fischmarkt
(siehe S. 135).

Foce del Simeto
Wattwanderung zu den Graureihern
(siehe S. 135).

Santa Maria la Scala
Verträumtes Fischerdorf mit kleinem Strand abseits des großen Verkehrs
(siehe S. 135).

Catania

untere Tribüne – nur ein ganz kleiner Ausschnitt einer grandiosen Anlage. Wie die Römer ursprünglich den Bau gegliedert haben, indem sie abwechselnd schwarzes Lavagestein, rote Ziegel und weißen Kalk verwendet haben, ist heute noch gut zu erkennen. Einstmals war das Theater mit Marmorplatten verschalt, die dann aber als Material für die Monumentalbauten späterer Jahrhunderte herhalten mussten: Der Gotenkönig Theoderich besetzte Catania im 5. Jahrhundert und gab das Theater als Steinbruch für die Stadtmauern frei.

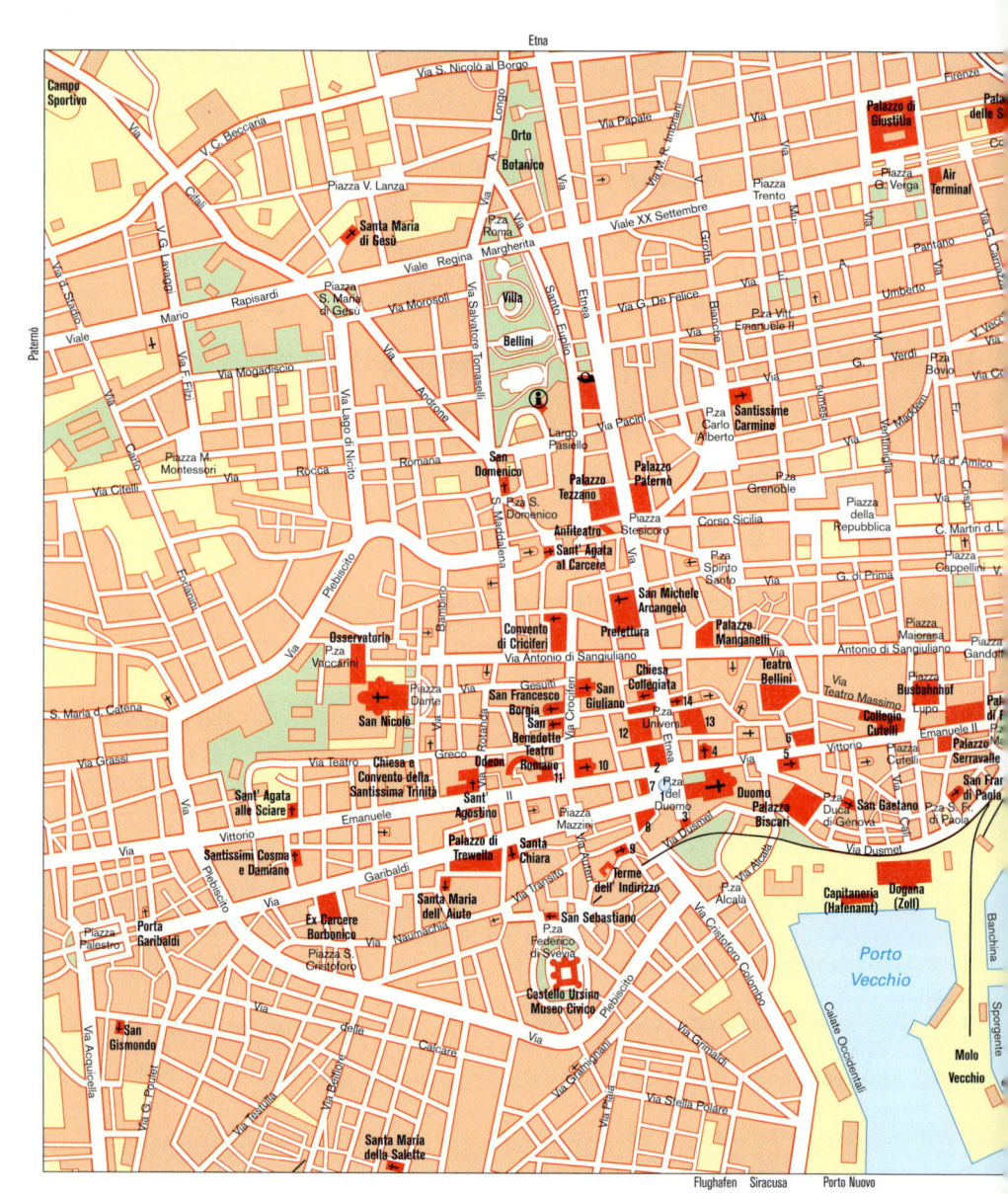

Ein ähnliches Schicksal hatten die anderen römischen Theater der Stadt, das **Odeon** und das **Teatro Greco Romano**. Aber auch wenn sie jetzt nur noch ihr massives Mauerwerk aus Ziegeln zeigen, begreift man doch, welche Bedeutung die Stadt zur Zeit des Kaisers Augustus hatte, wenn sie gleich drei kolossale Theater besaß. Das Teatro Greco Romano ist so riesig, dass sich auf seinen Rängen in späterer Zeit veritable Wohnhäuser eingenistet haben. Sie werden zur Zeit abgerissen.

Besucher sind manchmal verwirrt, wenn sie dem Namen entsprechend ein griechisches Theater erwartet haben. Tatsächlich ist ja Catania auch im 8. Jahrhundert v. Chr. von Einwanderern aus Chalkis gegründet worden, und zwar von Anfang an als Großstadt, komplett mit Akropolis und Hafenanlagen. Doch wo ist nun die griechische Antike? Ganz einfach: Man müsste nur graben.

Graben – das ist in Catania leicht gesagt und schwer getan. Schon in der Steinzeit, lange vor den Griechen, war der Fleck zwischen dem Südhang des Ätna und dem Meer ein beliebtes Siedlungsgebiet. Seither lagerte sich eine Kulturschicht über die andere, immer wieder gut durchmischt von Erdbeben und zementiert von Lavaflüssen. Wonach soll man graben, was soll man freilegen? An der **Piazza Dante** wird deutlich, wie schwer es die Archäologen in Catania haben.

Nur wenige Schritte die Via Teatro Greco hinauf sind es bis zu der hoch gelegenen Piazza, einem baumumsäumten langen Rechteck abseits vom Verkehr. Hier hat wahrscheinlich die Akropolis der Griechen gelegen. Aber soll man diese Monsterkirche abreißen, um die Akropolis freizulegen? **San Nicola** hat wohl einmal ein Petersdom für Catania werden sollen. Aber daraus ist nur der kolossale Schauplatz für einen Sciencefiction-Film geworden. Die nur bis zur halben Höhe hochgezogene Fassade aus weißem Kalkstein zeigt die nackte Grundstruktur ohne barocke Schnörkel. Davor gesetzt sind mächtige Säulenstümpfe, die immer noch auf ihre obere Hälfte warten. Ihre Sockel sind groß wie Einfamilienhäuser. Den Bauherren – Benediktinermönchen – ist das Geld ausgegangen. Immerhin haben sie daneben ihre Klosteranlage noch fertig stellen können. Sie ist die zweitgrößte in ganz Europa.

Wer nach so viel monumentalem Barock Lust auf Abwechslung hat, sollte sich das **Odeon-Kino** ansehen. Es steht unter Denkmalschutz. Was Sie hier sehen, ist nämlich reiner Art-déco-Stil. So etwas gibt es in Italien nicht noch einmal, und wahrscheinlich ist es auch in ganz Europa etwas Besonderes. Vor kurzem wurde es originalgetreu renoviert, mit Zuschüssen der Öffentlichen Hand.

Das Odeon zeigt, dass Anfang dieses Jahrhunderts in Sizilien immer noch gute Architektur gebaut wurde. Wer mehr Art déco und Jugendstil sehen will, muss den **Viale Regina Margherita** entlangspazieren oder den **Corso Italia**, den elegantesten Boulevard von Catania. Am schönsten ist er nachts, wenn die Schaufenster raffiniert ausgeleuchtet sind und Punktstrahler kostbare Pelze und Juwelen zum Schimmern bringen.

Catania

1 Piazza del Duomo mit der Fontana dell' Elefante
2 Palazzo Municipio (Rathaus)
3 Porta Uzeda
4 Badia di Sant' Agata
5 Chiesa di San Placido
6 Collegio Cutelli
7 Palazzo Zappalà
8 Palazzo Sanmartino Pardo
9 Chiesa e Convento di Santa Maria dell' Indirizzo
10 San Francesco d'Assisi all' Immacolata
11 Museo Belliniano
12 Università
13 Palazzo San Giuliano
14 Palazzo Gioieni d'Angiò

Catania

Persönlichkeiten

Der Schwan von Catania

Schon der Großvater, ein Onkel und der Vater von **Vincenzo Bellini** waren Berufsmusiker gewesen, von ihnen erbte er das Talent. Im Jahr 1807 gelang ihm seine erste Komposition. Damals war er sechs Jahre alt. Bald wurde Vincenzo in Catania so bekannt, dass ihn die Stadt mit einem Stipendium ans Konservatorium in die Hauptstadt des Reiches schickte, nach Neapel. Als dort seine erste Oper mit grandiosem Erfolg uraufgeführt wurde, war Bellini eben 24 geworden.

Zwei Jahre und eine Oper später war er der Starkomponist an der Mailänder Scala. Im Gegensatz zu seinem Rivalen Rossini hatte er es finanziell nie nötig, eine Professur anzunehmen. Am 26. Dezember 1831 wurde in Mailand sein mittlerweile bekanntestes Werk uraufgeführt: die „Norma". Am 23. September 1835, im Alter von 34 Jahren, starb Bellini. Seine Heimatstadt Catania setzte ihrem „Cigno" (Schwan) ein Denkmal: Das Opernhaus, 1890 mit der „Norma" eröffnet, trägt seinen Namen.

Catania

Verkehr

Catanias Flughafen Fontanarossa wird von der Alitalia, der Lufthansa, der Meridiana und von Chartergesellschaften bedient. Busse der SAIS/Interbus (Schalter im Flughafengebäude) verkehren in die größeren Städte Siziliens. Alle 20 Minuten fährt ein Flughafenbus „ALIBUS" (Ortstarif) zum Bahnhof und in die Innenstadt (der Fahrkartenautomat befindet sich im Flughafengebäude).

Am Bahnhof an der Piazza Giovanni XXIII befindet sich auch der Busbahnhof. Mehrere private Unternehmen und die öffentliche AST haben hier ihren Standort und bedienen auch Kleinstädte und Dörfer der Umgebung. Es gibt kein Ausflugsziel, das nicht mit dem Bus erreichbar wäre.

Auch in Catania gilt: nicht mit „wilden" Taxis fahren. Aber eigentlich ist man auf Taxis nicht angewiesen. Denn das städtische Busnetz der AMT ist billig (Tageskarte 3500 Lire) und beispielhaft gut ausgebaut. Ausgangspunkt ist der Bahnhof, aber die meisten Busse halten auch in der Via Etnea.

Die Privatbahn Circumetnea umrundet den Ätna (siehe Kapitel 6 samt zugehörigem Info-Teil). Erste Station ist Corso delle Provincie 13.

Die städtischen Verkehrsmittel AMT bieten eine Busrundfahrt zu den Sehenswürdigkeiten zum Ortstarif an, „Catania da Vedere". Abfahrt ist vor dem Hauptbahnhof tgl. 9 – 14 Uhr alle 30 Min., und 14 – 19 Uhr alle 60 Minuten.

Sehenswürdigkeiten

Marionettentheater ✪

Die Fratelli Napoli pflegen diese Tradition des Straßentheaters noch. Da sie oft auf Tournee unterwegs sind, sollte man beim Fremdenverkehrsamt fragen, wann und wo sie auftreten.

Odeon ✪

Via Filippo Corredoni 5 im Norden der Via Etnea auf der Höhe des Parks Villa Bellini.

Außen schlicht, innen mondän: Die Catanesen haben sich einen Filmpalast im Art-déco-Stil gegönnt. Solche Architektur findet man sonst nur noch in Florida. Neben dem schicken Foyer auch den Saal – und einen Film natürlich – ansehen!

Duomo Sant'Agata

Piazza Duomo, am Anfang der Via Etnea.

Im 11. Jh. vom normannischen Grafen Roger auf den Ruinen der römischen Thermen gebaut. Von den Thermen sind im Inneren noch Fun-

Mit einer Tageskarte für 3500 Lire kann man mit den städtischen Bussen Catania erkunden.

Catania

Art déco im Kino „Odeon".

damente zu sehen. Zum Bau des Doms hat man römische Steine und Säulen verwendet. Nach dem Erdbeben von 1693 wurde er von Vaccarini fast bis zur Unkenntlichkeit barockisiert. Im rechten Querschiff ist noch die normannische Kapelle erhalten: Sarkophage des aragonischen Königshauses aus dem 14. und 15. Jh. und einer aus römischer Zeit. Die von allen Reiseführern hoch gelobte Schatzkammer ist geschlossen.
Der Dom ist in der Regel jeden Tag ganztags geöffnet.

Palazzo Biscari

Zwischen Via Museo Biscari und Via Dusmet.
Prunkvoller Adelspalast aus dem 18. Jh. Bedingt durch die hundertjährige Bauzeit, wandelte sich der Baustil über seine verschiedenen Fassaden. Die eindrucksvollste Fassade bildet die Südseite: eine Terrasse vor einer dunkel verputzten Fassade mit großen Fenstern, die von Putten und Männerfiguren gerahmt und von fast schon überladenen Giebeln gekrönt werden.

Piazza dell'Università

Eindrucksvolles Ensemble rund um die Via Etnea: bauliche Geschlossenheit und harmonische Strukturierung durch verschiedene Palazzi nach Entwürfen von Vaccarini. Wichtigstes Gebäude: das Rektorat der Universität, dessen Fassade zwar 1818 neu gestaltet wurde, das im Innenhof aber noch das alte vaccarinische Original zeigt.

Teatro Greco Romano

Zwischen der Via Vittorio Emanuele und der Piazza San Francesco.
Römisches Theater, möglicherweise auf griechischen Fundamenten, am Fuß der ehemaligen Akropolis. Mit einem Durchmesser von 87 m bot auch dieses Theater immerhin 7000 Zuschauern Platz. Dazu gehört das etwas höher gelegene Odeon, eine Bühne für Proben und Kleinkunst, das immer noch 1500 Sitzplätze hatte. Zur Zeit werden Restaurierungsarbeiten unternommen.

Via Crociferi

Westliche Parallele zur Via Etnea. Straße, die den harmonischen und stilreinen Barock des Wiederaufbaus nach 1693 zeigt. Man muss sie ganz von Süden nach Norden ablaufen, um die aufeinander folgenden Palazzi und Kirchen zu sehen: L'arco di San Benedetto, die Kirche San Benedetto, das Collegio dei Gesuiti, mit einem Schlenker nach Osten die Piazza Asmundo, wieder zurück zur Via Sangiuliano, das Kloster Convento dei Crociferi, zum Schluss das Portal zur Villa Cerami.
Leider sind die Kirchen meistens geschlossen, nur der Garten der Villa Cerami ist geöffnet, da er zum Universitätsgelände gehört.

Chiesa di San Nicola und Monastero San Nicolò l'Arena

Ehemaliges Benediktinerkloster mit unvollendeter Kirche. Das zweitgrößte Kloster Europas in überschäumendem Barock. Davor römische Ausgrabungen.

Ausflugs-Tipps

Aci Castello

Sehenswert in dem Ort 10 km nördlich von Catania ist vor allem das **Castello**, die schwarze Burg am Hafen, die 1076 aus Lavasteinen auf einem Felsen aus Basaltkristallen erbaut wurde. Sie sind das Ergebnis eines unterseeischen Vulkanausbruchs. Mit kleinem mineralogischen und paläontologischen Museum. Verwunschener Garten.
9 – 13 und
15 – 17 Uhr.
Eintritt frei.

Aci Trezza

Durch den Roman „Die Malavoglia" von Giovanni Verga und dessen Verfilmung durch Luchino Visconti „La Terra trema" wurde die kleine Stadt 12 km nördlich von Catania bekannt. Sehenswert sind die durch Lavaeruptionen gebildeten Schären vor der Küste, die **Faraglioni**. Das sind die Brocken, die der Zyklop Poliphem auf Odysseus' Schiffe schleuderte. Außerdem interessant der Fischereihafen mit einer kleinen Werft. Ein großartiges Schauspiel ist das Volksfest „U pisci a mari" am 24. Juni (siehe S. 44).

Catania

Insider News

Le Ciminiere
Der Name bedeutet „Schornsteine". Und sie sind auch das Wahrzeichen dieser Anlage: Hohe Fabrikschlote mit Königskronen ragen über das Gelände.

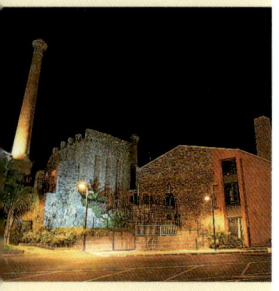

Kultur unterm Kamin.

Ein riesiger Gaskessel steht auf Stelzen, gelb verkrustete, massive Ziegelbögen stützen moderne Strukturen, stählerne Außentreppen, Winkel und Rampen verbinden die Bauten.
1990 hat man in Catania, ähnlich wie im Ruhrgebiet, die Liebe zu Zeugnissen der Industriekultur entdeckt. Eine verfallende Schwefelfabrik wurde gerettet, indem man sie zu einem Kultur- und Kongresszentrum umfunktionierte. Der Architekt Giacomo Leone hat die Umwandlung sehr behutsam ins Werk gesetzt.

Klostergelände geöffnet während des Universitätsbetriebs, am Wochenende geschlossen. Kirche 9 – 13.30 Uhr, aber häufig auch nachmittags.

Anfiteatro
Piazza Stesicoro.
Mit einem Durchmesser von 123 m das zweitgrößte Amphitheater des Römischen Imperiums. Es wurde im 2. Jh. aus Lava-, Kalk- und Ziegelsteinen gebaut und war teilweise mit Marmor verkleidet. Die wenigen freigelegten Abschnitte lassen die Größe erahnen.

Teatro Bellini
Via Perrotta 12.
Gebaut im Geiste der Opéra von Paris, überschwänglich garniert mit einem Feuerwerk von Stilzitaten. Hier haben Maria Callas und Montserrat Caballé gesungen. Im Jahr 2001 feiert man den 200. Geburtstag des Komponisten Vincenzo Bellini (siehe Textkasten S. 130), und schon im Herbst 2000 beginnen Jubiläumsveranstaltungen in der Oper und der ganzen Stadt.

Le Ciminiere
Viale Africa (ohne Hausnummer), zu erreichen mit dem Bus 14 ab dem Bahnhof.
Tel. 095/53 98 80.
Kulturzentrum mit wechselnden Ausstellungen, im Sommer Konzerte und Theater im Freien. (Siehe nebenstehenden Textkasten.)

Villa Bellini
Bunt angelegter Park mit Pavillons, Blumenbeeten und schattigen Bäumen westlich der Kreuzung Via Umberto/Via Etnea. Wer hierher kommt, erlebt ein Stück aus dem Alltag der catanischen Bevölkerung. Für Kinder gibt es hier eine kleine Eisenbahn zum Mitfahren.

Orto Botanico
Via Antonino Longo 19, nahe der Via Etnea.
In Siziliens Klima lohnt es sich wirklich, einen botanischen Garten anzulegen. Hier findet man, nach anstrengenden Besichtigungen, eine schattige Oase.
Mo – Sa 9 – 13 Uhr, Eintritt frei.

Castello Ursino
Piazza Federico di Svevia.
1239 von Friedrich II. gebaute Festung mit quadratischem Grundriss und Wehrtürmen an den Ecken. Aus Lavasteinen, schmucklos bis auf ein Wappen über dem Eingang im Innenhof, das die zupackende Geisteshaltung der Staufer zeigt: Ein Adler reißt einen Hasen.
Die Burg beherbergt eine Abteilung des Stadtmuseums, die Gemälde (u.

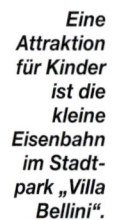

Eine Attraktion für Kinder ist die kleine Eisenbahn im Stadtpark „Villa Bellini".

Catania

Ein Lava-Strom hat dem Castello Ursino den Zugang zum Meer abgeschnitten.

a. von Antonello da Saliba aus dem 15. Jh.) und antike Funde zeigt. Es sind nicht immer alle Säle geöffnet.
Tgl. 8.30 – 13.30 Uhr.
Eintritt frei.

Museen

Museo Civico
Siehe Castello Ursino, S. 132.

Museo Belliniano
Piazza San Francesco 3.
Der Komponist der „Norma" wurde hier geboren. Skurriles Interieur, fast unverändert.
Tgl. 9 – 13, So bis 12 Uhr.
Eintritt frei.

Unterkunft

**** Central Palace
Via Etnea 218
Tel. 095/32 53 44
Fax 095/715 89 39.
Das erste Haus am Platz. Die Zimmer nach vorn sind sehr laut, deshalb Zimmer zum Innenhof verlangen. Ausgezeichnete Küche.

*** Moderno
Via Alessi 9
Tel. 095/32 62 50
Fax 095/32 66 74.
Zentral gelegen, mit schöner Dachterrasse. Ruhiges Ambiente.

** Savona
Via Vittorio Emanuele 210
Tel. 095/32 69 82
Fax 095/715 81 69.
Frisch renoviert, zum Teil mit antiken Möbeln. Nähe Dom. Zimmer nach hinten verlangen.

** Hotel Centrale Europa
Via Vittorio Emanuele II. 167
Tel./Fax 095/31 13 09.
Blitzsauberes kleines Hotel in der Nähe des Doms. Das Bad befindet sich auf dem Flur.

** Pensione Gresi
Via Pacini 28
Tel./Fax 095/322 27 09.
Im dritten Stock eines schönen alten Stadthauses. Die Balkonzimmer mit Blick auf den Ätna sind leider laut – deshalb ein Hinterzimmer verlangen.

* Pensione Ferrara
Via Umberto 66
Tel./Fax 095/31 60 00.
Einfache Pension, sehr ordentlich und gepflegt.

Restaurants

Ristorante Costa Azzurra
Via de Cristofaro 4
Tel. 095/49 49 20.
Sehr elegantes Restaurant mit Blick auf den kleinen Hafen in der Bucht

Nachtleben

Disko unter freiem Himmel

Auch wer sich sonst nie ins Nachtleben stürzt, sollte sich die Diskothek „Banacher" nicht entgehen lassen. Wo gibt es in nördlichen Breitengraden schon eine Disko unter freiem Himmel? An Wochenenden tummeln sich bis zu viertausend Nachtschwärmer aus ganz Sizilien auf dem Gelände, und doch hat jeder Platz zum Tanzen auf dem weitläufigen Gelände, das in Terrassen abgestuft ist. Wenn man sich heiß getanzt hat, kann man sich an der endlos langen Bar einen eiskalten Cocktail holen und an einem lauschigen Plätzchen unter riesigen Palmen genießen, oder man kühlt sich im Schwimmbecken ab. Auch ein Restaurant ist angeschlossen. Es muss nicht immer Techno sein: Dienstagnacht leben die Siebziger wieder auf, und am Freitag, wenn die Schlager der Sechziger dran sind, kommt auch die reifere Jugend.

Veranstaltungs-Tipp

Karneval in Acireale

Acireale, 20 km nördlich von Catania, feiert den schönsten Karneval Siziliens. Jedes Jahr drängen sich im Februar Zigtausende von Maskierten in den Straßen der Stadt, um mitzusingen, mitzutanzen und die Festwagen zu sehen. Schon Monate

Pracht aus Pappmaché.

zuvor beginnen die Kunsthandwerker mit den fantasievollen allegorischen Figuren, die meist politische Skandale aufs Korn nehmen. Eine Woche lang ziehen die Wagen nachts durch die Straßen, in den Restaurants gibt es Bälle und Konzerte. Am Aschermittwoch werden die Wagen auseinander genommen. Die Einzelteile werden nicht entsorgt, sondern gegen Bares recycelt: Arme Gemeinden reißen sich darum, sich im nächsten Jahr ihre Wagen daraus zu basteln.

von Ognina. Es ist nicht ganz billig, bietet dafür aber vorzügliche sizilianische Küche.

Pizzeria Ristorante Pierrot
Via A. Sangiuliano 190
Nähe Via Etnea
Tel. 095/715 05 55.
Das empfehlenswerteste Lokal Catanias: Unten moderne Bar und Restaurant in antikem Gewölbe, oben gemütliche Bierstube. Es werden Spezialitäten und Gerichte angeboten, die auf mitteleuropäische Essgewohnheiten eingehen, freundlicher Service, Behindertentoilette. Vernünftige Preise.

Trattoria La Paglia
Via Pardo 23
Tel. 095/34 68 38.
Beim Fischmarkt, gute Fischgerichte, nicht teuer.

La Taverna dei Conti
Via Oberdan 43
Tel. 095/31 29 29.
In der Nähe der Piazza Carlo Alberto. Wer gegen 22 Uhr kommt, kann miterleben, wie Fischer die noch zappelnde Ware liefern. An der Theke über zwanzig verschiedene Vorspeisen.

Trattoria Don Saro
Viale della Libertà 129
Tel. 095/53 98 36.
Schlichtes, gutes Lokal nahe dem Bahnhof, wenig Touristen. Keine Speisekarte, der Wirt berät beim Bestellen. Garantiert kein Nepp.

Cafés

Savia
Via Etnea 302
Tel. 095/32 23 35.
Hier stehen die Catanesen Schlange. Leckere Spezialitäten aus Marzipan, Torrone und Blätterteig und viele Eissorten. Auch Fertiggerichte, die man an den Tischen im ersten Stock essen kann.

Café Caprice
Via Etnea 34
Tel. 095/32 05 55.
Nähe Dom und Universität. Wunderschönes Ambiente, auch kleine Speisen, leider lahmer Service.

Bar Italia
Corso Italia 247
Tel. 095/38 88 07.
Die Bar wirkt fast wie ein Wiener Kaffeehaus: nämlich altmodisch schick. In der Nähe des Lungomare, der Uferstraße.

Gelateria del Duomo
Piazza Duomo 12
Tel. 095/715 05 56.
Riesige Auswahl an köstlichem Speiseeis. Leider keine Sitzplätze, aber man kann sein Eis mitnehmen und auf den Stufen unterhalb des Lava-Elefanten essen.

Nachtleben

Nachtschwärmer besorgen sich das kostenlose Infoblatt „Lapis", das alle zwei Wochen erscheint und in den Hotels und in vielen Läden und Einrichtungen ausliegt.

Taberna Vinara
Via Ventimiglia 126.
Jazzclub mit Live-Konzerten. Jeden Freitag Jam Session.

Banacher
Aci Castello
Via Vampolieri 66.
10 km nach Norden über die SS114 oder mit der Eisenbahn.
Diskothek unter freiem Himmel (siehe Textkasten auf Seite 133).

Einkaufen

Via Manzoni
Parallel zur Via Etnea; von der Piazza Stesicoro in Richtung Hafen. Die ganze Straße, mit ihren zahlreichen Geschäften, ist ein Eldorado für

Catania

Liebhaber von Stoffen, Knöpfen, Spitzen und Litzen.

Binaccessori
Via Spedalieri 20
Tel. 095/53 70 30.
Extravagante Schuhe, handgefertigt nach Maß.

Ricafil
Piazza Bellini 9.
Wertvolle Handarbeiten: Klöppelspitze, Durchbrucharbeiten, Filet.

Pescheria
Piazza Currò.
Fischmarkt, über Treppen an der Südwestecke des Domplatzes zu erreichen. Am spannendsten geht es am frühen Morgen zu.

Piazza Carlo Alberto
Der billige Markt für alles: Obst, Fisch, Kleidung etc.

Strände

Lido di Plaia
Kilometerlanger Sandstrand im Süden, verschiedene Privatstrände von schlicht bis schick. Dass der Hafen nicht weit ist, macht sich an der Wasserqualität bemerkbar.

Santa Maria la Scala
20 km nördlich von Catania.
Über dem Meer liegt der neue Teil des Städtchens. Über Stufen – daher der Name – oder eine Serpentinenstraße kommt man hinunter zum alten Teil der Stadt, einem romantischen Fischerdorf mit kleinem Felsenstrand.

Ausflug

Foce del Simeto
Auf der SS114 12 km nach Süden, auch mit dem AST-Bus zu erreichen. Kurz vor dem Ponte Primasole links Abfahrt zum Haupteingang des Naturschutzgebietes an der Mündung des Simeto. Nach 500 m Parkmöglichkeit. Auf die linke Böschung des Simeto klettern, die im Frühjahr von leuchtenden Blüten bedeckt ist. Oben auf der Krone beginnt ein Wanderweg, dem man bis zum Watt folgen kann. Hier ist die Heimstatt von Graureihern und anderen seltenen Vögeln, die Jagd auf Fische und Meeresfrüchte machen. Besonders nach Stürmen und hoher Flut kann man mit etwas Glück Bernsteinbrocken im Sand finden.
Unbedingt feste Schuhe, Strohhut und ein Fernglas mitnehmen! Das Angeln ist im Naturschutzgebiet verboten.

Information

AAPIT
Largo Paisiello 5
Tel. 095/31 08 88
Fax 095/31 64 07
www.apt-catania.com
Mo – Fr 8 – 14 und 15 – 19, Sa 8 – 14 Uhr
(auch Infos zu Aci Castello, Acireale und Aci Trezza).

Filiale im Flughafengebäude
8.30 – 13.30 und 14.30 – 19.30 Uhr, So geschlossen.

Filiale am Bahnhof
Am ersten Bahnsteig,
8 – 19.30 Uhr, So geschlossen.

Insider News

Bestseller Catania

Das „endgültige" Buch über Catania gibt's vom Verlag Maimone, und zwar auch auf deutsch. Der Band „Führer durch Catania und seine Provinz" ist für 25.000 Lire zu haben.

Jugendstil-Limo

Auf der Piazza Vittorio Emanuele gibt es beim „Chiosco Concetto Vezzosi" ein Getränk gegen den Salzverlust, den man sich beim Schwitzen einhandelt: Selterswasser mit frisch gepresstem Zitronensaft und einer Prise Salz.
Via Etnea 312.

Abseits der Prachtstraßen kaufen die Einheimischen ein.

Antike Weltstadt

Siracusa

Den besten Blick auf das Castello Maniace hat man bei einer Bootstour.

Siracusa war in der Antike so etwas wie ein „Szenetreff" für Künstler, Intellektuelle und Wissenschaftler. Schließlich war die Stadt damals nicht nur Metropole Siziliens, sondern das Zentrum des Mittelmeeres.

Siracusa

Verkehr	Seite 142
Sehenswürdigkeiten	Seite 142
Unterkunft	Seite 145
Cafés	Seite 146
Einkaufen	Seite 146
Strände	Seite 147
Aktivitäten	Seite 147
Ausflüge	Seite 147
Information	Seite 147

Der erste „Rucksacktourist" verlief sich bei einem Ausflug ins Hinterland im Sumpf. Verdreckt und durchnässt kam er zurück nach **Siracusa** ✪✪✪, gerade noch rechtzeitig, bevor die Tore der Stadt geschlossen wurden. Seinen edlen Gastgeber, den Ritter Landolina, scheinen jedoch weder das saloppe Äußere noch die radikaldemokratischen Spöttereien des Gastes aus dem fernen Sachsen gestört zu haben. Während der ganzen Zeit, die **Johann Seume** im Jahr 1802 in Siracusa verbrachte, wurde er von dem gastfreundlichen Landolina unermüdlich von einer Sehenswürdigkeit zur anderen geschleppt.

Damals waren Touristen, gleichgültig ob sie mit der Kutsche oder wie Seume auf einem Mietesel ankamen, eine Seltenheit, und in dem Provinzort war dem gebildeten Ritter ein Gespräch mit dem fremden Schriftsteller sicher eine willkommene Abwechslung. Alte Stiche in der Regionalgalerie zeigen Siracusa als Fischernest auf der Insel Ortigia.

Der Ruch des Provinziellen haftet Siracusa noch heute an. „La provincia babba" nennen es die Catanesen – Provinz der naiven Landeier. Dabei war Siracusa einst die größte Stadt des griechischen Kulturkreises.

Alles begann im Jahr 734 v. Chr., als Griechen aus Korinth landeten und die Sikuler aus der Stadt Suraka – Land der Gewässer – vertrieben, um selbst hier zu siedeln. Ihre erste Heimstätte auf Ortigia platzte hundert Jahre später schon aus allen Nähten, die Stadt dehnte sich aufs Festland aus, man baute riesige Marktplätze, Tempel und Theater. Das heißt, man baute natürlich nicht selbst, man ließ bauen, und zwar von Sklaven, ehemaligen Kriegsgefangenen aus Schlachten mit den phönizischen Erbfeinden, mit den Ureinwohnern und nicht zuletzt mit den griechischen Rivalenstädten im Mutterland und auf Sizilien. Im 5. Jahrhundert v. Chr. lebten nach antiken Schätzungen 500.000 Siracusaner auf einer Fläche von 200 Hektar.

Man hatte Athen, das damals nicht halb so viel Einwohner hatte, bald den Rang abgelaufen, politisch und kulturell. Natürlich ist die Geschichte der Ausdehnung auch eine Geschichte von Macht und Gewalt. Im 4. Jahrhundert v. Chr. weitete der Tyrann Dionysios I. von Siracusa in mehreren Kriegen seinen Einfluss auf fast ganz Si-

Hinter dem obersten Rang des Theaters soll Archimedes begraben sein.

zilien aus. Wahrscheinlich war das die Epoche, in der die Griechen am dichtesten daran waren, hier auf Sizilien zu einer politischen Einheit zu werden.

Die Tyrannendynastie machte sich aber bei den eigenen Bürgern unbeliebt. Dionysios zögerte zum Beispiel nicht, einen allseits verehrten illustren Gast seines Hofes, den Philosophen Platon, in die Sklaverei zu verkaufen, als er ihm allzu eindringlich Reformen nahe legte. Des Diktators Sohn, Dionysios II., trieb es dann so toll, dass es den Bürgern zu bunt wurde – schließlich gehörten sie dem Volk an, das die abendländische Demokratie erfunden hatte. Weil man sich die Revolution allein nicht zutraute, holte die Bürgerschaft im Jahr 344 v. Chr. aus der Mutterstadt Korinth den Polit-Profi Timoleon, der wieder für demokratische Ordnung sorgte. Dass der Reformer nicht aus den eigenen Reihen stammte, hing wohl damit zusammen, dass man ein noch unbeschriebenes Blatt suchte, einen Mann, der noch nicht ins Geflecht der Beziehungen in der Stadt verstrickt war.

Siziliens Fischer fangen rund 20 % der gesamten Fangquote Italiens.

Am Ende des 3. Jahrhunderts v. Chr. ereignete sich die Katastrophe, von der sich Siracusa nie wieder erholen sollte. Es geschah im Jahr 212, als die aufstrebende römische Weltmacht Sizilien längst zu ihrer Provinz erklärt hatte. Einen Schönheitsfehler hatte die Einverleibung allerdings noch: Siracusa war reich, mächtig – und immer noch unabhängig. Zwar hatte Rom ein Bündnisabkommen mit Siracusa, aber das brach man einfach. Nach erbitterter Belagerung, die vor allem von den genialen Kriegsmaschinen des **Archimedes** in die Länge gezogen wurde, war es 212 v. Chr. so weit: Rom marschierte in

Highlights

Höhlengräber von Pantalica ✪✪
5000 Gräber aus der Zeit vom 13. Jh. – 8. Jh. v. Chr. (siehe S. 147).

Valle dell'Anapò ✪
Kühles Naturschutzgebiet, in dem auch die Nekropole von Pantalica liegt (siehe S. 147).

Museo Archeologico Regionale
Hohe Kunst und unterhaltsame Ausflüge in die Vergangenheit (siehe S. 142).

Palazzo Belluomo
Palast mit schönem Museum. Wer den Film „Caravaggio" von Jarman gesehen hat, muss hin (siehe S. 142).

Santa Maria delle Colonne
Ein Mariendom auf den Fundamenten des Athene-Tempels (siehe S. 143).

Catacombe di San Giovanni
Labyrinthische Nekropole (siehe S. 144).

Teatro Greco
In Stein gehauenes Theater für eine Weltstadt (siehe S. 145).

Steinbrüche
Früher Strafkolonien, heute Schatten spendende Anlagen (siehe S. 145).

Siracusa

Siracusa ein, und Archimedes wurde von einem Soldaten erschlagen, der bestimmt nicht wusste, wen er da umbrachte und dass sich Rom sehr gern des genialen Konstrukteurs bedient hätte. Er hatte entdeckt, dass man das spezifische Gewicht eines Körpers nach der Wasserverdrängung berechnen kann, er erfand die Schraube zur Förderung von Wasser und den Brennspiegel, und er führte die Zahl „π" zur Kreisberechnung in die Geometrie ein.

Etwa 150 Jahre später folgte das nächste Unglück: Die Römer setzten einen Statthalter namens **Verres** ein, der ein kunstsinniger Mann war und die haushoch überlegene griechische Kultur überaus schätzte. Ja, er liebte sie so sehr, dass er die unermesslichen Kunstschätze gleich einsammeln und nach Rom bringen ließ. Dort verschwanden die Preziosen im Haus des Verres und bei seinen Freunden. Aber die Siracusaner gaben nicht auf und nahmen sich den besten Anwalt Roms, einen, der wegen seiner Unbestechlichkeit berühmt war: Cicero. Der verklagte Verres auf Herausgabe. Die von Cicero später in Buchform herausgegebenen Plädoyers gingen in die Geschichte als die „Repetunden-Prozesse" ein. („Repetunden" heißen Dinge, die man zurückverlangt.) Leider schweigt die Geschichte darüber, ob Cicero den Siracusanern ihr Recht erstreiten konnte. Auch über den Verbleib der Schätze ist nichts bekannt.

Der älteste Teil der Stadt ist die Insel **Ortigia**, die über zwei Brücken mit dem Festland verbunden ist. Hier standen mächtige Tempel, und einer davon ist noch heute zu sehen. Nur wird in ihm nicht mehr die Jungfrau Athene, sondern die Jungfrau Maria verehrt. Die Seitenwände des **Duomo Santa Maria delle Colonne** füllen einfach nur die Zwischenräume der antiken Säulen. Die jüngsten Ausgrabungen auf dem Domplatz haben Reste eines weiteren Tempels zutage gefördert. Da der Domplatz aber ein Familien- und Touristentreff ist, hat man die Ausgrabungen wieder zugedeckt, wie es auch die reine Lehre der modernen Archäologie fordert.

Die Archäologen haben zudem ein System von Gängen und Höhlen entdeckt, das sich unter ganz Ortigia erstreckt – für Touristen ist es aber nicht zugänglich. Unter

Siracusa

1 Catacombe di Vigna Cassia
2 Villa Landolina
3 Cappella del Sepolcro
4 Sacrario ai Caduti
5 San Giovanni Battista
6 Santa Maria dei Miracoli
7 San Tommaso
8 Chiesa del Collegio
9 Palazzo Montalto
10 San Francesco
11 Palazzo Beneventano

dem ehemaligen Ghetto, genannt **Giudecca**, fand man die Fundamente eines mittelalterlichen hebräischen Bades.

Ortigia ist akut vom Verfall bedroht. Vor allem abseits der Hauptstraßen **Via Roma** und **Via Cavour** stehen viele der schönsten Häuser und Paläste leer. Immer mehr Bürger ziehen aufs Festland in trockene Wohnungen mit modernem Komfort. So wird allmählich wieder jenes Areal bebaut, das in der Antike schon einmal zum Stadtgebiet gehörte. Auf Ortigia müssen die Häuser von Grund auf saniert werden, auch Wasser- und Stromleitungen sowie moderne sanitäre Einrichtungen fehlen. Leben auf Ortigia bedeutet zudem einen ständigen Kampf gegen die feuchte Meeresluft, die unerbittlich die barocken Fassaden zerfrisst – und die alten Knochen. Hier leiden so ziemlich alle früher oder später an Arthrose. Aber wer auf Ortigia wohnt, tut dies aus Überzeugung. Es ist fast so etwas wie ein Adelsprädikat, wenn man sagen kann, dass man Teil der Altstadtszene ist.

Das Wahrzeichen der Altstadt ist die **Fonte Aretusa** direkt an der Uferpromenade. An der Stelle wurde bereits in vorgeschichtlicher Zeit eine weibliche Gottheit verehrt. Früher einmal rauschte hier ein mächtiger Wasserstrahl in ein natürliches Becken, das ins Meer überlief. Die eingewanderten Griechen wollten in der Quellnymphe Arethusa eine Schicksalsgenossin erkannt haben. Wie sie aus der alten Heimat stammend, wurde sie vom Flussgott Alpheus in die Neue Welt Siziliens verfolgt, wo er schließlich auf Ortigia sein Ziel mit Gewalt erreichte. Die Siracusaner nehmen ihm seine Brutalität aber nicht weiter übel. Nach dem Täter wie dem Opfer ist jeweils ein Abschnitt der Uferpromenade benannt. Heute ist die Quelle ein von einer Mauer halbseitig umfasster Ententeich mit dicken Goldfischen, in dessen Mitte ein Papyrusdschungel wächst. Wie das Gras nach Sizilien gekommen ist, darüber streiten sich die Gelehrten.

An der Quelle der Arethusa verteilt der Bürgermeister von Siracusa an Allerseelen Geschenke an die Waisenkinder. Aber nicht nur die werden bedacht, auch in den Familien gibt es eine kleine Bescherung für die Kinder. Es ist das Geschenk der Toten für die Lebenden und der letzte Nachhall eines heidnischen Kultes, in dem die Erdmutter die Toten aufnahm und neues Leben spendete. Außerdem hatte früher jeder Laden während der Tage um Allerseelen kleine Geschenkkörbe mit Obst und Süßigkeiten in der Auslage. In den letzten Jahren wurde die Tradition wieder aufgegriffen, im Rahmen einer Kampagne, Ortigia von Neuem mit Leben zu erfüllen.

Christianisierter Tempel: S. Maria d. Colonne.

In den Katakomben von San Giovanni soll schon Paulus gepredigt haben.

Siracusa

Persönlichkeiten

Ein Sachse in Syrakus

Erwartungsvoll war der Leipziger **Johann Gottfried Seume** nach Siracusa gereist. Umso mehr enttäuschte ihn der Zustand der einstigen antiken Metropole. „Es war mir eine sehr melancholische Viertelstunde, als ich mit Landolina oben auf der Felsenspitze von Euryalos saß, der würdige patriotisch eifernde Mann über das große traurige Feld seiner Vaterstadt hinblickte, das kaum noch Trümmer war, und sagte: Das waren wir! und mit einem Blick hinunter auf das kleine Häufchen Häuser: Das sind wir!" „Der Hafen ist leer … Wenn man ein Fort auf Plemnyrium und eines auf Ortygia hat, so kann keine Felucke heraus und hinein. Jetzt kreuzen die Korsaren bis vor die Kanonen. Als im vorigen Kriege die Franzosen Miene machten sich der Insel zu bemächtigen, war hier schon alles entschlossen sich recht tapfer zu ergeben … Der Gouverneur, um ja außer Stande zu sein, schnell zu handeln, lässt alle Kaliber der Kugeln durcheinanderwerfen und die Munition in Unordnung bringen."

Verkehr

Ein Zug fährt von Messina aus die Ostküste entlang bis nach Siracusa. Der Bahnhof der Stadt liegt auf dem Festland im Viale Ermocrito. 1,5 Std. braucht der Interbus vom Flughafen Catania nach Siracusa.

Von Juni bis September verkehren Katamarane von Siracusa nach Malta, Information über:
Agenzia Boccadifuoco
Tel. 0931/47 38 66.

Der Busbahnhof von Siracusa liegt auf Ortigia, an der Piazza delle Poste vor dem Ponte Nuovo. Von hier fahren Busse zum Strand von Fontane Bianche. Von dort verkehren auch die orangefarbenen Stadtbusse (sonntags umsonst) und die blauen Regionalbusse. Die Angestellten der AST (Busunternehmen) helfen gern, ihr Büro ist von 5.30 – 20 Uhr, am Sonntag bis 13 Uhr geöffnet.

Ein günstig gelegener Taxistand ist auf dem Largo XXV Luglio gegenüber dem Apollo-Tempel. Die Taxifahrer sind hier in der Regel hilfsbereit und verlangen reelle Preise. Autofahrer finden, wenn sie bereit sind, auch mal einige Minuten zu laufen, meistens einen Parkplatz. Auf Ortigia parkt man am besten auf dem Parkplatz neben der Post. Vor dem Eingang zum Ausgrabungsgelände auf dem Festland gibt es einen bewachten Parkplatz.

Man sollte die Anreise so planen, dass man nicht am Sonntag oder Montag ankommt, denn viele Einrichtungen und Restaurants sind an diesen Tagen geschlossen.

Sehenswürdigkeiten

Museo Archeologico Regionale Paolo Orsi
Viale Teocrito 66/
Ecke Via Augusto von Platen
Tel. 0931/46 40 22.
Eines der reichhaltigsten archäologischen Museen Italiens in einem funktionalen Neubau, gestaltet nach den neuesten Erkenntnissen der Museumspädagogik. Audiovisuelle Vorträge und Computer-Animationen machen den Besuch zum Erlebnis. Neben den herausragenden antiken Exponaten – hier steht die berühmte Venus Landolina – wird auch die Paläontologie Siziliens gezeigt: Hier gab es Elefanten so groß wie Bernhardiner und Hirsche, die so groß wie Dackel waren.
Di – Sa und jeden ersten und dritten Sonntag im Monat 9 – 14 (ab 13 Uhr kein Einlass mehr) und – je nach Saison – 15.30 – 18 Uhr.
Audiovisueller Vortrag 10 – 12 Uhr.
Eintritt: 6000 Lire.

Palazzo Belluomo
Via Capodieci 16
Tel. 0931/695 11.
Der Palast stammt aus dem 13. Jh. und wurde im 15. Jh. erweitert. In seinen Mauern ist die Galleria Regionale untergebracht. Zwei Gemälde des Museums sind besonders sehenswert: die „Grablegung der Heiligen Lucia", der Stadtheiligen von Siracusa, von Caravaggio und eine Verkündigung von Antonello da Messina.
Mo – Sa 9 – 14, So 9 – 12.30 Uhr, Einlass bis 1 Std. vor Schließung.
Eintritt: 2500 Lire.

Castello Maniace
Südspitze von Ortigia.
Der byzantinische Feldherr Maniakes legte im Jahr 1038 den Grundstein zu dieser Festung. Kaiser Friedrich II. baute sie 1239 noch aus. Sie wird immer noch militärisch genutzt und ist daher nur von außen zu besichtigen, es sei denn, die Associazone Guide Sirako organisiert eine Führung.
Information:
Tel 0931/212 99 (15 – 20 Uhr).

Fonte Aretusa
Ecke Via Capodieci/Lungomare von Ortigia.
Die geheimnisvolle Quelle der Nym-

Siracusa

Einst mächtig, heute ein verträumter Ententeich: die Fonte Aretusa.

phe Arethusa ist heute der Treffpunkt der Jugendlichen aus Siracusa und Umgebung, die hier bis tief in die Nacht beieinander stehen. Die ursprüngliche Wildheit der Quelle ist mittlerweile durch ein steinernes Becken gebändigt. Zwischen Papyrusstauden tummeln sich Enten.

Duomo Santa Maria delle Colonne
Piazza Duomo, Ortigia.
Ehemaliger Tempel der Athene, gebaut zur Feier des Sieges über die Karthager in der Schlacht von Himera 430 v. Chr. Die Säulen des Tempels sind noch zu sehen, daher der Name „delle Colonne". Im 7. Jh. n. Chr. wurde eine Marienkirche daraus, indem man an die Stelle des alten Eingangs den Altarraum setzte, die Säulen mit Mauern verband und in den Wänden der Innenhalle Arkaden durchbrach. Nach dem Erdbeben von 1693 wurde die üppige barocke Fassade vorgebaut. 1927 befahl der vom Faschismus geprägte Zeitgeist die Rückbesinnung auf das antike Erbe, und die alte Struktur wurde teilweise wieder freigelegt. Unbedingt ansehen: das Taufbecken, Standbilder aus der Schule der Gagini im linken Seitenschiff und ein wahrscheinlich von Antonello da Messina stammendes Gemälde des San Zosimo in der Kruzifixkapelle.
Tgl. 8 – 12.30 und 16.30 – 18 Uhr.

Palazzo Municipio
Piazza Duomo/Ecke Via Cavour.
Eindrucksvolles Rathaus aus dem 17. Jh., das von früherem Reichtum kündet. Eine Kuriosität ist über dem Eingang der Doppeladler der Habsburger, die Anfang des 18. Jh. hier für kurze Zeit das Sagen hatten. Der Palazzo ist nur während der Dienstzeit der darin untergebrachten Behörde geöffnet: Mo – Fr 9 – 13 Uhr.

Palazzo Beneventano
Gegenüber dem Rathaus.

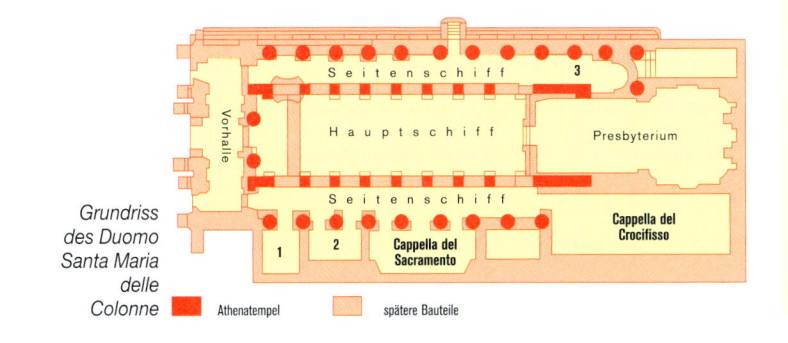

Grundriss des Duomo Santa Maria delle Colonne
Athenatempel — spätere Bauteile

Restaurant-Tipps

Trattoria Paolina
Via Francesco Crispi/Ecke Piazza Marconi. Sehr schlicht und günstig, mit solider Hausmannskost und gutem offenem Weißwein. Nette Wirtin.

Il Cenacolo
Via del Consigio Regionale Corte degli Avolio 9 – 10 Tel. 0931/650 99. Auf Ortigia. Die gute Küche lässt sich im angenehmen Hof genießen. Abends kommt auch Pizza auf den Tisch.

Archimede
Via Gemellaro 8 Tel. 0931/697 01. Auf Ortigia. Ausgezeichnete Spezialitäten. Vor allem die Fischsuppe ist ein Gedicht.

Al Ficodindia
Via C.M. Arezzo 7 – 9 Tel. 0931/661 27. In zwei alten Gewölbesälen auf Ortigia. Drei günstige und gute Menüs zur Auswahl.

Pizzeria Nonna Margherita
Via Cavour 12. Kleines Lokal auf Ortigia, sehr gute Pizza.

Siracusa

Architektur

La Madonnina

Am 29.8.1953 um 8.30 Uhr geschah das Wunder: Das Ehepaar Giusto machte sich gerade auf den Weg zur Arbeit. Ein Abschiedsblick auf die Madonnenstatuette über dem Bett – und siehe da: Aus den Augen der Gipsfigur flossen Tränen! Binnen weniger Tage wurde das Stadtviertel zum Ziel von Wallfahrern aus ganz Süditalien. Vor der Figur genasen unheilbar Kranke, Gelähmte erhoben sich aus ihren Rollstühlen. Nach einer Prüfung durch die katholische Kirche wurde noch im selben Jahr das Ereignis als echtes Wunders anerkannt. 1966 errichtete man gegenüber dem Archäologischen Museum das **Santuario della Madonnina delle Lacrime**. Gegen jeglichen guten Geschmack wurde das 90 m hohe Gebäude hochgezogen und 1994 vom Papst geweiht. Schon von weitem sieht man heute den gigantischen Regenschirm aus Beton, der den Mantel der Muttergottes darstellen soll.

Interessantes Stilgemisch aus dem 15. und 18. Jh. Schon der Durchblick zum Innenhof ist eine Augenweide.

Piazza Archimede
Im Zentrum von Ortigia.
Der Platz wird von Palästen aus dem 14. und 15. Jh. gesäumt. In seiner Mitte befindet sich der Artemis-Brunnen von Giulio Moschetti. Im Westen erhebt sich der Palazzo dell'Orologio (15. Jh.), südlich der Palazzo Gargallo (18. Jh.), südöstlich der Palazzo Lanza-Bucceri (15. Jh.) und im Norden der Palazzo del Banco di Sicilia (1928).

Apollo-Tempel
Largo XXV Luglio, in der Nähe der Ponte Nuovo.
Der Tempel stammt aus dem 6. Jh. v. Chr. und war dem Geschwisterpaar Apollo und Artemis geweiht. Er teilte das Schicksal vieler antiker Tempel: byzantinische Kirche – Moschee – Normannenkirche, die Spanier bauten ihn dann zur Kaserne um. Ganz freigelegt wurden die Fundamente erst im 20. Jh. Die tief liegende Anlage ist eingezäunt und von außen einzusehen.

San Giovanni
Die Kirche ist Zeugnis für die erfolgreiche Missionarstätigkeit des Apostels Paulus, der in Siracusa die erste Christengemeinde gegründet oder zumindest hier gepredigt haben soll. Eine andere Überlieferung besagt, die Kirche sei von San Marziano gegründet worden. Jedenfalls fanden die Byzantiner hier schon eine Kirche vor, die sie im 6. Jh. erweiterten. Die Araber sollen sie zerstört haben. Natürlich haben die Normannen sie wieder aufgebaut. Seit dem schweren Erdbeben ist nur noch die Fassade aus dem 14. Jh. erhalten.

Krypta San Marziano
Zugänglich von San Giovanni.
San Marziano gründete im Jahr 44 die erste christliche Gemeinde von Siracusa. Die Krypta soll über dem Ort seines Martyriums errichtet worden sein. Allerdings finden sich auch Reste einer unterirdischen römischen Anlage.

Catacombe di San Giovanni
Zugänglich von San Giovanni.
Die Katakomben sind so weitläufig und verzweigt, dass man sie nicht ohne Führer besichtigen sollte.
Tgl. außer Mi 9 – 12.30 und 14.30 – 16.30 Uhr; manchmal beschließt der

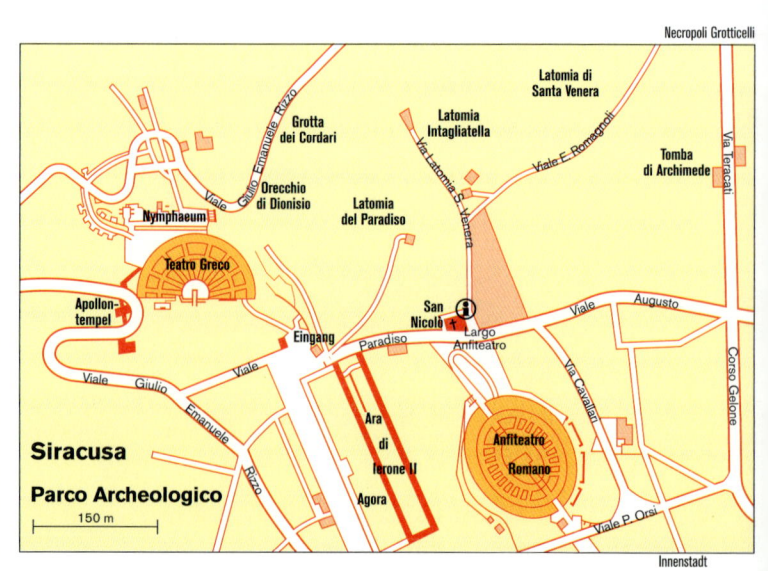

Siracusa – Parco Archeologico (150 m)

Siracusa

Wärter aber, nachmittags lieber zu Hause zu bleiben.
Eintritt für die gesamte Anlage: 2500 Lire.

Parco Archeologico
Zu erreichen über Corso Gelone – Via Augusto.
Der Park ist eine weitläufige Anlage mit mehreren Zonen, an jeder muss man die Eintrittskarte wieder vorzeigen. Folgende Highlights sind besonders sehenswert:

Anfiteatro Romano
Riesige, z. T. aus dem Felsgrund gehauene Anlage für Brot und Spiele mit komplett erhaltenen Versorgungstunnels. Die Arena konnte für „Seeschlachten" unter Wasser gesetzt werden. Wird heute für Konzerte genutzt.

Ara di Ierone II.
Die ursprünglichen Ausmaße des Altars Hierons II. waren 198 m mal 23 m. Angeblich wurden dort bei religiösen Zeremonien 450 Stiere auf einmal geschlachtet.

Teatro Greco
Ebenfalls aus dem Stein geschlagen. Das Theater bot Platz für 15.000 Zuschauer, darunter die griechischen Größen Platon, Pindar und Sappho. Die Autoren Euripides und Aischylos inszenierten hier ihre Uraufführungen. Alle geraden Jahre finden hier von Anfang Mai bis Anfang Juni ausgezeichnete Aufführungen klassischer griechischer Tragödien statt.

Steinbrüche
Von hier stammte das Material für die fieberhafte Bautätigkeit im antiken Siracusa. Wer zur Arbeit in den Latomien verurteilt war, musste buchstäblich bei lebendigem Leibe verfaulen. Die Sklaven wurden an Stricken in die Gruben hinabgelassen und auch von oben versorgt. Tagsüber brannte die Sonne, nachts war es dagegen feucht und kalt. Heute spenden Parkanlagen in den Steinbrüchen wohltuenden Schatten.
Am berühmtesten ist das „Ohr des Dionysios", eine Höhle, die wie ein Wolfsohr geformt ist. An einer bestimmten Stelle verstärkt die besondere Akustik leises Flüstern zu dumpfen Schreien.
Tgl. 9 – 1 Std. vor Sonnenuntergang.
Eintritt: 3000 Lire.

Unterkunft

**** Grand Hotel
Viale Mazzini 12
Tel. 0931/46 46 00
Fax 0931/46 46 11.
Absolutes Luxushotel auf Ortigia mit Blick auf die Bucht. Der wunderschöne Bau stand lange leer und ist aufwendig restauriert worden. Auch wer sich das Zimmer nicht leisten kann, sollte sich zumindest an der Bar einen Cocktail gönnen.

*** Bellavista
Via Diodoro Siculo 4
Tel. 0931/41 13 55
Fax 0931/379 27.
Weit im Norden, also nur mit Auto erreichbar, in langweiliger Umgebung gelegen. Der Vorteil des modernen Hauses ist die ruhige Lage.

** Scala Greca
Via Avola 7
Tel. 0931/75 39 22
Fax 0931/75 37 78.
Ebenfalls im Norden. Ruhige, saubere Zimmer. Mit dem Stadtbus erreicht man relativ schnell die Innenstadt.

** Hotel Aretusa
Via Francesco Crispi 75
Tel./Fax 0931/242 11.
Etwas älteres, manchmal auch etwas ungepflegtes Hotel in Bahnhofsnähe. Freundlicher Service.

** Domus Mariä
Via Veneto 76
Tel. 0931/248 58.

Insider News

Billiger Jakob
An Allerseelen und an Santa Lucia am 13. Dezember findet auf Ortigia auf dem Largo XXV Luglio abends ein Jahrmarkt statt. Wer einmal Marktschreier mit wahrhaft kabarettistischen Fähigkeiten erleben will, sollte dabei sein.

Ortigia by night
Vom Jachthafen in der Nähe der Porta Marina auf Ortigia verkehrt ein Ausflugsboot, das nachts die Insel umrundet. Die beleuchtete Uferpromenade ist sehenswert, das Castello Maniace ebenfalls. Und weiter draußen dümpeln die Boote der Tintenfischangler mit ihren Lampen. Kostenpunkt: etwa 8000 Lire; die Tour beginnt, sobald genügend Passagiere an Bord sind.

Kulturfestivals
In unregelmäßigen Abständen und mit mehr oder weniger großem Aufwand finden jeden Sommer in Siracusa erstklassige Jazzkonzerte, Ballette und Theateraufführungen statt. Am besten gleich bei Ankunft im Fremdenverkehrsbüro nachfragen.

Sehr schönes Haus in einem Kloster. Von der Terrasse hat man einen guten Blick aufs Meer.

* Gran Bretagna
Via Savoia 21
Tel. 0931/687 65.
Malerisches Haus für Altstadtfreaks, denen der Lärm der Nachtschwärmer auf Ortigia nichts ausmacht. Im dazugehörigen Restaurant gute Küche, was man leider manchmal bis ins Zimmer riecht.

Agriturismo
Bei AAPIT gibt es ein Liste „Ospitalità Verde" mit ökologisch orientierten Unterkünften außerhalb der Stadt.

Cafés

Bar Mokambo
Viale Teocrito/Ecke Via San Sebastiano.
Nicht nur gutes Gebäck, sondern auch eine reiche Auswahl an herzhaften Imbissen. Nach einem Besuch des Archäologischen Museums eine ideale Anlaufstelle.

Nuovo Café Centrale
Piazza Archimede 22.
Ortigia.
Gutes Eis und Gebäck und auch herzhafte Kleinigkeiten. Der Blick auf den Brunnen muss allerdings mitbezahlt werden.

Café Minerva
Via Minerva, hinter dem Dom.
Ortigia.
Reiche Auswahl an Marzipangebäck. Auch eine gute Adresse fürs Frühstück.

Einkaufen

Souvenirs
Auf Ortigia gibt es schöne Andenken: kleine Nachbildungen antiker Theatermasken und Tempelverzierungen sowie Keramik im klassischen Stil. Am besten geht man die Via Cavour, die westliche Parallelstraße zum Cor-

„Grand Hotel", Ortigia.

Im Fokus

Who is Who im alten Siracusa

Sappho
615 – 570 v. Chr.
Bedeutendste Lyrikerin der griechischen Antike. Musste nach dem Putsch eines Tyrannen zeitweilig von Lesbos nach Siracusa emigrieren. In ihrem Internat erzog sie adlige Mädchen in den schönen Künsten.

Epikarm
524 – 435 v. Chr.
Wichtigster Theaterautor der dorischen Komödie.

Pindar
522 – 466 v. Chr.
Wichtigster Dichter griechischer Hymnen, lebte zeitweilig am Hof von Siracusa.

Aischylos
525 – 456 v. Chr.
Der erste durch sein Werk bekannte Theaterautor der Weltliteratur lebte einige Jahre am Hof Hierons I. von Siracusa. Bis heute ein Dauerbrenner: „Die Perser".

Platon
427 – 347 v. Chr.
Philosoph und Begründer einer bis heute wirkenden Denkschule. Er kam über seine Freundschaft zu einem Schwager Dionysius' I. an dessen Hof, fiel wegen seiner intellektuellen Unabhängigkeit in Ungnade und wurde in die Sklaverei verkauft. Ein reicher Stu-
dent löste ihn wieder aus. In späteren Jahren wiederholt in Siracusa tätig.

Archimedes
287 – 212 v. Chr.
Größter Physiker und Mathematiker der Antike, kehrte nach seinem Studium in Alexandria nach Siracusa zurück. Mit Infinitesimal- und Integralrechnung und Bestimmung des Wertes von „π" gelangen ihm Berechnungen von komplizierten Flächen. Als Physiker bewies er das Hebelgesetz, entdeckte das nach ihm benannte Prinzip des Auftriebs und entwickelte die Schraube zur Wasserförderung.

Siracusa

so Matteotti, entlang. Dort findet man mehrere gute Geschäfte.
Nach antiken Vorlagen gefertigten Schmuck erhält man bei:
Massimo e Carlo Izzo
Via Roma 30 (Ortigia).

Markt
Piazza C. Battista
Ortigia.
Von Mo – Sa sehenswerter Fisch- und Gemüsemarkt. Am besten frühmorgens hingehen.

Strände

Fontane Bianche
20 km südlich von Siracusa gelegener schicker Badeort mit Sandstrand. Wer hier badet, sollte allerdings bedenken, dass 70 km weiter im Norden die Industriestadt Augusta die Abwässer der Chemiefabriken ins Meer pumpt.

Lido Sayonara
Ein eleganter Privatstrand in Fontane Bianche. Der Eintritt wird nur gegen Bezahlung gewährt.

Aktivitäten

Wassersport
Windsurfen, Kanu, Wasserski mit Fallschirm – diesen und weiteren Vergnügungen kann man an den oben erwähnten Stränden nachgehen.

Wandern
Im Tal des Anapò (siehe auch unter „Ausflüge") kann man herrlich wandern. Gleich hinter einer Brücke am Südeingang zum Naturschutzgebiet beginnt der Wanderweg. Vom Parkplatz pendeln Busse der Verwaltung kostenlos den Weg zwischen Nord- und Südeingang. Die Strecke ist etwa 25 km lang und führt am Fluss entlang, ist also nicht allzu anstrengend (man kann aber auch ein Stück mitfahren und sich unterwegs absetzen lassen).
Die Verwaltung empfiehlt, für schwierigere Touren abseits der Hauptroute, z. B. zur sikulischen Königsburg Anaktoron oder zur Fledermausgrotte, einen Führer des italienischen Alpenvereins anzuheuern. Einige Strecken sind nur mit Seil und Haken zu bewältigen.
Club Alpino Italiano (CAI)
Via Po 10
Tel. 0931/647 51.
Informationen und Wanderkarten erhält man beim Fremdenverkehrsbüro Siracusa oder am Eingang zum Park.

Ausflüge

Valle dell'Anapò ✪ und die Höhlengräber von Pantalica ✪✪
25 km westlich von Siracusa.
Anfahrt über die SS124 in Richtung Palazzolo Acreide, 14 km hinter Solarino nach rechts abbiegen Richtung Cassaro/Ferla, weiter bis zur Brücke über den Anapò.
Das immergrüne Naturschutzgebiet im Tal des Anapò ist allein einen Ausflug wert. Das Gebiet ist eine Oase, wenn man es in Siracusa vor Hitze nicht aushält.
Darüber hinaus liegt hier aber auch die Nekropole von Pantalica. Beiderseits des oben erwähnten Wanderweges liegen die berühmten Felshöhlen. Es ist mit 5000 Grotten die größte Gräberstadt der Vorgeschichte. Die Ältesten stammen aus der Zeit des 13. – 11. Jh. v. Chr.

Information

AAPIT
Via San Sebastiano 43 – 45
Tel. 0931/677 10.
Tgl. in der Saison Mo – Sa 8.30 – 19, sonst Di – Sa 8.30 – 14 und 16 – 19.30 Uhr.

AAST
Via Maestranza 33
Ortigia
Tel. 0931/46 42 56.
Tgl. in der Saison Mo – Sa, sonst Di – Fr 8 – 14 und 16.30 – 19.30 Uhr.

Ausflugs-Tipps

Bootsfahrt auf dem Ciane
2 km südöstlich von Siracusa.
An der Quelle des **Ciane** liegen die berühmten Papyrusdschungel, die man mit dem Boot erkunden kann. Die Touren organisiert:
Sig. Vella
0931/690 76.
Einzelreisende werden in Gruppen integriert.

Castello Eurialo
8 km westlich von Siracusa.
Beeindruckende griechische Befestigungsanlage aus dem 5. Jh. v. Chr.
Tgl. 9 – 17 Uhr, im Sommer zwei Stunden länger.

Palazzolo Acreide
35 km westlich von Siracusa an der SS124.
Hübsche Bergstadt mit eindrucksvollen Barockkirchen, im Hochsommer wegen der frischen Luft ein schöner Ausflug. Der Ort ist über dem antiken **Akrai** errichtet, von dem oberhalb der Stadt noch Reste zu sehen sind, unter anderem ein kleines Theater. Im Fremdenverkehrsbüro von Siracusa erfährt man, ob dort die Ballettfestivals wieder aufgenommen worden sind.

Bröckelnde barocke Schätze

Der Südosten

Prächtiger Aufgang zum Duomo di San Pietro in Modica.

Noto, Modica und Ragusa gelten als Siziliens Barockviertel. Doch Erdbeben und jahrelange Vernachlässigung setzten der Pracht zu. Erst allmählich widmet man sich der Erhaltung der Kunstschätze.

Der Südosten

Noto	Seite 153
Sehenswürdigkeiten	Seite 153
Unterkunft	Seite 154
Modica	Seite 155
Sehenswürdigkeiten	Seite 155
Unterkunft	Seite 156
Ragusa	Seite 157
Sehenswürdigkeiten	Seite 158
Unterkunft	Seite 158

Im Zeitraffertempo ist **Noto** ✪✪ alt geworden. Wieder gegründet im Jahr 1693, scheint die Stadt dreihundert Jahre später schon wieder zu sterben – ein Theaterstück, das nach einer gloriosen Uraufführung ein paar Spielzeiten lang im Repertoire war. Jetzt sind die Kulissen jedoch morsch, die Schauspieler haben das Stück satt – vielleicht macht, ähnlich wie bei Venedig, gerade das Wissen, dass bald der Vorhang für immer fallen könnte, die besondere Attraktion des Stückes aus.

Unter dem Namen Neas (daher nennen sich die Bewohner Netini) Sitz des sikulischen Fürsten Duketios, erobert von den Siracusanern, von den Arabern durch Landwirtschaft und Industrie reich gemacht, jahrhundertelang Provinzhauptstadt, war das alte Noto eine Stadt wie viele andere in Sizilien. Dann legte das Erdbeben von 1693 die Stadt in Trümmer. Die Überlebenden wurden durch Seuchen dezimiert, wer konnte, zog aufs Land.

Doch die spanischen Herrscher, die reichen Adelsfamilien und die Kirche gaben nicht auf. An einem steilen Hang sollte Noto wieder auferstehen, schöner als zuvor. Für die damaligen Bewohner hätte es zynisch geklungen, aber das Erdbeben war die große Chance für Ingenieure und Architekten, eine Stadt auf dem Reißbrett zu entwerfen und dabei einem ungewöhnlichen städteplanerischen Konzept zu folgen. Die Vorgaben waren eindeutig: In einem Schachbrett von Straßenzügen sollten die drei Stände Kirche, Adel und Gemeinden ihre säuberlich getrennten Wohnbezirke erhalten.

Die wichtigste Rolle spielte der Klerus, seine Paläste liegen an der Hauptstraße **Corso Vittorio Emanuele**. Parallel dazu, in der **Via Cavour**, auf Tuchfühlung mit der Geistlichkeit, durften die mächtigsten Adelsfamilien bauen. Die weiter entfernten Parallelstraßen sind die Achsen, um die sich der dritte Stand ansiedeln durfte. Hier werden die Längsachsen auch immer häufiger von Querstraßen geschnitten, so dass die Blöcke kleiner werden.

Die besten Architekten ihrer Zeit – Rosario Gagliardo, Antonio Mazza, Vincenzo Sinatra und Paolo Labisi – sorgten dafür, dass die Paläste und Kirchen standesgemäß ausfielen. Hier konnten die Stadtplaner ihre Träume wahr werden lassen. Was sie sonst nur als Bühnen-

Vom Einsturz bedroht ist das ehemalige Jesuiten-Kloster von Noto.

bildner für die Theater gestalten durften, erstand hier in goldfarbenem Sandstein: rhythmisch klar gegliederte Straßenfluchten, perspektivisch zugeschnitten auf den Standort von Betrachtern auf zentralen Plätzen, die wiederum grandiose Ensembles von bald eleganten, bald wuchtigen Fassaden waren. Einen zusätzlichen Effekt lieferte die Hanglage. Breite Freitreppen steigern noch die Majestät von hohen Domen, steile Seitenstraßen eröffnen immer wieder einen überraschenden Blick auf die weite Berglandschaft.

Hier plante man die Stadt der Zukunft, berechnet auf Zuwachs an Menschen und Reichtum. Adelspaläste und Klöster mit an die hundert Sälen wurden von nur einem oder zwei Dutzend reicher Netini bewohnt. Das stolze Projekt zog sich in die Länge, schon zu Beginn aufgehalten durch erbitterte Streitereien darüber, ob man nicht doch am alten Ort bauen sollte. Mit der niedergehenden Wirtschaft kam der Geldmangel hinzu. Die letzten Bauwerke wurden erst Ende des 18. Jahrhunderts fertig gestellt. Das bedeutet: In Noto ist Barock nicht gleich Barock. Die Balkonträger des **Palazzo Nicolaci Villadorata** – fertig gestellt im Jahr 1737 – werden gebildet von heidnischen Monstern, die noch eine letzte Erinnerung an die Renaissance darstellen. Die Klosterkirche **Santa Chiara**, nur elf Jahre jünger, ist ein elegantes Bauwerk des Rokoko.

Noto ist einheitlich im Stadtplan und im warmen Farbton. Abwechslungsreich und vielfältig überraschen die Details, die Variationen der barocken Grundidee: Zerschlagt die Renaissance! Dieser vorhergehende Baustil hatte die Formen der römischen und griechischen Antike wieder aufleben lassen: spitze Giebel, Rundbögen, Säu-

Ins Auge springen die Pferde am Palazzo Nicolaci Villadorata in Noto.

Highlights des Südostens

Noto ✪✪
Traumstadt aus dem Repertoire barocker Städteplaner (siehe S. 153).

Piazza del Municipio
Notos grandiose Bühne für urbanes Leben (siehe S. 153).

Palazzo Nicolaci Villadorata
Goldener Palast mit düsteren Figuren in Noto (siehe S. 154).

San Nicolò Inferiore
Byzantinische Fresken in einer Höhle in Modica (siehe S. 155).

Museo Ibleo delle Arti e Tradizioni Populari
Einblicke in alte Handwerkstraditionen in Modica (siehe S. 155).

Chiesa Madre di San Giorgio
Bayerisches Rokoko auf einem Berg über Modica (siehe S. 156).

Cattedrale di San Giovanni
Schwungvolle, imposante Fassade mit Palmengarten in Ragusa (siehe S. 158).

Giardino Ibleo
Ragusas Stadtpark mit herrlichem Ausblick (siehe S. 158).

len, die sparsam eingesetzt werden, um geometrisch-ruhige Flächen zu gliedern. Der Barock drückt die Flächen nach innen und außen, Giebel und Bögen werden zerbrochen und gestaffelt. Stuckbänder enden in Schnecken. Fenster verbiegen ihre Rahmen, ihre Gitter wölben und wellen sich, als ob im Inneren der Paläste mächtige Kräfte nach außen drückten. Heilige treten aus ihren Nischen und strecken die Arme den Gläubigen entgegen.

Wer Noto wirklich erleben will, muss sich auf diese Vielfalt einlassen, muss selbst in den Straßen und Gassen auf Erkundung gehen, um den Palast und die Kirche, die Straße und den Brunnen zu entdecken, die in dem geordneten Überschwang auf ihn gewartet haben. „Garten aus Stein" wird Noto genannt – und das heißt: Die Schönheit entfaltet sich beim Spazierengehen.

All die Schöpferkraft, die Arbeit, die Unsummen, die hier investiert wurden – sind sie ein Sinnbild der Prinzips „l'art pour l'art"? Die fantastischen Kulissen, die an sommerlichen Spätnachmittagen von innen zu leuchten scheinen, müssen sich selbst genug sein. Engel und Monster, Nixen und Putten richten den Blick zum Himmel, der Welt schon fast entrückt. Die Bewohner scheinen sich unbehaust und fremd zu fühlen in dem unirdischen Glanz. Kaum zu erklären ist die Stumpfheit, mit der man dem allmählichen Verfall zusah, der schon kurz nach der Vollendung einsetzte. Der so leicht zu bearbeitende Sandstein ist anfällig für die Einflüsse der Witterung, die Stadt steht auf unsicherem Boden, der immer wieder von unmerklicher seismischer Dynamik erschüttert wird. Fachleute warnten seit langem vor einer sich abzeichnenden Katastrophe. Die Provinzhauptstadt Siracusa hatte die Gelder für fällige Sanierungen längst bereitgestellt, aber in Noto legte man sich quer: Die Ingenieure aus Siracusa wollte man nicht haben, eigene sollten es sein.

In der Nacht des 13. März 1996 stürzten die Kuppel und das Dach vom Hauptschiff des **Duomo Santi Nicola e Corrado** zu Boden – dass es nicht während einer Messe geschah, ist für viele Netini ein Wunder des Heiligen Nicola. In rascher Folge wurden einige der schönsten Kirche und Paläste wegen Baufälligkeit geschlossen. Die UNESCO hat Noto zum Weltkulturerbe erklärt und Gelder zur Verfügung gestellt, die über die verzweigten Kanäle der Behörden nur tröpfchenweise nach Noto gelangen. Selbst die Touristen, die immer zahlreicher kommen, scheinen die Netini nicht wachzurütteln – sie machen sich nicht die Mühe, das Interesse finanziell auszubeuten. Einen Vorteil hat das immerhin: Niemand wird geneppt in dieser Stadt.

Ähnlich geprägt von der Katastrophe von 1693 wie Noto, herrscht in den Nachbarstädten **Modica** und **Ragusa** doch eine völlig andere Atmosphäre. Die Einwohner selbst erklären es damit, dass Siracusa schon immer eine verschlafene Provinz gewesen sei, während die Provinz Ragusa den Unternehmergeist der Araber geerbt habe. An klaren Frühlingstagen sehen die Städte aus wie Schwestern von Salzburg, zielstrebig steigen sie aus Schluchten an steilen Hängen empor, integriert in grüne Hochebenen. Hier sind die barocken Prachtstücke organisch eingebettet in mittelalterliche Altstädte – weniger dramatisch als Noto, und vielleicht menschlicher im Maßstab.

Von der Schlucht auf den Bergkamm wächst die Stadt Ragusa empor.

Der Südosten

Noto ⚹⚹

Verkehr

Von Siracusa gibt es zahlreiche Busse der AST und der SAIS (1 Std.), seltener fährt der Zug; er hält 1 km außerhalb. Autofahrer nehmen die Autobahn E45 und die SS115. Am besten am Giardino Pubblico – dem Stadtpark – parken. Der Busbahnhof ist neben dem Giardino Pubblico.

Fahrräder kann man sich leihen bei:
Noleggio Bici
Via S. La Rosa 66
Tel. 0931/83 96 82.

Vespas vermietet:
Allakatalla
Anfang Corso Vittorio Emanuele, links von der Porta Nazionale
Tel. 0931/83 50 05.

Sehenswürdigkeiten

Porta Nazionale
Corso Vittorio Emanuele/Giardino Pubblico.
Ein großes Portal, das nie einen Mauerring geöffnet hat, kündigt an, dass ab jetzt die Wunder des Barock beginnen. Übrigens ein Nachzügler: gebaut 1843.

Chiesa di San Francesco
Corso Vittorio Emanuele/Piazza dell' Immaculata.
Eine vergleichsweise schlichte Fassade ziert die Kirche, die auch als „Immaculata" bekannt ist. Die erst später angelegte Freitreppe lässt sie großartig wirken. Innen zurückhaltend, unter anderem mit dem Gemälde „Franz von Assisi predigte die Armut".
Unregelmäßige Öffnungszeiten, die größten Chancen hat man vormittags.

Santissimo Salvatore/Museo Civico
Neben der Chiesa di San Francesco.
Aus dem einst mächtigen Kloster wurde ein Stadtmuseum. Wegen

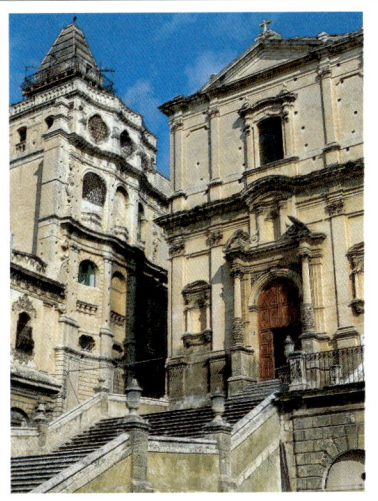

Streng: San Francesco in Noto.

Baufälligkeit im Moment geschlossen, aber schon die Fassade mit ihren von zarten Ornamenten umrankten Fenstern begeistert. Die Anlage nimmt den ganzen Block ein. Die dazu gehörende Kirche grenzt mit ihrer Fassade an die Piazza Municipio.

Chiesa di Santa Chiara/ Monastero di Santa Chiara
Corso Vittorio Emanuele/gegenüber Santissimo Salvatore.
Das Kloster soll nach der Renovierung der Sitz des Archäologischen Museums werden. Die Kirche im selben Block ist schon fertig. Ihr Grundriss ist oval, die prächtigen Stukkaturen sind weiß und gold. Die Madonna von Antonello Gagini gilt als sein Meisterwerk.
Vormittags geöffnet.

Piazza del Municipio
Ein perfekt inszeniertes urbanes Ambiente, das durch den Dom, drei Paläste und eine Kirche geschaffen wird.

Duomo Santi Nicola e Corrado/ Chiesa Madre
Neben der deutlich gegliederten Fassade stehen zwei Glockentürme mit

Wander-Tipp

Riserva di Vendicari

10 km südlich von Marina di Noto an der SS115 beginnt dieses abwechslungsreiche Naturschutzgebiet von nur 10 km Länge. Wenn man mit dem Zug Noto – Pachino anreist, steigt man bei **Roveto Bimmisca** aus. Am Eingang „Ingresso di Fondo Mosche" geht man in Richtung Nordosten bis **Calamosche**, wo sich der Pfad gabelt. Richtung Süden wandert man auf einer Nehrung zwischen Lagunen und dem Meer. Hier leben seltene Zugvögel. Man passiert einen Stauferturm und eine alte Tonnara (Thunfischfanganlage). Im Meer taucht die **Isola di Vendicari** auf. Wo die Nehrung sich zum Festland verbreitert, stößt man auf eine byzantinische Kapelle und eine byzantinische Gräberstadt. Man verlässt den Park über den „Ingresso di Cittadella". Rückfahrt von der Bahnstation **Lorenzo lo Vecchio**. Eine schöne Tageswanderung! Sonnenschutz, Proviant und Getränke mitnehmen. Auskunft bei den Fremdenverkehrsämtern von Siracusa und Noto.

Der Südosten

Sie diente einst den Griechen als Verkehrsweg: die antike Straße von Eloro.

Kulinarisches

Sizilianisches Gebäck

In ganz Sizilien sind die **Süßigkeiten** aus Modica berühmt. Die Araber und dann die spanischen Adelsfamilien Cabrera und Enriquez haben ihre Hofkonditoren mitgebracht, und die Modicaner haben deren Geheimnisse in die eigene Küche aufgenommen. Es geht los mit **Cioccolata Modicana**, dunkelbraunen Barren aus Kakao, Zucker, Vanille und Zimt – als Pulver kann man die Cioccolata auch mit heißer Milch aufgießen. Dann gibt es die **Ossa di morto** – Totengebein –, weißblonde mürbe Plätzchen, **Nfrigghiulati**, frittierte Bällchen aus Quarkteig, die man in Honig taucht, **Nucatoli**, von Strudelteig umhülltes Feigenmark, **Cubbaita**, Sesamkrokant, und viele andere Spezialitäten. Die bizarrste Erfindung sind die **Mpanatigghie** aus Mandeln, Zucker, Zimt, Muskat und – Hackfleisch!

Ossa di morto.

Zwiebelhauben. Selbst die Ruine der Kuppel lässt noch ahnen, wie stolz der Bau zum Himmel strebte. Wegen Einsturzgefahr geschlossen.

Palazzo Ducezio / Municipio
Gegenüber dem Dom.
Um drei Seiten des Rathauses zieht sich eine elegante klassizistische Säulenhalle. Das Obergeschoss des Palastes stammt aus dem Jahr 1951 und stört die ursprünglichen Proportionen. Wegen Einsturzgefahr geschlossen.

Palazzo Landolina
Links vom Dom.
Im 19. Jh. stilsicher den älteren Palästen zugesellt.

Chiesa Santissimo Salvatore
Die spätbarocke Kirche ist wegen Renovierung geschlossen.

Palazzo Nicolaci Villadorata
Via Corrado Nicolaci 16.
An dieser Ecke kreuzen sich zwei schöne geschlossene Straßenzüge, die Via XX Settembre und die Via Corrado Nicolaci.
Der berühmte Palazzo Villadorata aus dem Jahr 1640 ist ein geglückt renovierter Stadtpalast: Balkonträger in der Gestalt von Menschen, Mädchen mit Pflanzenleibern und Flügeln, Löwen, dicken Girlanden von Laub und Früchten. Sitz der Stadtbibliothek.

Palazzo Astuto
Via XX Settembre/nahe der Kreuzung mit der Via Corrado Nicolaci.
Noch ein übergroßer Palast mit vielfach gewölbten schmiedeeisernen Balkonen.

Piazza XVI Maggio
Kleiner Park, Villa d'Ercole, mit Springbrunnen aus dem alten Noto. Ihn umgrenzen zwei sehenswerte Bauten: Die Chiesa San Domenico hat eine schwungvoll gewölbte Tuff-Fassade. Im von fünf Kuppeln überwölbten Inneren ein Altar aus rosa und weißem Marmor. Und der zur Kirche gehörige ehemalige Convento dei Padri Domenicani beherbergt eine Pädagogische Hochschule.
Kirche vormittags geöffnet.

Teatro Comunale
Ein Spätling aus dem 19. Jh., im neoklassizistischen Stil. Ebenfalls vor kurzem restauriert. Der elegante weiße und goldene Saal ist manchmal für organisierte Besichtigungen geöffnet – im Fremdenverkehrsbüro fragen.

Unterkunft

** Villa Mediterranea
Viale Lido am Badestrand Marina di Noto, 8 km von der Innenstadt
Tel./Fax 0931/81 21 25.
Kleine Villa mit schönem Garten und Schwimmbecken.

** Canisello
Via Pavese 1
Tel. 0931/83 57 93
Fax 0931/83 75 70
www.polosud.it/canisello
Es sind 10 Minuten zu Fuß in die Innenstadt. Der ehemalige Bauernhof wird von einem herrlichem Obstgarten umgeben. Zimmer mit Kochnische. Die Wirtsleute sind sehr hilfsbereit.

** Il Roveto
Azienda Agrituristica
An der SP (Strada Provinciale) 19,9 km südlich von Noto
Tel. 0931/660 24 oder 0330/79 52 59 (Mobiltelefon).
In einem barocken Herrenhaus eingerichtete Apartments inmitten von Plantagen. Wandermöglichkeit im Naturschutzgebiet von Vendicari. Reitpferde.

Das Fremdenverkehrsbüro von Noto vermittelt den Touristen darüber hinaus auch private Fremdenzimmer.

Restaurants

Trattoria del Carmine
Via Ducezio 1
Tel. 0931/83 87 05.
Das einfache Familienrestaurant pflegt die einheimische Küchentradition – vor allem die selbst gemachte Pasta ist zu empfehlen.

Il Barocco
Via Cavour, Ronco Sgadari (kleine Stichgasse)
Tel. 0931/83 90 70.
Gewölbesäle in restauriertem Palazzo. Mit Terrasse.

Café

Caffè Sicilia
Corso Vittorio Emanuele 125.
Bereits seit über hundert Jahren eine empfehlenswerte Adresse für Eis und Gebäck.

Einkaufen

Die Weinberge um Noto sind für den Dessertwein Moscato di Noto berühmt, den es in jedem Lebensmittelgeschäft zu kaufen gibt.

Strände

Marina di Noto
Die Marina di Noto liegt knapp 8 km außerhalb im Südosten. Nicht überlaufener und sauberer Sandstrand.

Eloro
15 km südöstlich liegt dieser ebenfalls einladende Sandstrand. In Eloro kann man gleich die Ruinen der griechischen Stadt Heloros besichtigen: Stadtmauer, Theater, Demetertempel, unterirdische Lebensmittelspeicher und einen 9 m hohen Grabstein. Leider ist Eloro nur mit dem Auto zu erreichen. Oder man leiht sich eine Vespa (siehe S. 153).

Information

AAPIT
Piazza XVI Maggio, gegenüber dem Theater
Tel./Fax 0931/83 67 44.
Tgl. 8 – 14 und 16 – 19 Uhr, im Winter 8 – 14 und 15 – 18 Uhr.

Modica

Zugverbindungen von Siracusa, Gela, Ragusa und Noto. Schneller geht es mit dem Bus der AST. An der SS115 gelegen. In der Oberstadt Modica Alta keine Parkplätze!

Sehenswürdigkeiten

Die Mehrzahl der Sehenswürdigkeiten liegen in Modica Bassa.

Museo Ibleo delle Arti e Tradizioni Populari
Largo Mercé ex Convento dei Padri Mercedari, erster Stock.

Der Südosten

Kunstgeschichte

Die Fresken von San Nicolò

Im Jahr 1987 wurde in Modica in einem verfallenen Lagerraum für Gemüse eine byzantinische Höhlenkirche entdeckt. Die Renovierung dauerte bis 1996. San Nicolò Inferiore war früher die Sakristei einer daneben liegenden Kirche, von der es heute keine Spuren mehr gibt. San Nicolò wurde im 12. Jh. aus dem Felsen gehauen. Aus dieser Zeit stammen auch die ältesten Fresken. Die Fresken einer teilweise darüber liegenden Schicht sind nur hundert Jahre jünger. Inmitten der dargestellten Heiligen herrscht Christus in der typisch byzantinischen mandelförmigen Umrahmung über die Welt. Im Boden sind alte Gräber, die aber schon in früher Zeit in Vergessenheit geraten sind: Sonst hätte man niemals im 16. Jh. direkt davor eine Nische für ein Taufbecken aus der Wand geschlagen. San Nicolò liegt in einer kleinen Gasse rechts hinter dem Duomo di San Pietro.
Tgl. 9 – 13 und 15 – 17 Uhr, Eintritt inkl. Fremdenführung: 2000 Lire.

Der Südosten

Mit Originalgeräten ausgestatteter Bauernhof und Werkstätten alter Handwerke. Hier erlebt man, wie früher produziert wurde. Ein absolutes Muss!
Mo – Fr 9.30 – 12.30, Sa und So 17.30 – 19.30 Uhr. Eintritt: 4000 Lire.
Im Erdgeschoss befindet sich das Museo Civico, das Stadtmuseum, mit einer wertvollen Bronzestatuette aus dem 3. Jh. v. Chr. Eintritt frei.

Chiesa del Carmine / S. Maria Annunziata
Piazza Matteotti/Corso Umberto.
Portal und fein gearbeitete Rosette im gotischen Stil der Chiaramonte, der Rest ist barockisiert.
Rechts neben der Kaserne der Carabinieri eine Jugendstilfassade mit riesigen Fratzen.

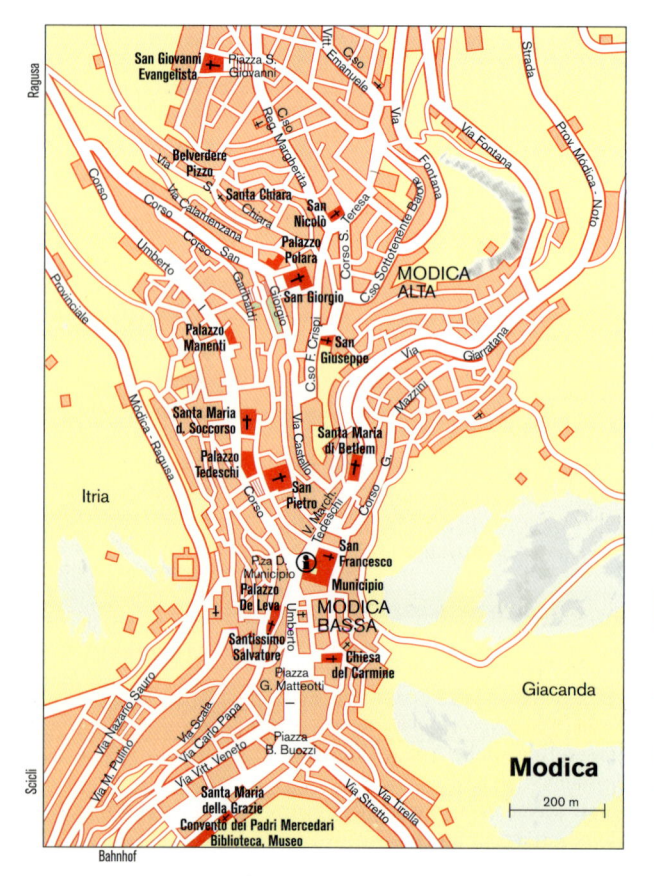

Santa Maria di Betlem
Ende Via Marchese Tedeschi/Anfang Via Giarratana.
Die Kirche birgt die Cappella del Sacramento (Ende 15. Jh.), eine Mischung aus Gotik und Renaissance. Tagsüber geöffnet.

San Nicolò Inferiore
In einer kleinen Seitenstraße gleich rechts hinter dem Duomo di San Pietro (siehe Kasten auf S. 155).

Duomo di San Pietro
Im 17. Jh. auf den Ruinen einer älteren Kirche wiedererrichtet. Die Apostel empfangen die Besucher über einer steilen Freitreppe. Im Inneren ein Gemisch aus Farben und Formen, aus allen Winkeln purzeln Putten.
Tagsüber geöffnet.

Chiesa Madre di San Giorgio
Modica Alta
Corso San Giorgio/am Ende der Treppe in die Oberstadt.
Eine der schönsten Barockkirchen Siziliens, 1738 nach vielen Zerstörungen wieder eröffnet. Die hochstrebende vorgewölbte Fassade wirkt wie eine Bischofsmitra. Im Inneren elegantes „bayerisches Rokoko" in Weiß, Gold und Wasserblau. Hinter dem Altar eine Gruppe von drei mal drei Gemälden, gekrönt von einem zehnten (aus dem 16. Jh.). Aufwendig geschnitztes Chorgestühl (1630) der vordere wie der hintere Altar bestehen aus in Silber getriebenen Reliefs. Auf dem hinteren steht ein orientalisch anmutender Schrein.
Tagsüber geöffnet.

Unterkunft

*** Hotel Modica
Corso Umberto 1
Tel. 0932/94 10 22
Fax 0932/94 10 77.
Zentrale Lage, gepflegte moderne Zimmer mit Bad. Restaurant und Bar sind angeschlossen.

Der Südosten

San Giorgio in Modicas Oberstadt.

Restaurant

Trattoria L'Arco
Piazza Corrado Rizzone 11
Tel. 0932/94 27 27.
In der Nähe des Museo Ibleo gelegen. Gute lokale Küche zu sehr günstigen Preisen.

Café

Caffè dell'Arte
Corso Umberto 114
Tel. 0932/94 32 57.
Pasticceria mit typischen Spezialitäten, im ersten Stock gemütliches Café. Lieferservice von Gebäck auch ins Ausland unter:
www.ragusaonline.com/dolcelavita

Information

Ufficio Turistico della Contea di Modica
Corso Umberto 251
Tel. 0932/75 27 47.
www.ragusaonline.com/modica
In der Saison 9.30 – 13 und 15.30 – 19, ansonsten 10 – 13 und 15.30 – 18.30 Uhr.
Das Büro wird von einer Genossenschaft aus jungen Leuten mit viel Engagement geführt.

Ausflüge

Heloros
Siehe unter „Strände" bei Eloro auf S. 155.

Avola
An der Bahnlinie Siracusa – Ragusa, auch mit Bussen der AST oder mit dem Auto über die SS115 zu erreichen. Die Stadt hat dieselbe Gründungsgeschichte wie Noto. Zusätzlich zu Pracht und Prunk des üppigen Barock kann man auf dem Corso G. D'Agnata, dem Corso Vittorio Emanuele und in der Via Milano aber auch noch den sizilianischen Jugendstil bewundern.

Donnafugata
15 km südwestlich von Ragusa, mit dem Auto oder dem Zug ab Modica oder Ragusa zu erreichen.
Einst ein mittelalterliches Schloss, dann mehrfach umgebaut, im letzten Jahrhundert gotisiert. Das Monstrum mit insgesamt 122 Sälen gab für mehrere Filme einen stimmungsvollen Schauplatz ab.
Besichtigungen der Säle nur mit organisierten Gruppen. (Information erhält man beim Fremdenverkehrsamt in Modica.)

Ragusa

Verkehr

Von Siracusa braucht der Zug 2,5 Std. Häufiger als der Zug verkehren Busse der AST. Autofahrer nehmen die SS115.
Der Busbahnhof liegt im Stadtteil Ragusa Superiore an der Piazza del Popolo neben dem Bahnhof. Busfahrkarten und Fahrplaninfos gibt es in der Gran Bar, Via Dante 94, beim Bahnhof. Von hier fährt der Bus Nr. 3 zum Stadtteil Ragusa Ibla, der Altstadt. Dort ist mit dem Auto kein Durchkommen und kein Parken möglich!

Insider News

Alte Meister

Ab und zu kommen ins **Museo Ibleo delle Arti e Tradizioni Populari** von Modica Handwerksmeister, die in den Werkstätten – den ehemaligen Zellen der Barmherzigen Brüder – die alten Techniken demonstrieren: Kunstschreiner, Sattler, Wagner, Konditoren, Blechschmiede, Hufschmiede, Imker, Schuster, Steinmetze, Stockmacher. Feste Termine gibt es leider nicht, man muss beim Fremdenverkehrsbüro nachfragen, ob eine solche Vorführung stattfindet. (S. diese Seite, „Information".)

Nicht immer Kaviar

50 km südöstlich von Ragusa liegt das Fischerdorf **Marzamemi**, von Klaus Maria Brandauer als romantischer Schauplatz für „Mario und der Zauberer" gewählt. Dort hat man sich auf Delikatessen im Glas spezialisiert: Thunfisch in vielen leckeren Saucen, in jedem Lebensmittelgeschäft erhältlich. Dazu passt der berühmte Wein von Marzamemi.

Der Südosten

Gesellschaft

Il Circolo

„Zutritt nur für Männer" stand mit unsichtbaren Lettern über den zahllosen Freizeitvereinen Siziliens geschrieben. Frauen hatten traditionell nichts zu suchen in diesen Clubs, in denen Karten gespielt, getratscht und getrunken wurde. Aber auch große Politik und große Geschäfte wurden in

Adelssalon in Ragusa.

Zirkeln angebahnt – je nachdem, ob es sich um den Zirkel der Rentner der Eisenbahn, den Zirkel der Geschäftsleute oder den Adelszirkel handelte.
Diese Vereinskultur ist noch längst nicht ausgestorben. In den Städten und Dörfern kommt man oft an unscheinbaren Ladenlokalen vorbei, vor denen sich würdevolle Herren Stühle auf den Bürgersteig aufgestellt haben. Lieblingsbeschäftigung: Einen Espresso schlürfen und die Passanten beobachten.

Sehenswürdigkeiten

Cattedrale di San Giovanni
Ragusa Superiore
Piazza San Giovanni.
Über einer weiten Terrasse erhebt sich die barocke Fassade aus dem Jahr 1760. Fast erdrückend wirkt der seitlich versetzte mächtige Campanile. Im Inneren sehenswerte Stukkaturen. Hinter der Kathedrale in der Via Roma steht das barocke Pfarrhaus.
Kathedrale tagsüber geöffnet.

Museo Ibleo
Ragusa Superiore
Via Roma 198
Im Hotel „Mediterraneo".
Funde von der Vor- und Frühgeschichte bis zur Römerzeit.
Tgl. 9 – 13.30 und 16 – 19.30 Uhr.
Eintritt: 4000 Lire, frei für Besucher unter 18 und über 60 Jahren.

Scala
Ragusa Superiore.
Am östlichen Ende der Via XXIV Maggio beginnt eine Treppe zur Unterstadt Ragusa Ibla. 340 Stufen führen an der Chiesa Santa Maria delle Scale vorbei über den schmalen Grat, der zwischen Schluchten die beiden Stadtteile verbindet.

Piazza della Repubblica
Ragusa Ibla
Am unteren Ende der Scala.
Ein geglücktes barockes Ensemble, umstanden von zwei Palazzi und einer Kirche. Berühmt sind die drei Masken über den Fenstern am Palazzo Bertini; In der Mitte der Edelmann zwischen einem zahnlosen armen Mann, der die Zunge herausstreckt, und einem schnauzbärtigen Handelsherren mit Turban – Sinnbilder der Macht, der Armut und des Geldes.

Duomo di San Giorgio
Ragusa Ibla
Piazza Duomo.
Von den Brüdern Taviani im Film „Kaos" (siehe S. 33) verewigt wegen des palmenbestandenen Platzes und der dynamisch gewölbten und von Säulen gegliederten Barockfassade über einer imposanten Freitreppe. In der Sakristei eine reich mit Reliefs geschmückte Altarplatte aus der Gagini-Schule.
Tgl. 9 – 12 und 16 – 19 Uhr.

San Giorgio Vecchio
Ragusa Ibla
Rechts vom Eingang zum Stadtpark, Ende Corso XXV Aprile.
Nur die üppig geschmückte gotisch-katalanische Fassade mit dem Drachentöter Sankt Georg aus dem 15. Jh. ist noch übrig.

Giardino Ibleo / Scavi Archeologici
Ragusa Ibla.
Schattiger Stadtpark mit Aussicht über Schluchten und Täler. Von hier führt ein beschilderter Weg zu den erst unlängst entdeckten Fundamenten der antiken Stadt Hybla Heräa.
Jederzeit zugänglich.

Unterkunft

*** Hotel Montreal
Corso Italia 70
Tel./Fax 0932/62 11 33.
Modernes und sehr gepflegtes Haus mit gutem und billigem Restaurant.

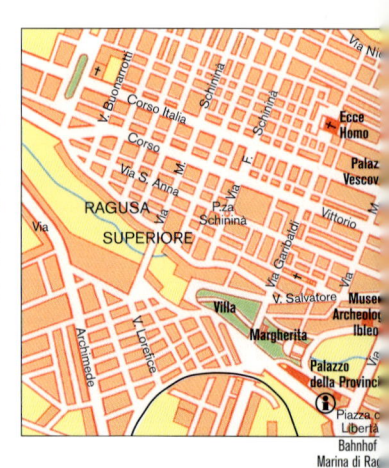

Der Südosten

Unter Zyperngras erholt sich die Statue des Nil im Stadtpark von Ragusa Ibla.

Insider News

Stiller Genuss

Weil früher während der Adventszeit die Beichtstühle immer besonders belagert waren, mussten die Pfarrer das Mittagessen häufig ausfallen lassen. Aus diesem Dilemma heraus wurde in einem Benediktinerkloster bei Modica vor zweihundert Jahren das Rezept für das Gebäck **Mustaccioli del Confessore** kreiert: Vollkornmehl mit Honig und gehackter Orangeade zu einem geschmeidigen Teig verkneten, Plätzchen formen und bei mittlerer Hitze backen. Die Leckereien lassen sich geräuschlos im Beichtstuhl essen!

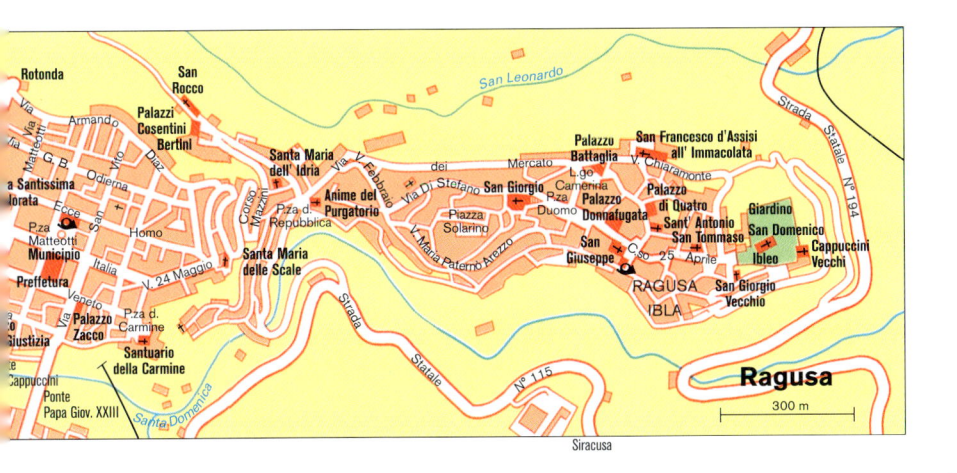

** Villa Paradiso
Contrada Butarella, 11 km südwestlich von Ragusa (mit Busverbindung).
Tel. 0932/66 40 50.
Klein, aber fein, und mit schönem Garten. 6 km vom Strand entfernt. Mit Pizzeria.

Restaurants

Trattoria Ragusana
Via San Sebastiano 47
Tel. 0932/64 18 14.
Einfacher Familienbetrieb. Jeden Tag wechselnd nur ein einziges hervorragendes Menü.

La Pergola
Piazza Luigi Sturzo 6
Tel. 0932/25 56 59.

Schickes Feinschmeckerlokal, angemessene Preise.

Information

AAPIT
Ragusa Ibla
Via Capitano Bocchieri 33, bei San Giorgio
Tel. 0932/62 14 21 und 62 22 88
Fax 0932/62 34 76
www.ragusaonline.it
Die Provinz Ragusa hat die beste Website von Sizilien. Sie bietet Verweise zu allen Gemeinden der Region, Kultur und Gastronomie, Hotels und Verkehr – und sie wird stets auf den neuesten Stand gebracht.
Mo – Fr. 7.30 – 18.30, Sa 7.30 – 15 Uhr.

Herz voller Historie

Provinz Enna

In uneinnehmbarer Höhe gründeten die Sikuler die Binnenstadt Enna.

Auch das Hinterland ist reich an Geschichte: Dem Mittelalter begegnet man in Enna, den Sikulern und Griechen in Morgantina und den Römern in der berühmten Villa Casale.

Provinz Enna

Enna ★★, der "Nabel Siziliens", erhebt sich in 1000 Meter Höhe über einem schwindelnden Abgrund. Stolze Türme ragen in den blauen Himmel. Um sie herum gruppieren sich wie Bauklötzchen die Häuser der Altstadt. Die Anfahrt über die **Via Roma** ins Zentrum ist eine Fahrt durchs Mittelalter – und doch nicht. Reisebusse schieben sich durch die Straße, Gruppen von Touristen schlendern vorbei. Alle haben das gleiche Ziel: das **Castello di Lombardia**, benannt nach der Lombardin Adelasia, der Frau Rogers I. Ihre Gefolgsleute besiedelten im 11. Jahrhundert Stadt und Festung, als die Araber besiegt waren. Friedrich II. ließ dann die Burg zu ihrer heutigen Größe ausbauen. Sechs von einst zwanzig Türmen sind noch übrig, aber auch sie wirken noch bedrohlich genug. Gleich hinter der Pforte öffnet sich ein kleiner Innenhof, in dem früher vielleicht einmal arabische Soldaten ihre freie Zeit bis zum nächsten Wachdienst vertrödelt haben. Ein größerer Innenhof schließt sich an. Hier ist ein Podium für sommerliche Kulturveranstaltungen aufgebaut. Im Hintergrund liegt ein winzig kleiner Park mit saftigem Gras und mächtigen schwarzgrünen Nadelbäumen, in deren Schatten man sein Picknick abhalten kann. Aber vorher muss man den **Torre Pisana** mit seinen fünfundneunzig Stufen besteigen. Oben nimmt einem der Wind fast den Atem. Auf dieser Plattform mit Panoramablick hielten die Staufer Ausschau nach ihren Feinden. Im Nordwesten liegen die Wälder der Madonie. Das Städtchen Calascibetta leuchtet von der Nachbarkuppe herüber. Grün wellen sich die Felder bis in weite Ferne. Und ganz weit im Osten ist der rauchende Ätna aus fast hundert Kilometern Entfernung noch deutlich zu sehen.

Heute wie vor dreitausend Jahren prägt der Ackerbau die Hügellandschaft um Enna, die im Frühling so strahlend grün und im Sommer so vertrocknet ist. Keine Handbreit des fruchtbaren Bodens liegt brach. Der berühmte sizilianische Hartweizen wogt in der frischen Bergbrise, die Weinstöcke stehen adrett in Reih' und Glied, und die Bauern dulden kein Unkraut. Wo sonst nichts mehr gedeiht, halten sich noch die Olivenbäume auf felsigem Grund. Kein Wunder, dass hier seit Urzeiten der Erdgöttin gehuldigt wurde, von den Sikulern, von den Griechen, die sie im 6. Jahrhundert v. Chr. verdrängten, und dann von

Enna	Seite 165
Sehenswürdigkeiten	Seite 165
Unterkunft	Seite 168
Restaurants	Seite 169
Ausflüge	Seite 170
Villa Casale	Seite 166
Piazza Armerina	Seite 170
Caltagirone	Seite 171

Von lieblicher Landschaft umgeben liegt der Ort Piazza Armerina.

Provinz Enna

den Römern, die im 3. Jahrhundert v. Chr. die Macht übernahmen. Nur der Name der Göttin, die die Sterbenden beim Eintritt ins Totenreich empfing und die Wiederauferstehung schenkte, wechselte: Die Griechen nannten sie Persephone. Oder sie hieß Demeter als Spenderin der Feldfrüchte – ihr Name bedeutet „Kornmutter". Die Römer verehrten sie unter dem Namen Ceres. In späteren, ordnungsliebenden Zeiten, als man sich eine vielgestaltige Göttin nicht mehr vorstellen konnte, machte man Demeter dann zu Persephones Mutter. In Enna stand eines ihrer Heiligtümer bis zum Einmarsch der Araber. Die vernichteten, ihrem Glauben gemäß, die heidnischen Bild- und Bauwerke. Der berühmte Tempel der Fruchtbarkeitsgöttin sank in den Staub, während einen Steinwurf weiter unter der Aufsicht eines arabischen Baumeisters eine Festung emporwuchs. Heute kann man auf der **Rocca di Cerere**, der Festung der Ceres, noch die kümmerlichen Reste des Tempels besuchen.

Eine Nachbarstadt von Enna war **Morgantina**, die Kapitale eines griechischen Stadtstaates, der Zentralsizilien fast dreihundert Jahre lang beherrschte. Als Hauptgottheiten regierten ebenfalls Demeter und Persephone. Als letzter Vorposten des hellenistischen Griechenland auf Sizilien wurde es im Jahr 211 v. Chr. von den römischen Legionen überrannt. Seine Schätze blieben begraben, bis es 1955 von Archäologen aus Princeton gefunden wurde. Seit damals graben auf dem Gelände tagsüber die Archäologen, nachts ist es die Mafia. Die Abgeschiedenheit der Ausgrabungszone erleichtert ihr das diebische Handwerk.

Das Gelände liegt vier Kilometer entfernt von **Aidone** auf einem Bergsattel. Eine Stichstraße führt zwischen Olivenhainen und Schafweiden auf ein Hochplateau, unter dem sich ostwärts die Ebene von Catania in blauer Ferne verliert. Der Stausee **Lago di Ogliastro** glänzt zwischen einem Fleckenteppich von Feldern in der Sonne. Auf einem Felsen im Norden ragt die schwarze Ruine des **Castello di Cresti** empor. Die Glocken der Schafe und summende Bienen vertiefen noch die Stille ringsum.

Und hier in Morgantina soll einmal blühendes Leben geherrscht haben? Doch die archäologischen Spuren geben Kunde von der Betriebsamkeit und dem Alltag: In Ost-West-Richtung verliefen zwei Reihen von Ladenzeilen, die eine weite „Piazza" säumten. Im rechten Winkel dazu lag die lang gestreckte Sporthalle, in der Ecke die Münzprägeanstalt, davor der Schlachthof; deutlich erkennbar sind die Mauern eines massiven Zweckbaus. An der Stirnseite des Marktplatzes über Eck angeordnete Tribünen, auf denen die Bürger Versammlungen abhielten und kritisch auf den Redner auf seinem Podium blickten, immer bereit, zu applaudieren oder ihn auszupfeifen.

Ob sie vor oder nach der Sitzung ins Heiligtum der Erdgöttin gingen? Dem Wesen der Gottheit entsprechend ist es kein himmelstürmender Tempel, sondern der Eingang ins Reich des Werdens und des Vergehens. Vielleicht ist es kein Zufall, dass der riesige Getreidespeicher hinter dem Heiligtum liegt. Aber vielleicht ging man nach der Versammlung ins Theater mit seinen tausend Sitzplätzen. Es ist so gut erhalten, dass man dort heute wieder Opern aufführt.

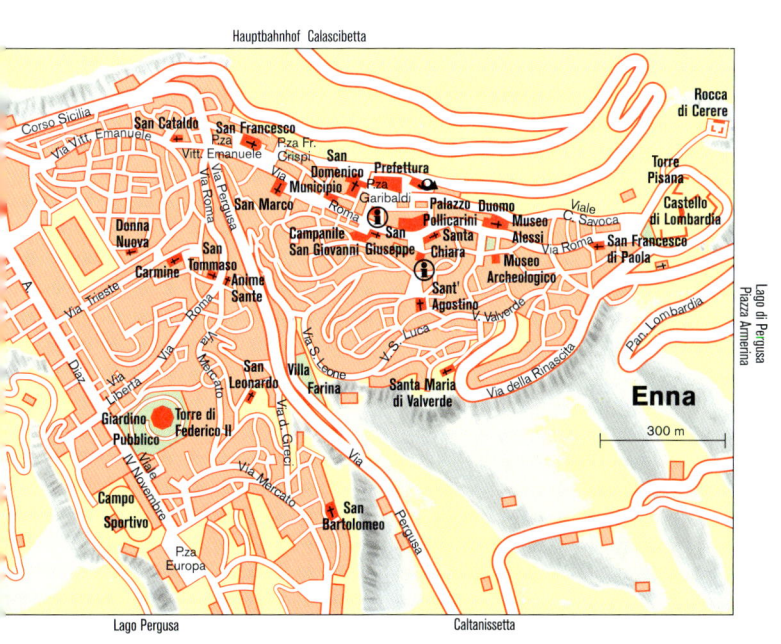

Hübsch abgesetzt vom Zentrum waren die ständig rauchenden Brennöfen, in denen Öllämpchen und winzige Göttinnen aus Ton in Massen produziert wurden. Es kamen ja Scharen von Wallfahrern, denen man das alles verkaufen konnte. Die Archäologen haben probeweise einen Brennofen hochgefahren und mit rohen Töpferwaren bestückt: Das Experiment ist gelungen!

Zehn Kilometer Luftlinie von Morgantina entfernt liegt die weitaus berühmtere **Villa Casale** ✪✪✪, mit vollem Namen „Villa Romana del Casale dei Saraceni", übersetzt: „die römische Villa des Weilers der Sarazenen". Dass dieses antike Lustschloss der Nachwelt erhalten blieb, verdankt es einer Naturkatastrophe: Im 12. Jahrhundert begrub ein Erdrutsch Mosaiken auf einer Gesamtfläche von 4000 Quadratmetern. Doch dass unter dem Geröll etwas verborgen war, geriet nie ganz in Vergessenheit. Dafür sorgten die kleinen bunten Steinchen, die die Bauern auf dem Gelände immer wieder zu Tage förderten. Schon im 17. Jahrhundert schrieb der Historiker Chiaranda aus dem benachbarten Piazza Armerina: „Im Vorort Casal dei Saraceni kommen zahlreiche Mauerwerke antiker Gebäude zum Vorschein." Es sollte jedoch noch zwei Jahrhunderte dauern, bis das Interesse der Archäologen erwachte.

Heute gehört die Villa Casale zu jedem Sizilienprogramm. Einhundertfünfzig Meter im Quadrat misst diese gewaltige Beherbergungs- und Freizeitmaschinerie. Die Wirtschaftsräume und die Wohnungen der Dienerschaft sind noch gar nicht freigelegt. Aber wer konnte sich diese Anlage leisten? Man nimmt an, dass sich der Vize-Kaiser des Westreiches Maximinianus Herculius die Villa im 3. Jahrhundert n. Chr. bauen ließ. Um sämtliche Fußböden und Wände nach seinen Wünschen auszugestalten, ließ er die besten Künstler aus Nordafrika kommen, die neben Szenen aus der Mythologie und der Musik die Hobbys des Hausherren in prächtigen Mosaiken darstellten: die Jagd und den Sport.

Über eine Länge von 65 Metern ziehen sich Großwildjagden in Afrika und Indien. Mit vorgehaltenem Schild gehen Soldaten gegen verzweifelt fauchende Leoparden vor. Ein Berberlöwe liegt ermattet auf dem Boden, ein anderer zerfleischt einen von Todesangst gepackten Jäger. Gewaltige Elefanten und Büffel wehren sich gegen die Gefangennahme, als ob sie schon wüssten, dass sie – wie einige Meter weiter dargestellt – auf Schiffe vor Karthago verladen und nach Ostia verfrachtet werden würden. In Rom warteten die Gladiatoren auf sie. Auf kleinstem Raum ist dagegen die Jagd in Europa mit Jägern zu Pferd und zu Fuß, mit Falken und zähnefletschenden Hunden dargestellt. Höhepunkt ist der Eber, der eben noch den Oberschenkel eines Jägers aufgeschlitzt hat und jetzt mit einer Lanze durchbohrt wird.

Auf dem Boden der Palästra, dem Fitnessraum, findet das römische Wagenrennen zu Ehren der Ceres oder Demeter statt. Auf der bis ins Detail dargestellten Rennbahn mit ihren Wendemarken gehen die Lenker von acht vierspännigen Wagen an den Start. Die fieberhafte Anspannung vor dem Start ist deutlich fühlbar. Aber das Lieblingsmosaik des Publikums ist unumstritten der Gymnastiksaal der Damen. Wer hat behauptet, dass das Schönheitsideal der Antike die füllige Frau gewesen war? Die blond gelockten Bikinimädchen, die hier fröhlich Ball spielen, mit Hanteln trainieren und den Diskus werfen, könnten geradewegs der Titelseite eines Herrenmagazins unserer Tage entsprungen sein.

Eine der zahlreichen Jagdszenen in der Villa Casale.

Provinz Enna

Enna ✹✹

Verkehr

Der Zug hält 5 km außerhalb der Stadt. Bahnverbindungen gibt es von Caltanissetta und Catania (je 1 Std.) und Palermo (2,5 Std.). Alle zwei Stunden fährt dann ein Pendelbus vom Bahnhof in die Innenstadt.
Enna ist am besten über die Straße zu erreichen. Von Palermo, Cefalù und Catania führt eine Autobahn nach Enna (A19). Von Agrigento aus gibt es eine Staatsstraße (SS640).
Natürlich verkehren von den Küstenstädten aus Busse des öffentlichen und privaten Regionalverkehrs. Der Bus der SAIS vom Flughafen Catania braucht 1,5 Std. Von Palermo fährt die SAIS werktags siebenmal nach Enna, an Sonn- und Feiertagen dreimal. Fahrzeit: 2 Std. Der Busbahnhof von Enna ist in der Viale Diaz, wo es auch einen Taxistand gibt. Von dort gibt es eine Verbindung nach Piazza Armerina. Vor dem Castello di Lombardia findet man einen bewachten Parkplatz.

Sehenswürdigkeiten

Duomo
Piazza Mazzini.
Baubeginn war Ende des 12. Jh. Aus dieser Zeit stammen noch die Apsiden. Die Fassade wurde im 15. Jh. gebaut, der Glockenturm im 17. Jh. Besonders sehenswert das linke Portal. Im Inneren wird man überwältigt von der reichen Ausstattung. Korinthische Säulen aus schwarzem Basalt, zwei davon mit Weihwasserbrunnen, sind Werke von Gagini. An der Orgel und in der Sakristei schöne Schnitzarbeiten aus dem 15. Jh. Mehrere wichtige Gemälde von dem Flamen Borremans, der in Sizilien seine schönsten Werke schuf, sowie von Paladini und dem „Zoppo di Gangi". Ein Unikum ist die Kanzel: Ihr Sockel stammt aus dem Demeter-

Wertvolle Decke im Dom von Enna.

tempel, genau so wie die Weihwasserbecken. Das schmiedeeiserne Gitter vor der Taufkapelle soll ursprünglich die arabischen Haremsdamen des Castello di Lombardia verborgen haben. Ein gotisches Portal ist zugemauert. Laut Legende habe der Papst es 1447 für immer schließen lassen: Er selbst war durchgegangen, somit war es heilig und für gewöhnliche Gläubige verboten.
Tgl. 7 – 12.30 und 16 – 19 Uhr.

Castello di Lombardia
Östliches Ende des Viale Savoca.
Die Festung wurde von den Byzantinern begonnen und von den Arabern verstärkt. Aber erst unter Friedrich II. erhielt sie ihre endgültige Größe, er umbaute sie mit einer Befestigungsmauer. Er ließ an jeder Seite einen Turm integrieren und schuf ein System von Vorhöfen. Einer davon beherbergt heute eine Freilichtbühne, auf der im Sommer Theater gespielt wird. Von den einstmals zwanzig Türmen sind nur mehr sechs übrig geblieben. Unbedingt sollte man den Torre Pisana (24 m, 95 Stufen) besteigen. Von dort hat man, wenn nicht wieder einmal Nebel herrscht, einen herrlichen Rundblick auf die Madonie, die Nachbarstadt Calascibetta und den Ätna. Vom Fuß der Burg führt ein Fußweg zur Rocca di Cerere, einer Felsnase mit ein paar Trümmern, in denen man die Reste des einst be-

Archäologie

Ehrenamtliche Helfer

Immer wieder trifft man auf junge Leute, die sich um eine landschaftliche oder bauliche Sehenswürdigkeit bemühen. Sie legen sie frei, vermessen und verzeichnen sie, rekonstruieren die Geschichte und machen sie dem Publikum zugänglich. Neugierigen Touristen wird bereitwillig und umfassend Auskunft gegeben, Fragen nach dem Eintrittspreis oder Öffnungszeiten werden mit Achselzucken quittiert. Es handelt sich um ein in Sizilien – und wahrscheinlich auch in ganz Europa – ganz neuartiges Phänomen: das **Volontariato**, die ehrenamtliche Arbeit. Die Menschen warten nicht mehr, bis der Staat sich um die Kunstschätze und Naturwunder kümmert. Sie nehmen die Dinge selbst in die Hand (in Zusammenarbeit mit den zuständigen Behörden) und retten die Sehenswüdigkeiten nicht nur vor dem Verfall, sondern auch vor dem Zugriff der Spekulanten. Spenden für diese Projekte sind natürlich immer willkommen.

Provinz Enna

Im Fokus

Villa Casale ❋❋❋

Verkehr

Täglich verkehren mindestens sechs Busse von Piazza Armerina zur 5 km entfernten römischen Villa, der erste bereits um 9 Uhr. Aber man sollte als Alternative den Fußweg durch ein üppig grünendes Tal nicht scheuen. Man ist dann früher an der Kasse! Sonst kann es passieren, dass die Insassen von einem Dutzend Reisebussen Schlange stehen, und das nicht nur am Eingang, sondern auch vor den Ausgrabungen.

Öffnungszeiten

Tgl. 9 – 13.30 und 15 – 18.30 Uhr. Eintritt: 8000 Lire. Bürger der Europäischen Union unter 18 und über 60 Jahre haben freien Eintritt.

Information

Siehe unter Piazza Armerina auf S. 170.

Die Villa

Mit Klarsichtpavillons sorgsam überdacht ist dieses Kleinod antiker Mosaikkunst, das nahezu zwei Jahrtausende unbeschadet überstanden hat. Dynamische Jagd- und Sportszenen, aber auch intime Augenblicke in den Thermen und im Schlafzimmer und heitere Darstellungen am Strand und beim Musikgenuss ziehen täglich Tausende von Besuchern in ihren Bann. Der kraftstrotzende, in manchen Szenen fast grausame Realismus ohne die klassische Stilisierung findet sich ähnlich auch in Nordafrika. Aber die Größe von 4000 m² macht die Mosaiken der Villa Casale zu einer antiken Kostbarkeit. In dieser Umgebung haben sich nicht nur kaiserliche Würdenträger des Römischen Reiches, sondern auch noch die späteren arabischen Hausherrn sehr wohl gefühlt – und das, obwohl ihnen der Prophet gegenständliche Bilder ausdrücklich verboten hatte. In den letzten Jahren haben immer wieder Wandalen die Mosaiken bei Nacht und Nebel mit Farbe besprüht, so dass jetzt ein elektronisches Warnsystem eingebaut werden soll. Man rätselt über die Motive: Waren es Mafiosi, die auf diese Weise gegen die verschärfte Jagd auf Kunsträuber protestieren wollten?

Rundgang

Es lohnt sich, vor dem Besuch der Anlage den Grundriss zu studieren. Auf den ersten Blick wird deutlich, dass das Lustschloss von Anfang an in dieser imposanten Größe entworfen wurde: einhundertfünfzig Meter im Quadrat, auf denen sich Gebäude mit insgesamt fünfzig Räumen harmonisch gruppieren. Typisch für südliche Länder: Im Zentrum liegt ein angenehm kühler rechteckiger Innenhof mit einem Wasserbecken und einer kleinen Grünanlage, um das sich ein Säulengang, das Peristyl, herumzieht (13). Besucher kamen im hufeisenförmigen Atrium (10), westlich vom Peristyl, an. Nördlich davon liegen in einer Doppelreihe annähernd quadratische Wohnräume (15 – 24). Parallel zur östlichen Schmalseite des Peristyls verläuft ein 65 m langer, von einer doppelten Säu-

Spätrömisches Fitness-Training, festgehalten im Mosaik.

Im Fokus

lenreihe umkränzter Korridor: der berühmte Wandelgang der Großen Jagd (25). Genau mittig dazu liegt die „Basilika", natürlich keine Kirche, sondern eine Aula für festliche Veranstaltungen (40). Im Norden (37 – 39) und im Süden (41 – 46) der Basilika grenzen beeindruckende Repräsentationsräume an den Wandelgang.

An der Südflanke des Innenhofs wurde ein weiter, ovaler Innenhof („Xystos") mit einem Brunnen errichtet (29). Auch er ist von einem Säulengang umgeben. An seiner Stirnseite liegt ein quadratischer Raum (vielleicht ein Speisesaal, „Triclinium") mit drei halbkreisförmigen Nischen (36), so dass das Ensemble auf dem Grundriss wie ein unförmiger Käfer aussieht. Die drei „Beine" links und rechts werden von kleinen quadratischen Nebenräumen gebildet. An der Ostecke des Innenhofs liegen drei Kammern, von denen eine das weltberühmte Bikinimädchen-Mosaik beherbergt (27).

In solch einer Luxusvilla durften die Thermen natürlich nicht fehlen (1 – 7). Sie befinden sich an der Ostecke des Palastes. Dazu gehört zunächst ein Fitnesssaal, die Palästra, in Form einer dicken Zigarre (7). Danach gelangt man ins kalte Tauchbecken, „Frigidarium" (5), um das kreisrunde Umkleidekabinen liegen. Durch den Massageraum (4) kommt man ins lauwarme Becken (3), wieder in Zigarrenform, und durch die geräumige Halle mit dem heißen Becken, „Caldarium" (2), führt der Weg in den Heizungsraum (1), der die Fußböden und die Wände der Thermen versorgte.

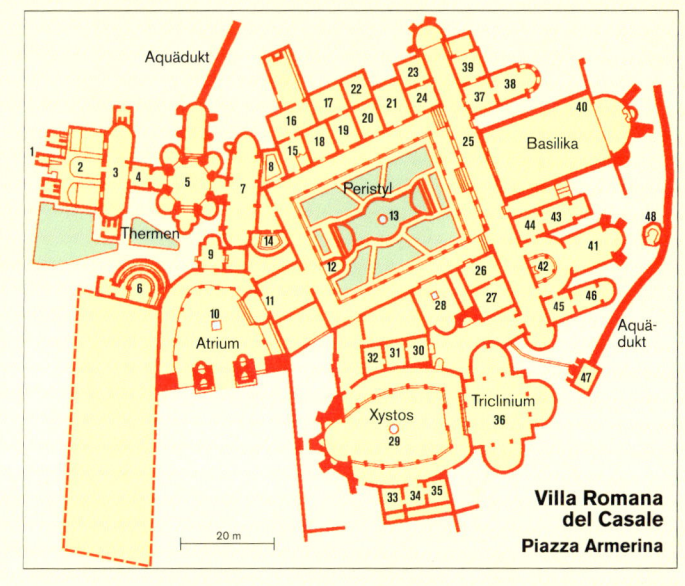

Villa Romana del Casale
Piazza Armerina

1 – 7 Thermen, darunter
2 Caldarium (Warmbad)
3 Tepidarium (Lauwarmbad)
4 Salb- und Massageraum
5 Frigidarium mit Hausherren beim Auskleiden
6 Toilette
7 Palästra mit dem Großen Zirkus

8 Toilette
9 Venusheiligtum
10 Atrium
11 Vestibül
12 Ädiculum (Hausaltar)
13 Peristyl (Innenhof mit Säulengang)
14 Toilette

15 – 24 Wohnräume, darunter:
15 Raum mit Ofen
16 Innerer Saal
17 Raum des Tanzes
18 Geometrische Sternmosaiken
19 Raum mit verlorenen Mosaiken
20 Raum der Jahreszeiten
21 Raum der Kleinen Jagd
22 Fischende Liebesgötter

25 Wandelgang der Großen Jagd

26 – 28 Wohnräume, darunter
27 Bikinimädchen
28 Raum des Orpheus
29 Xystos (Innenhof mit Brunnen und Nischen)
30 Amoretten bei der Weinlese
31 Kelter
32 Weinbau

33 – 35 Fischende Amoretten

36 Triclinium mit den „Taten des Herkules", dem „Sieg über die Giganten" und der „Aufnahme des Herkules unter die Götter"
37 Vestibül des Polyphem
38 Obstdarstellungen
39 Schlafzimmer mit Liebesszenen

40 – 46 Große Basilika für repräsentative Zwecke; dazu gehörten diverse Nebenräume:
41 Prunkraum mit mythischen Darstellungen
42 Atrium
43 Knaben bei der Jagd
44 Eros und Pan
45 Kleiner Zirkus
46 Musikanten
47 Toilette
48 Aquädukt

Provinz Enna

Geschichte

Der Aufstand der Sklaven von Enna

Im 2. Jh. v. Chr. war Enna eine römische Kolonie von Sklaven, die aus dem ganzen Mittelmeerraum entführt worden waren. Sie wurden so grausam unterdrückt, dass sie schließlich unter der Führung des syrischen Sklaven **Eunus** 139 v. Chr. den Aufstand wagten. Auf dieses Fanal hatten die Sklaven im übrigen Sizilien nur gewartet. Immer mehr Städte gerieten unter die Herrschaft der Aufständischen. Zu ihrem König wählten sie natürlich Eunus von Enna. Er ließ daraufhin feststellen, welcher der ehemaligen Sklavenbesitzer Waffen für ihn herstellen konnte. Wer aber zu nichts taugte, der wurde umgebracht. Erst im Jahr 132 v. Chr. gelang es den Römern, den Aufstand niederzuschlagen. Einige Tausend Sklaven wurden hingerichtet, die übrigen ließ man am Leben – sie wurden gebraucht.

900 Meter über dem Meeresspiegel liegt das Castello di Lombardia.

rühmten Demeter-Tempels vermutet.
Tgl. 9 – 13 und 15 – 17 Uhr. Eintritt frei.

Torre di Federico
Ecke Via Diaz/Via Libertà.
Achteckiger Wohnturm von 24 m Höhe aus dem 13. Jh., in einem Park gelegen. Seine schmucklosen, über 3 m dicken Mauern verweisen auf seine Funktion: Sie mussten seinen Bauherrn, Kaiser Friedrich II., beschützen. Sehenswert die Deckengewölbe und die in der Mauer aufsteigende Wendeltreppe.
Tgl. 8 – 18 Uhr. Eintritt frei.

Chiesa San Michele
Piazza Mazzini.
Sehenswert der Boden aus bemalter Keramik.
Unregelmäßig geöffnet.

Campanile San Giovanni
Ecke Piazza Coppola/Via Candrilli.
Gotischer Glockenturm, Überbleibsel einer Kirche aus dem 15. Jh. Die drei Stockwerke sind gekrönt von einer Kuppel in arabischem Stil.

Museo Alessi
Neben dem Dom.
Eine umfangreiche Münzsammlung, die mit der Zeit der Sikuler beginnt und mit den Römern endet. Antike Statuetten und Vasen, Gemälde und Tafelbilder in byzantinischem Stil und der Domschatz mit einzigartigen Goldschmiedearbeiten. Sehenswert: der silberne Reliquienbehälter von 1536, die Krone der Madonna aus Goldspitze von 1653 und der juwelenbesetzte Pelikan.
Tgl. außer Montag 9 – 13 und 16 – 19 Uhr. Eintritt: 5000 Lire.

Museo Archeologico
Im Palazzo Varisano, Piazza Mazzini.
In einem schönen alten Stadtpalast werden Kulturzeugnisse der Bronzezeit bis zum Mittelalter ausgestellt. Das Museum ist restauriert und nach den Prinzipien moderner Museumspädagogik, also übersichtlich und anschaulich, gestaltet.
Tgl. 9 – 13 und 15.30 – 18.30 Uhr, in der Saison manchmal durchgehend geöffnet. Am Sonntagnachmittag geschlossen.
Eintritt: 4000 Lire, ausgenommen EU-Bürger unter 18 oder über 60 Jahren.

Unterkunft

*** Grande Albergo Sicilia
Piazza N. Colajanni 5
Tel. 0935/50 08 50
Fax 0935/50 04 88.
Eines der beiden Hotels der Stadt. Die „Albergo Sicilia" liegt zentral und trotzdem ruhig im Herzen der romantischen Altstadt. Womöglich erwischt man sogar ein Zimmer mit Blick in das Tal. Das dazugehörige Restaurant

Provinz Enna

„Ariston" bietet eine gute Spezialitätenküche.

*** Hotel Demetra
SS121 Contrada Misericordia
Tel. 0935/50 23 00
Fax 0935/50 21 66.
Nur mit dem Auto über die SS121 erreichbar, 200 m von der A19. Dafür ist das Hotel aber besonders schön gelegen und hat einen Garten.

Isola Felice
Siehe unter „Aktivitäten".

Restaurants

Trattoria Grotta Azzurra
Via Colojanni 1
Tel. 0935/243 28.
Winziges und einfaches Restaurant mit familiärer Atmosphäre.

Trattoria-Pizzeria da Gino
Via Belvedere Marconi 6
Tel. 0935/240 76.
Terrasse mit toller Aussicht. Auch die Räume mit ihrer Gewölbedecke sind gemütlich. Die schmackhaften Antipasti sind zu empfehlen.

Ristorante Centrale
Piazza VI Dicembre 9
Tel. 0935/50 09 63.
Im Herzen der Stadt. Gemütlicher Speisesaal und Aussichtsterrasse. Spezialitätenküche.

Cafés

Bar del Duomo
Piazza Mazzini gegenüber dem Dom. Von der Terrasse aus überblickt man die belebte Piazza vor dem Dom.

Bar Sorrento
Via Messina 4 (beim Krankenhaus). Eine große Auswahl an Eisspezialitäten, darunter Jogurteis und Halbgefrorenes aus Ricotta.

Antico Café Roma
Piazza Vittorio Emanuele.
Auf dieser Terrasse muss man einfach einmal eine Granita geschlürft haben.

Einkaufen

In den Geschäften der Altstadt werden die traditionellen, handgefertigten Spitzen und Stickereien der Gegend – zu stolzen Preisen – angeboten.

Aktivitäten

Isola Felice di Ignazio Fiscella
Contrada Favara
94010 Nissoria (EN)
25 km auf der SS121 nach Norden, hinter Leonforte
Tel. 0935/64 03 90 (unbedingt reservieren!).
Etwas für Landfreaks. Der Berghof hat 5 tipptopp renovierte Zimmer mit insgesamt 25 Betten und einen klei-

Typisch für touristische Brennpunkte: bunte Andenkenläden.

Kunstraub

Demeter in Malibu

Im Jahr 1988 konnten die Besucher des Getty-Museums in Malibu/Kalifornien eine Neuerwerbung bestaunen: die überlebensgroßen marmornen Häupter von **Demeter** und **Persephone**. Doch dann meldete sich ein sizilianischer Staatsanwalt: „Sie sind geraubt aus Morgantina." Sofort nahm der anonyme Leihgeber die Köpfe wieder an sich. Schon 1984 waren im Metropolitan Museum of Art in New York verdächtige silberne Kultgeräte aufgetaucht. Ein reumütiger Mafioso behauptete: „Die hat meine Bande in Morgantina bei Nacht und Nebel ausgegraben." Dort hätten sie auch die Köpfe von Malibu gefunden. An der Stelle fand man später nicht nur die tönernen Körper von Figuren, denen nach einer antiken Spartechnik einmal marmorne Köpfe angefügt worden waren – sie fehlten –, man fand auch tönerne Nachbildungen der Kultgeräte, die das Museum von New York besitzt.

Einkaufen in Caltagirone

Alle Keramiker der Stadt arbeiten mit hohen Qualitätsansprüchen. Im Folgenden zwei kleine Geschäfte, die ein bisschen abseits liegen, aber Besonderes zu bieten haben:

Sil.Va

In dem Laden bekommt man nicht nur Keramik im Stil der Renaissance und des Barock. Die Inhaber experimentieren auch mit streng geometrischem arabischem Dekor und leicht irisierender orientalischer Glasur.
Piazza Umberto 1
Innenhof
Tel. 0933/557 07.

Ignazio Scarlatella

Der Kunsthandwerker Ignazio Scarlatella hat ebenfalls die metallisch glänzende Glasur der Araber weiterentwickelt und dazu einen unverwechselbaren eleganten Stil geschaffen. Außerdem stellt er auch Figuren von hohem künstlerischem Rang her.
Via Roma 110
Tel. 0933/524 59.

---

nen Campingplatz. Man kann reiten, Tennis spielen, Bogenschießen, im Wald wandern, auf die Jagd gehen oder abtauchen im Schwimmbecken.

Information

AAPIT
Via Roma 411
Tel. 0935/52 82 28
Fax 0935/52 82 29.
Mo – Sa 9 – 13 und 15.30 – 18.30 Uhr.

Ausflüge

Calascibetta
Das Nachbarstädtchen liegt 7 km nordwestlich von Enna (SS290). Die SAIS fährt werktags stündlich, an Sonn- und Feiertagen seltener.
Calascibetta soll aus dem Heerlager der Araber entstanden sein, die Enna über Jahre belagerten. Zumindest ist der Name arabischen Ursprungs, und Kenner haben in den Baustrukturen arabische Züge entdeckt. Allerdings war der Hügel schon seit dem 11. Jh. v. Chr. von den Sikulern besiedelt. Ein Spaziergang durch die Gassen der Altstadt ist ein Erlebnis.

Leonforte
20 km nordöstlich von Enna.
Mit dem Bus der SAIS kommt man sechsmal täglich von Enna nach Leonforte, am Wochenende seltener. Die hübsche Barockstadt wurde im 17. Jh. gegründet. Ein Unikum ist der Brunnen Granfonte am Ortsrand: eine riesige, künstlerisch gestaltete Viehtränke mit Aussicht. Aus 24 Röhren rauschen kräftige Wasserstrahlen.

Lago di Pergusa
8 km südlich von Enna.
Zwischen 7 und 22 Uhr fährt jede Stunde ein Bus dorthin.
Den kleinen See hielten die alten Griechen für den Eingang zur Unterwelt. Hier hat der Gott Hades Persephone, die Tochter der Demeter, entführt und in sein Reich verschleppt. Aber sie durfte einmal im Jahr zurück auf die Erde, um ihre Mutter zu besuchen. Dann brachte sie den Frühling. So hübsch der See auch ist, die um ihn herumführende Autorennbahn stört doch sehr. Trotzdem ist es im Frühsommer ein angenehmer Spazierweg. Baden sollte man besser nicht, denn der See ist verschmutzt.

Piazza Armerina

25 km südlich von Enna; von dort fahren sechs SAIS-Busse zwischen 6.30 und 19 Uhr (Fahrzeit: 45 Min.). Die meisten motorisierten Touristen brausen auf dem Weg zur Villa Casale (siehe S. 166/167) durch. Aber ein Spaziergang durch die Altstadt lohnt sich. Dazu gehört unbedingt die Besichtigung des Doms aus dem 16. Jh., den manche zu den eindrucksvollsten Kirchen Siziliens zählen. Im Inneren birgt er Schätze von Gagini und ein wertvolles Kruzifix. Die Wände sind vornehm bemalt.

Ausflug

Morgantina/Aidone
20 km nordöstlich von Enna.
Auf der SS288 von Aidone 4 km nach Osten, es gibt keine Stadtbusse. Die drei Bergsättel östlich von Aidone waren schon in vorgeschichtlicher Zeit besiedelt. Zur Sikuler-Gründung Morgantina kam im 6 Jh. v. Chr. eine griechische Nachbarstadt. Im Lauf seiner Geschichte mehrfach zerstört, wurde es zuletzt von römischen Legionären wieder aufgebaut. Gut erhaltene Wirtschaftsanlagen und Versammlungsräume, zu denen das unscheinbare Demeter-Heiligtum nicht recht passt.
Tgl. 9 – 17 Uhr, Eintritt: 3000 Lire.

Information

AAPIT
Via Cavour 15
Piazza Armerina
Tel. 0935/68 02 01

Provinz Enna

Von Lebensmitteln über Haushaltswaren bis hin zu Kleidern reicht das Angebot auf dem Markt von Piazza Armerina.

Fax 0935/68 45 65.
Mo – Sa 8 – 14 und 16.30 – 19.30 Uhr.
Hier erhält man einen Fahrplan für den Bus zur Villa Casale und einen Grundriss des Ausgrabungsgeländes.

Caltagirone

75 km südöstlich von Enna, erreichbar über die Straßen SS561, SS117 und SS124 – eine lohnende Anfahrt! Caltagirone, jenseits der Grenze der Provinz Enna, ist seit der Antike ein Zentrum der Keramikproduktion. Griechen, Araber, Juden, Katalanen – alle haben dazu beigetragen, Technik und Stil zu vervollkommnen. Heute sorgt eine Akademie dafür, dass die Qualität gleichbleibend hoch ist. Der Export hat den einstigen Reichtum der Stadt begründet, von dem noch viele Kirchen und Paläste zeugen.

Man sollte erst das Keramikmuseum mit seinen Schätzen aus den diversen Epochen besuchen, um dann als Kenner in den zahllosen Läden wählen zu können. Der Einkaufsbummel führt gleichzeitig an den wichtigsten Sehenswürdigkeiten vorbei. Am berühmtesten ist die Scala an der Piazza Municipio, eine steile Treppe mit 142 Stufen, die Bühne für festliche Veranstaltungen ist (siehe S. 45). Auf derselben Piazza eine Halle mit Loggia von 1483, die heute Galleria Luigi Sturzo genannt wird nach dem in Caltagirone geborenen Gründer der Katholischen Volkspartei. Am oberen Ende der Scala die majestätische Kirche Santa Maria del Monte aus dem 18. Jh. Sehenswert unter anderem die Chiesa di San Giorgio am oberen Ende der Via Luigi Sturzo. Auf dem Weg zum Museum über die Via Roma passiert man die keramikgeschmückte Brücke Ponte San Francesco, den Balkon der Ventimiglia und das Teatrino, eine mehrstöckige keramikverzierte Prunkkulisse am Hang des wunderschönen Stadtparks.

Sehenswürdigkeiten

Museo della Ceramica
Giardino Pubblico
Tel. 0933/216 80.
Tgl. außer Mo 9.30 – 14 Uhr, in der Saison evtl. auch nachmittags.
Eintritt: 8000 Lire, ausgenommen EU-Bürger unter 18 oder über 60.
Ein schönes Andenken und gleichzeitig eine praktische Hilfe sind die von einer Künstlerin gezeichneten Stadtpläne, die man beim Fremdenverkehrsamt bekommt.

Information

AAPIT
Palazzo Libertini
Piazza Umberto
Tel. 0933/538 09
Fax 0933/546 10.
Mo – Sa 8.30 – 13.30 und 15 – 17 Uhr.

Insider News

Ein ruhiges Plätzchen

Am Ortseingang von Piazza Armerina liegt der **Parco Ronza**. Alte Bäume spenden Schatten – ideal für ein Picknick. Nur am Wochenende wird es laut, wenn die italienischen Familien Ausflüge machen. Der Kilometerstein „Km 39" weist den Weg.
Tgl. 7 – 20 Uhr.

Demeter lebt

Der Kult der antiken Göttin der Fruchtbarkeit ist in **Enna** noch nicht vergessen, er wird heute aber im Namen der Madonna vollzogen: 250 nackte Männer (auf Anweisung der Kirche tragen sie ein Hemd!) begleiten die Madonna an Mariä Heimsuchung (2. Juli) und am 15. Juli auf ihrer Prozession – die Stimmung ist alles andere als fromm.

Buona sera, signorina

Noch ein Ritual: „La Passeggiata". Von 18 bis 20 Uhr ist täglich auf der Via Roma, der Piazza Vittorio Emanuele und am Brunnen der Piazza Crispi von Enna alles unterwegs, was laufen kann. Sehen und gesehen werden lautet dann die Devise.

Vom Herkules-Tempel haben acht dorische Säulen die Jahrhunderte überdauert.

Im Tal der Tempel

Agrigento

Griechische Kolonisten gründeten die Stadt an der Südküste. Von der großartigen Blütezeit Agrigentos künden heute noch die gut erhaltenen und weitläufigen Tempelanlagen.

Agrigento

Verkehr	Seite 177
Sehenswürdigkeiten	Seite 177
Unterkunft	Seite 177
Restaurants	Seite 178
Einkaufen	Seite 178
Ausflüge	Seite 178
Information	Seite 179
Tal der Tempel	Seite 180

Warum die Landschaft um die Stadt **Agrigento** ✪✪✪ seit jeher immer wieder die Siedler angelockt hat, kann man sich leicht vorstellen, wenn man im Frühling die Via dei Templi hinabwandert. Ende Februar wird im Tal das Mandelblütenfest gefeiert, und der milde Wind trägt den Besuchern von weitem die ersten leisen Bruchstücke von Volksmusik entgegen. Im warmen Nachmittagslicht ist das Tal stechend grün, die Sonne scheint durch die Gräser und den üppigen Klee. Die Mandelbäume sind in rosa Blütenwolken gehüllt, und alles ist so frisch, als wären die dorischen Tempel eben erst fertig geworden – sie sind besser erhalten als die meisten Tempel in Griechenland. Sieben der antiken Vermächtnisse liegen im **Valle dei Templi**. Davon ist der **Tempio di Concordia**, der Tempel der Eintracht, fast unzerstört.

Dieser Friede wird durch keine Bebauung mehr gestört werden: Das ganze Gelände steht unter Landschaftsschutz. Dazu bedurfte es eines langjährigen erbitterten Kampfes. Die chemische Industrie und die Bauspekulanten hatten das Gelände schon unter sich aufgeteilt. Heute darf in einem Bereich von 1400 Hektar rund um die Tempel nicht mehr gebaut werden, nur der Bestand der schon vorhandenen und legal gebauten Häuser ist geschützt. Die wenigen Bauten, die vor dieser Zeit ohne Baugenehmigung erstellt wurden, dürfen nicht mehr renoviert werden. Gebäude, die so dicht an den Tempeln liegen, dass sie das Bild zu sehr verschandeln, sollen gegen eine angemessene Entschädigung enteignet werden – zumindest ist das geplant. Noch immer wird verhandelt, denn die illegalen Häuslebauer wollen natürlich nicht gehen, und sie haben das Mitleid auf ihrer Seite.

Zur **Festa del Mandorlo in Fiore**, dem Mandelblütenfest, kommen jedes Jahr Volkstanzgruppen aus allen Teilen Siziliens, ja Europas, sogar sizilianische Heimatvereine aus Übersee sind dabei. Es sind Emigranten und deren Nachfahren, die das Land ihrer Vorfahren zum ersten Mal sehen. Dazu kommen ausländische Kulturgruppen mit professionellem Niveau: Georgier, Türken, Brasilianer und Franzosen wirbeln dann über die Bühne, zu denen der **Tempio di Ercole** im Hintergrund einen etwas verwirrenden Kontrast bietet.

Natürlich lässt sich Agrigento nicht auf das alljährliche Treffen der Volkstänzer und -musikanten reduzieren. Diese Landschaft hat schon immer auch Menschen her-

Römisches Gräberfeld hinter der Tomba di Terone.

vorgebracht, die zur Creme des europäischen Kulturlebens gehörten: In enger Beziehung zur Nachbargemeinde **Palma de Montechiaro** steht der Schriftsteller Giuseppe Tomasi di Lampedusa, dessen Familie dort ein Schloss besaß. Es wurde in seinem 1954 entstandenen Roman „Der Leopard" zum Sitz der Familie und heißt dort „Donnafugata". Der berühmteste Sohn der Stadt aber war der Schriftsteller **Luigi Pirandello**, der das europäische Theater seit den zwanziger Jahren dieses Jahrhunderts maßgeblich beeinflusst hat. Heute ist sein Geburtshaus ein Museum, und das Landschaftsschutzgebiet wurde vom Tempelgelände aus bis dorthin erweitert. Die kleine Hafenstadt Porto Empedocle in unmittelbarer Nachbarschaft von Agrigento kann es übrigens nur schwer verwinden, dass Pirandello nicht ihr Sohn ist – seine Familie lebte nämlich dort, und die Mutter ging nur zur Geburt des kleinen Luigi ins Landhaus der Familie. Das aber liegt schon im Gebiet der „Konkurrenz".

Schon im Februar blühen im Tal der Tempel die Mandelbäume.

Pirandellos Geburtshaus steht auf einem Hochplateau. Dahinter fallen die Klippen steil zum Meer ab. Vor dem Eingang befindet sich eine kleine Bühne, auf der im Sommer Theaterworkshops stattfinden. Pirandellos Grab liegt neben einer riesigen Pinie abseits vom Haus, am Steilhang unter einem Felsbrocken. Darunter erstreckt sich das Afrikanische Meer, über das weit draußen Frachter vorbeiziehen. So hat es sich Pirandello gewünscht, als er sein Testament schrieb. Übrigens hat Pirandello seinen Doktortitel an der Universität von Bonn erworben. Thema seiner in deutsch geschriebenen Dissertation war die sizilianische Sprache, und zwar die „Laute und Lautentwicklung der Mundart von Girgenti".

Highlights

Duomo
Normannischer Dom auf griechischen Mauern mit schöner Aussicht (siehe S. 177).

Santa Maria dei Greci
Verträumte Idylle, erbaut auf antikem Fundament (siehe S. 177).

Monastero dello Santo Spirito
Geglückte Verbindung von Gotik und Barock (siehe S. 177).

Festa del Mandorlo in Fiore
Echte sizilianische Folklore erlebt man beim Mandelblütenfest (siehe S. 45).

Sciacca
Einkaufsbummel durch Läden mit erlesener Keramik (siehe S. 178).

Museo Archeologico
Ein sieben Meter großer Riese aus dem Jupiter-Tempel (siehe S. 180).

Tempio di Giove Olimpico
Ein Tempel, der menschliches Maß bei weitem übersteigt (siehe S. 180).

Tempio di Concordia
Würdige Behausung für die antike Göttin der Eintracht (siehe S. 181).

Agrigento

Girgenti war damals der Name von Agrigento, er stammt vom Wort Kerkent ab. So haben die Araber das lateinische Wort Agrigentum ausgesprochen. Die griechischen Gründer hatten ihrer Stadt den Namen Akragas gegeben. Weil die Ureinwohner ab dem 13. Jahrhundert v. Chr. noch nicht schreiben konnten, wissen wir nicht, wie sie dieses fruchtbare Gebiet nannten.

Akragas wurde im Jahr 580 v. Chr. von Griechen gegründet, denen Gela zu eng geworden war. Damit rückten sie den Phöniziern beunruhigend nahe. Tatsächlich lieferten sich die beiden Völker mehrere grausame Schlachten, und der üppige Reichtum der Stadt, der sich unter anderem in „Hunderten von Kutschen aus Elfenbein" (so der antike Historiker Diodor) und fast größenwahnsinnigem Tempelbau ausdrückte, war dahin, als sich die Niederlagen an der Wende vom 6. zum 5. Jahrhundert v. Chr. häuften. Von da an wurde Agrigento zum Selbstbedienungsladen für Römer, Wandalen, Ostgoten und Byzantiner. Die Einwohnerzahl ging zurück. Erst mit der Eroberung durch die Araber im Jahr 828 ging es wieder aufwärts, die Stadt wurde erneut wohlhabend.

Auf den Hügeln oberhalb des Tals der Tempel entstanden neue Quartiere. Auch wenn ein Erdrutsch 1966 einen großen Teil der arabischen Häuser zu Tal gerissen hat, gibt der übrig gebliebene Teil der „Kasbah" noch einen guten Eindruck davon, wie die Stadt vor tausend Jahren ausgesehen hat. Ausgangspunkt für eine Erkundung ist die **Via Atenea**, von dort folgt man den Gässchen, die steil bergauf führen zwischen eingeschossigen unregelmäßigen Häuschen, scheinbar ohne System zusammengeschachtelt in einem Gewirr von Sackgassen und Winkeln, die sich immer wieder zu kleinen Plätzen öffnen, die gerade ausreichen, um ein paar Stühle aufzustellen. Alte Frauen putzen vor ihren Häusern Gemüse, stolze Autobesitzer waschen ihren antiken Fiat. Um sie herum krabbeln jede Menge Kinder und Katzen. Das Erstaunliche: Noch heute wohnen in diesem Viertel vor allem Zuwanderer aus Nordafrika. Sie fühlen sich in diesen Strukturen am wohlsten, weil sie sie von zu Hause kennen.

Die von den Arabern begründete gesunde Mischung aus Landwirtschaft und Schwefelindustrie sorgte für begrenzten Wohlstand. Aus aller Welt kamen noch im letzten Jahrhundert die Frachter in den Hafen von Agrigento, um den Schwefel zu bunkern. Dieser internationale Hafen hieß damals Borgata Molo und gehörte zur Kreisstadt Girgenti (Agrigento). Das missfiel den Borgatern, einem weltläufigen Völkergemisch aus neapolitanischen und maltesischen Fischern, Seefahrern und Handelsherren, die die sie bevormundenden Landratten von Agrigento verachteten. Die große Stunde von Borgata Molo kam mit der italienischen Einheit: Seit 1863 ist die Stadt unabhängig und nennt sich nach einem antiken – leider aus Agrigento stammenden – Wissenschaftler **Porto Empedocle**.

Dafür hat Porto Empedocle jetzt endlich einen berühmten Sohn, der sich zu seiner Stadt bekennt: Andrea Camilleri, Regisseur und Schriftsteller. Er hat unter anderem humorvolle Krimis geschrieben, die alle in Porto Empedocle und Agrigento angesiedelt sind. Der erste ist vor kurzem unter dem Titel „Die Form des Wassers" erschienen.

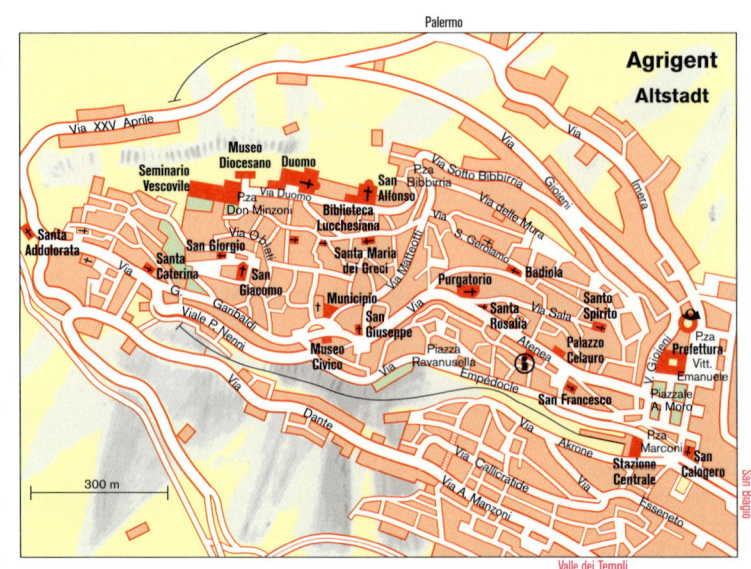

Agrigento

Verkehr

Von Palermo und Catania aus ist man mit Bussen der SAIS in drei Stunden in Agrigento. Wer viel Zeit hat, kann auch den Zug von Palermo nehmen. Mit verschiedenen privaten Busunternehmen (Busbahnhof Piazza Rosselli) kann man auch die unmittelbare und weitere Umgebung erkunden. Leider sind die Verbindungen am Wochenende spärlich. Die Stadtbusse fahren ab der Piazza Marconi. Sie sind pünktlich, billig (1000 Lire) und fahren alle Sehenswürdigkeiten an. Achtung: Ab 20.30 Uhr fährt kein Stadtbus mehr. Mit Taxis kann man Pech haben, man sollte unbedingt vorher über den Preis sprechen und die Uhr kontrollieren. Taxistände gibt es an der Piazza Marconi (Bahnhof) und am Piazzale Aldo Moro.

Sehenswürdigkeiten

Duomo

Via Duomo, Eingang an der Piazza Don Minzoni.
Normannischer Bau aus dem 11. Jh., errichtet über dem Zeus-Tempel der antiken griechischen Akropolis. Erweitert im 13./14. Jh., im Barock nochmals umgebaut. Das Innere wurde nach dem Erdrutsch von 1966 teilweise in alter Form wiederhergestellt. Eindrucksvoll der Vorplatz mit der Freitreppe direkt neben dem Abgrund zum Hinterland.
In der Regel vormittags geöffnet.

Santa Maria dei Greci

Via Saponara, unterhalb des Doms.
In einem Garten steht die kleine normannische Kirche mit ihren byzantinischen Fresken. Gut erkennbar sind Reste eines griechischen Tempels, der vermutlich Athene gewidmet war.
Tgl. 7 – 13 Uhr.

Monastero dello Santo Spirito

Am Ende der Via Fodera.
Das Heilig-Geist-Kloster und die dazugehörige Kirche wurden im 13. Jh. gegründet, daher ist die Fassade der Kirche noch teilweise gotisch. Die Kirche wurde später barockisiert, vor allem im Inneren; der berühmte Stukkateur Serpotta hatte seine Hand im Spiel. Zudem sind eine Madonna aus der Schule der Gagini und ein frühchristliches Weihwasserbecken zu entdecken. Sehenswert sind die Reste des Kreuzgangs.
Mo – Sa 9 – 13 Uhr.

Unterkunft

Die Hoteliers in Agrigento verlangen im Sommer sehr hohe Preise. Das können sie sich leisten, weil sie durch ganze Reisegruppen ohnehin gut ausgelastet sind. Es empfiehlt sich, rechtzeitig zu buchen.
Leider sind auch die Campingplätze überlaufen und noch dazu laut, weil sie in unmittelbarer Nähe der Vergnügungsmeile von San Leone liegen.

**** Hotel della Valle
Via dei Templi 04
Tel. 0922/269 66
Fax 0922/264 12.
Auf halber Höhe zwischen der Altstadt und dem Tal der Tempel, daher gut geeignet für Reisende, die viel zu Fuß unternehmen.
Ruhige Lage, freundlicher Service.

*** Colleverde Hotel
Passegiata Archeologica/Via dei Templi
Tel. 0922/295 55
Fax 0922/290 12.
In schöner Lage im Tal der Tempel, mit großartigem Garten. Einige Zimmer mit Blick auf die Tempel.

*** Hotel del Viale
Piazza Cavour 13
Tel. 0922/200 63
Fax 0922/201 94.
Modern ausgestattet und blitzsauber. Wegen der hohen Preise nur außerhalb der Saison zu empfehlen.

Racalmuto

Reise in die Vergangenheit

Rahl al-Maut, Ort des Todes, nannten die arabischen Einwanderer ein Dorf in der Nähe von Agrigento, das nach einer Seuche völlig ausgestorben war. Sie beschlossen, es mit künstlicher Bewässerung und intensiver Bewirtschaftung durch Bauern auf eigenem Grund und Boden wieder zu blühendem Leben zu erwecken. Heute allerdings scheint es, als stürbe die Stadt **Racalmuto** nach der Schließung der Schwefelminen zum zweiten Mal aus. Die männliche Jugend ist ausgewandert auf der Suche nach Arbeit. Die Atmosphäre ist beschaulich, auf der Straße spazieren aufgeschlossen-abgeklärte Rentner, die Bars sind so altmodisch, dass man glaubt, im Sizilien der Vorkriegszeit gelandet zu sein. In dieser bitter armen Stadt wurde der Schriftsteller **Leonardo Sciascia** geboren. Sein großes Thema war die Not und die Hoffnungslosigkeit, die viele Menschen in die Arme der Mafia treibt, und die Korruption, die den Kampf gegen „La piovra" – die Krake – immer wieder vereitelt.

Agrigento

Persönlichkeiten

Empedokles

Der älteste Prominente von Agrigento war der Universalgelehrte Empedokles, der hier im 5. Jh. v. Chr. wirkte, als die Stadt noch Akragas hieß. Empedokles hatte in Griechenland bei dem Mathematiker Pythagoras studiert und war seinerseits wieder Lehrer des Philosophen Gorgias.
Dass sich Empedokles aus religiösen Gründen in den Ätna stürzte, ist sicher eine Legende. Es passt einfach nicht zu diesem praktischen Mann. Empedokles engagierte sich im lange Zeit von Tyrannen beherrschten Agrigento für die Demokratie. Als Stadtplaner kämpfte er hier wie in der Nachbarstadt Gela erfolgreich gegen die Malaria: Er ließ ganze Stadtviertel abreißen und nach Erkenntnissen der Hygiene wieder aufbauen.
Den Tod des Gelehrten auf dem Gipfel der Ätna kann man vielleicht dadurch erklären, dass er den Ätna vom **Torre del Filosofo** aus erforschen wollte und an Giftgasen erstickte.

** Hotel Villa Belvedere
Via San Vito 20
Tel./Fax 0922/200 51.
Im oberen Teil der Stadt gelegen, in Bahnhofsnähe. Die Zimmer teilweise laut, aber einige haben einen Blick ins Tal und aufs Meer.

** Hotel Concordia
Piazza San Francesco
Tel./Fax 0922/59 62 66.
Für Liebhaber der Altstadt, zentral in der Nähe der Via Atenea gelegen. Zum Haus gehört das Restaurant „La Forchetta". Zimmer teilweise ohne Dusche.

Restaurants

Tavola Calda
Via Pirandello 1
In der Nähe der Piazzale Aldo Moro. Einfaches Selbstbedienungslokal mit ausgezeichneter Küche. Rechtzeitiges Erscheinen ab 11 Uhr sichert die größte Auswahl an warmen Gerichten und Pizzen.

Trattoria Atenea
Via Ficani 32
In der Altstadt
Tel. 0922/202 47.
Gemütlicher Familienbetrieb mit guter Küche. Im Sommer wird auch draußen bedient.

Trattoria e Paninoteca Manhattan One
Salita Madonna degli Angeli 9
Nähe Piazzale Aldo Moro
Tel. 0922/59 66 95.
Freundlicher Familienbetrieb mit sehr guten Fischgerichten, im Sommer mit Tischen vor der Tür. An der Theke am Eingang kann man sich Brötchen mit Delikatessen belegen lassen.

Trattoria Leon d'Oro
Viale Emporium
San Leone
Tel. 0922/41 44 00.
Freundlicher Familienbetrieb mit traditioneller Küche.

Nachtleben

Auf der Küstenstraße von San Leone treffen sich Einheimische und Touristen zur allabendlichen Passegiata. Eine Diskothek liegt hier neben der anderen.

Einkaufen

An der Via dei Templi findet man in einem Haus zahlreiche „Stoai" – so das griechische Wort für „Läden" – unter einem Dach. Die Shops bilden eine große Verkaufsausstellung des sizilianischen Kunsthandwerks mit einer schönen Auswahl an Keramik, Textilien und Drechslerarbeiten.
Zum Komplex gehört auch ein kleines Theater.
Tgl. außer Mo 9 – 13 und 16 – 19 Uhr.

Aktivitäten

Tauchen vor Lampedusa
Blue Adventures Diving Club
Porto Vecchio
Lungomare Luigi Rizzo 49
Tel. 0922/97 30 34
Fax 0922/97 33 63.

Strand

San Leone
Der Badeort von Agrigento. Entfernung: 7 km. Der grobkörnige rote Sand ist in der Saison leider schmutzig, der Strand überlaufen.

Ausflüge

Sciacca
Antikes und bis heute florierendes Schwefelthermalbad an der Küste, etwa 50 km westlich von Agrigento. Seit dem 5. Jt. v. Chr. bewohnt, wie die Erforschung der heute unter Wasser liegenden Grotten ergeben hat.

Agrigento

Die Fischer von Sciacca bei der Arbeit.

Hier hat das Keramikhandwerk Tradition, wahrscheinlich schon seit der Zeit der Araber, die der Stadt ihren Namen gaben. Ein Einkaufsbummel auf dem Corso Vittorio Emanuele kann leicht zum Kaufrausch führen. Außerdem ist Sciacca eine schmucke Hafenstadt mit sehenswerten mittelalterlichen Gebäuden.

Gäste aus ganz Sizilien und viele Touristen kommen im Karneval für fünf tolle Tage und Nächte nach Sciacca.

Gela

Wer von der Antike nie genug bekommen kann, sollte auch nach Gela fahren, etwa 75 km östlich von Agrigento gelegen.

Diese Stadt war ursprünglich die Mutterstadt von Agrigento, wurde aber von ihrer Tochter weit überflügelt. Gela wurde im 7. Jh. v. Chr. von Siedlern aus Rhodos gegründet und hat die am besten erhaltene Stadtmauer des griechischen Kulturraums. Am östlichen Ende des Corso Vittorio Emanuele befindet sich das Ausgrabungsgelände, das zwar neben dem Archäologischen Museum keine hochragenden Tempel, aber ein griechisches Wohngebiet zeigt. Die Anlagen der petrochemischen Industrie, die im Gefolge von Erdölfunden hier entstanden sind, wachsen allmählich auf das Ausgrabungsgelände zu.
Tgl. 9 – 13.30 und 15.30 – 18 Uhr. Eintritt frei.

Racalmuto

Ungefähr 30 km nordöstlich von Agrigento.

Die kleine Stadt ist einfach deshalb sehenswert, weil man hier einen Eindruck erhält, wie Sizilien vor fünfzig Jahren ausgesehen haben muss. In ihren Mauern wurde der bekannte Schriftsteller Leonardo Sciascia geboren, dessen Werke auch ins Deutsche übersetzt wurden. Außerdem liegt Racalmuto landschaftlich ausgesprochen reizvoll (siehe auch Kasten auf S. 177).

Pelagische Inseln

Die beiden Inseln Lampedusa und Linosa liegen Tunesien näher als Sizilien. Im 17. Jh. erhielt die Familie Tomasi, aus deren Reihen der Autor des berühmten Romans „Der Leopard" entstammt, vom spanischen König Carlos II. den Titel der Fürsten von Lampedusa. Vom Tourismus noch weitgehend verschont, sind die Inseln vor allem ein Geheimtipp für Taucher (siehe auch unter „Aktivitäten" auf S. 178).

In der Saison fährt täglich gegen Mitternacht eine Fähre der SIREMAR von Agrigentos Hafen Porto Empedocle in sechs Stunden nach Linosa und in acht Stunden nach Lampedusa. Ab Trapani fliegt die AIR SICILIA nach Lampedusa. Auf der Insel gibt es mehrere Hotels und einen Campingplatz, man sollte über das Fremdenverkehrsamt von Agrigento vorbestellen.

Information

AAST
Via Cesare Battisti 15
Tel./Fax 0922/204 54.
Mo – Sa 8.30 – 13.30 und 16 – 19 Uhr.

Insider News

Internationale Buchhandlung

Die **Libreria Gellia** in Agrigento ist eine erstaunliche Buchhandlung: Der Eingang ist ganz klein, es gibt nicht einmal ein Schaufenster. Innen verzweigen sich dann Gänge und Räume, in denen man sich fast verlaufen könnte. Hier findet man auch Bücher und Fremdenführer auf Deutsch.
Salita Madonna degli Angeli 13
Tel. 0922/227 78.

Futurismus

Die **Post** am Piazzale Aldo Moro mit ihrer hoch ragenden Gliederung in hellrosa Granit ist für ein Bauwerk aus der Zeit des Faschismus recht gut gelungen. Wer sich überzeugen will, dass die italienische Architektur auch nach dem Barock noch kreativ waren, sollte sich das Postamt bewusst ansehen.

Touristenghetto, nein danke!

7 km östlich von Agrigento liegt an der Landstraße das **Villaggio Mosé**. Ein Hotel in diesen Ecken sollte man ablehnen. Diese Touristenmeile ist wirklich sehr öde.

Agrigento

Im Fokus

Tal der Tempel ●●●

Alle Sehenswürdigkeiten sind von der Piazzale dei Templi südlich der Altstadt gut zu erreichen. Im Sommer nimmt man am besten schon morgens, wenn es noch nicht allzu heiß ist, den Stadtbus Nr. 2 von der Piazza Marconi.

Museo Archeologico Regionale
Ecke Via Petrarca/Via dei Templi.
Das bedeutende Archäologische Museum beherbergt unter anderem den berühmten Epheben von Agrigent und antike Keramik von hohem Rang. Außerdem ist dort das Original eines Telamon zu sehen, einer der Steinfiguren von über 7 m Höhe, von denen insgesamt achtunddreißig das Dach des Jupiter-Tempels gestützt haben. Jeder von ihnen hatte ein individuell gearbeitetes Gesicht.

Tgl. 8 – 13 Uhr.
Eintritt frei.

Quartiere Ellenistico
Im Osten gegenüber dem Museum gelegen. Griechisch-römisches Wohngebiet aus der Antike.

San Nicola
Neben dem Archäologischen Museum.
Die Zisterzienserkirche stammt aus dem 13. Jh. Für ihren Bau verwendete man Bestandteile antiker Tempel. Im Inneren der Kirche befindet sich ein römischer Sarkophag mit schön gearbeiteten mythologischen Szenen aus dem 2. Jh. n. Chr.

Oratorio di Falaride
Links hinter der Kirche ein kleines Theater und ein Tempel.
Nach einem Spazierweg durch die Mandelplantagen kommt man ins eigentliche Tal der Tempel.

Tempio di Giove Olimpico
Ein Tempel der Superlative, v[on] dem leider nur mehr ein groß[er] Trümmerhaufen zeugt: Er war d[er] größte Tempel Siziliens, d[er] größte dorische Tempel über[haupt] und der drittgrößte Temp[el] der griechischen Welt.
Um einen Eindruck seiner gewa[l]tigen Ausmaße zu bekomme[n] sollte man es Goethe gleichtu[n]. Die Säulen eines dorischen Tem[pels sind in Längsrichtung v[on] gleichmäßigen Kerben struk[tu]riert, im Durchschnitt sieht da[s] aus wie ein Kronkorken. Der To[u]rist aus Weimar stellte sich in e[i]ne der "Kannelierung" genannte[n] Ausbuchtungen und füllte sie [da]bei so aus wie ein Heiliger ei[ne] Nische.

Tempio di Ercole
Nach einem Erdbeben war d[er] Tempel des Herkules eingestürz[t.] 1924 wurden acht Säulen wied[er]

Der dorische Tempio di Concordia ist fast im Originalzustand erhalten.

Agrigento

Im Fokus

ufgerichtet (siehe Foto auf S. 172/173) – heutzutage wäre das in Verbrechen gegen die Prinzien der Archäologie.

empio di Concordia
iner der drei am besen erhaltenen griechichen Tempel Siziliens nd Griechenlands. Seie Erhaltung verdankt an der Tatsache, dass r eine Zeitlang das Geppe für eine Kirche abab, die gleichsam als chutz um ihn herum ebaut wurde.

empio di Juno acinia
ast genauso groß wie er Concordia-Tempel, benfalls noch gut erhalen. Von den Karthagern erstört, von den Römern wieder aufgebaut.

empio di Castore e olluce
on diesem Tempel, der usammengestürzt war, t eine Ecke wieder ufgerichtet worden. as Motiv schmückt ahllose Postkarten und ogar die großformatien, bunten Poster der izilianischen Fremdenerkehrswerbung.

irandello-Museum
paziert man vom Tal er Tempel auf der S115 in Richtung Poro Empedocle, trifft man ach etwa 4 km linkerand auf das Geburtsaus des Schriftstellers uigi Pirandello (1867 –

1936). Im Haus ist ein kleines Museum untergebracht, das Exponate zu Leben und Werk des Dichters zeigt, der neben dem Haus begraben liegt.

Wunderschön auch der Blick über das Meer, bei schönem Wetter bis nach Nordafrika.
Tgl. 8 – 21.30 Uhr.
Eintritt frei.

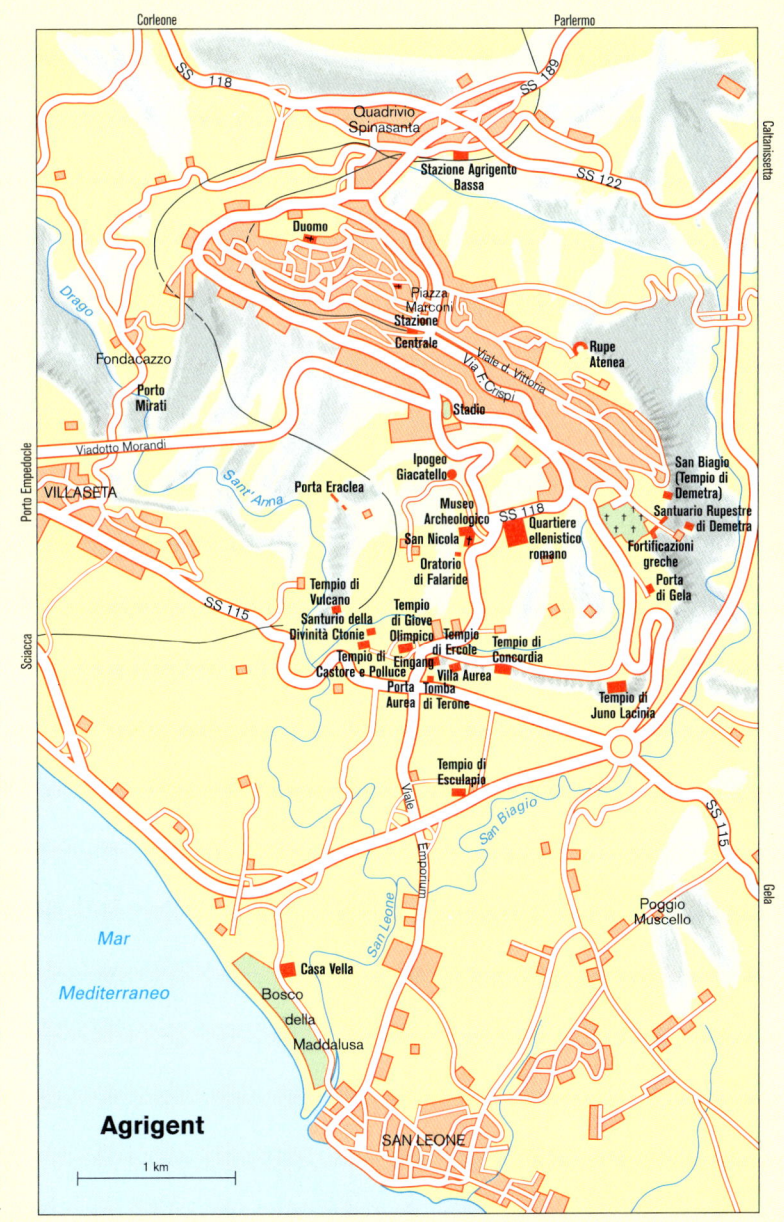

Afrika im Visier

Der Westen

Unverändert seit dem Mittelalter thront Erice in luftiger Höhe über dem Meer.

Phönizier, Römer und Araber erkannten die günstige Lage von Siziliens Westen, ist es doch nur ein Katzensprung bis nach Afrika. Den letzten „Trittstein" bildet die Insel Pantelleria.

Der Westen

Die Bucht von **Trapani**, die in der Antike nur von kleinen Inseln und von Schären gebildet wurde, war ein idealer Hafen für die Fischerboote der Sikaner. Die Phönizier fanden, dass er auch ihrer Handelsflotte Schutz bieten konnte, machten sich zu Herren der Stadt und bauten den Hafen zum mächtigen Handels- und Marinestützpunkt aus. Der Glanz verblasste erst mit der Eroberung durch die Römer. Aber im frühen Mittelalter entdeckte ein anderes Handelsvolk die strategische Bedeutung von Trapani: die Araber. Sie haben diesen Teil Siziliens am gründlichsten nach ihren Vorstellungen gestaltet – zum Segen der Landwirtschaft, ganz im Sinne des Korans, wo es heißt: Wer einen Obstbaum pflanzt, tut ein gottgefälliges Werk. Die Normannen waren später ebenso von Trapani beeindruckt und erkoren die Stadt zu einem ihrer Königssitze.

Trapani	Seite 188
Segesta	Seite 191
Erice	Seite 192
Ägadische Inseln	Seite 193
Marsala	Seite 195
Selinunte	Seite 196
Pantelleria	Seite 198

Vermutlich wären die Bürger der Stadt sehr überrascht, würde man die sichelförmige Altstadt mit Venedig vergleichen. Denn selbstverständlich gibt es in Trapani keine Kanäle. Aber auch hier kommt man immer wieder unvermittelt aus verwinkelten Gassen ans Blau der Bucht, die in flirrendem Sonnenlicht leuchtet. Das Gewirr aus Gängen und Höfen ist der älteste, rein arabische Teil der Stadt. Im Westen der Sichel sind der **Corso Vittorio Emanuele** und die **Via Garibaldi** die Hauptachse des christlichen Mittelalters. Hier ließen sich im 14. und 15. Jahrhundert reiche Handelsherren ihre Paläste mit den harmonischen Fassaden bauen und dabei die typischen meterbreiten Bänder aus Sandstein um ihre Torbogen legen. Wo der Corso Vittorio Emanuele auf die **Via Torrearsa** stößt, liegt die „Gute Stube der Stadt": Im Schatten des **Torre dell'Orologio** trifft mindestens einmal pro Tag jeder jeden.

Auf fast achthundert Meereshöhe liegt oberhalb von Trapani das Bergstädtchen **Erice** ✪✪ – und diese achthundert Meter trennen Welten. Unten eine quirlige Hafenstadt – oben die Stille mittelalterlicher Gassen, die durch kein Auto gestört wird. Noch immer scheint Erice ein Geheimnis zu bergen, wie damals, als es eine Kultstätte der Göttin der Liebe war. Von ihrem Tempel blieben nur zweifelhafte Reste. Lediglich die kyklopische Stadtmauer der Phönizier lässt ahnen, wie damals gebaut wurde. Aber auch das christliche Mittelalter ließ sich nicht lumpen und trug die mächtige gotische Kathedrale **Chiesa Matrice** und das **Castello Pepoli** bei.

Vom Burgfelsen aus sieht man – wenn nicht wieder einmal Nebel um den Berg zieht – weit über Land und Meer. Zwischen dem Grün der Felder und dem Blau des Meeres glänzen die Salzfelder in Blau- und Weißtönen aller Stufen: pastelliges Blau in den Becken, wo das Wasser noch kaum verdunstet ist, bis hin zu kristallenem Weiß, wo das Salz schon fast rein zutage tritt.

Die **Salinen** (siehe S. 189) garantierten – neben den mittlerweile geplünderten Korallenbänken, die jahrhundertelang das Material für die berühmten Goldschmiedearbeiten der Stadt lieferten – lange Zeit den Reichtum Trapanis. Doch der Wohlstand war auf Knochenarbeit gegründet, und daran hat sich bis heute nichts geändert: Die Arbeiter waten barfuß durch die beißende Lake. In glühender Hitze öffnen sie Kanäle zwischen den Becken, schaufeln das Salz zu Kegeln, damit das letzte Wasser abläuft, und decken es mit Ziegeln, damit es der Wind nicht wegträgt.

Die Lake wird mittels großer Schrauben von einem Becken ins andere befördert. Die Kammern dieser Riesenschrauben nehmen an einem Ende Wasser auf, um es am anderen Ende, etwas höher, wieder auszuspucken. Das Prinzip ist von solch raffinierter Einfachheit, dass man prompt denkt: „Natürlich, darauf hätte ich auch kommen können." In Wirklichkeit bedurfte es des Genies eines großen Physikers. Er hieß **Archimedes** und lebte vor mehr als zweitausend Jahren in Siracusa. Nach ihm ist diese Erfindung auch benannt: Archimedische Schraube.

Auch die Technik, die die Energie für die Salzgewinnung liefert, ist altehrwürdig: Es sind Windmühlen. Zwischen den Salzbecken stehen sie kreisrund und weiß wie Zuckerhüte, nur die Spitzen, an der die Flügel befestigt sind, leuchten erdbeerrot. Die Salinen und die Lagunen mit ihrer einzigartigen Tierwelt werden heute als Naturschutzgebiet vom World Wildlife Fund betreut und sind das Wahrzeichen der Küste von Trapani bis Marsala.

Nach dem Trocknen wird das grobe Salz zur Weiterverarbeitung abtransportiert.

„Gratta e vinci" – „Kratze und gewinne!" – heißen die Rubbellose in Italien. Es könnte das Motto von **Marsala** ✪ sein. Denn wo immer man dem Erdboden auch nur oberflächlich zu Leibe rückt, kommen Zeugnisse der Antike ans Tageslicht. Erst 1999 fanden sich, als die Telecom ein Kabel zur nahen Insel Favignana verlegen wollte, 25 Gräber der römischen Kaiserzeit, komplett mit Grabbeigaben. Und links und rechts der **Via Piave** kommen die antiken Fundamente direkt ans Tageslicht, nur mangelhaft verdeckt von einer dünnen Grasnarbe. „Aber das ganze Geld wandert ja in die Ausgrabungen von Selinunte", hört man die Bürger von Marsala gelegentlich schimpfen.

Blitzsauber, mit tadellos renovierten Kirchen, Palazzi und gepflegten Museen präsentiert sich Marsala seinen Besuchern. Es hat sich in den letzten Jahren zum Zentrum des Kulturlebens der Provinz Trapani gemausert, mit ständig wechselnden Ausstellungen moderner Künstler, Autorenlesungen, Konzerten und Festivals. Das

Highlights

Selinunte ✪✪✪
Riesige dorische Tempel vor einem Sonnenuntergang über dem Meer
(siehe S. 196).

Erice ✪✪
Stille Stadt des Mittelalters mit Rundblick über Land und Meer
(siehe S. 192).

Pantelleria ✪✪
Gezähmte Vulkaninsel und Giganten aus der Steinzeit
(siehe S. 198).

Marsala ✪
Ein provozierender Apoll und ein punischer Clipper, danach der berühmte Dessertwein
(siehe S. 185, 186, 195).

Salinen von Trapani
Harte Arbeit unter glühender Sonne und sanfter Naturschutz
(siehe S. 189).

Parco dello Zingaro
Die wildromantische Wiege der sizilianischen Umweltbewegung
(siehe S. 191).

Grotta del Genovese
13.000 Jahre altes Wandgemälde auf der Insel Levanzo
(siehe S. 194).

Mazara del Vallo
Eine arabische Kasbah und der größte Fischereihafen Italiens
(siehe S. 195).

Gibellina
Eine wieder auferstandene Stadt mit großer moderner Kunst
(siehe S. 192).

Süßwein

Marsala ✪

Bis zum Ende des 18. Jahrhunderts lag Marsala im Dämmerschlaf und träumte von seiner Vergangenheit als Hafenstadt der Phönizier und Araber. Ihre Auferstehung verdankt sie geschäftstüchtigen Engländern, die nach Ersatz für die süßen Weine der iberischen Halbinsel suchten, wo es Lieferprobleme gab: John Woodhouse stellte fest, dass das Klima von Marsala dem von Jerez und Porto glich. 1773 konnte er eine erste Ladung Marsala-Wein nach London verfrachten. Schon drei Jahre später bestellte ihn Admiral Nelson als Bordverpflegung. Die renommiertesten von inzwischen einem Dutzend Betrieben gehören heute der Firma Cinzano. Geschäftssinn zeigten aber auch die Sizilianer: Während der Zeit der amerikanischen Prohibition in den zwanziger Jahren deklarierten die Winzer ihre Flaschen mit dem Etikett „For Hospital Use Only" – nur zur Verabreichung im Krankenhaus – und exportierten munter weiter in die USA.
Marsala ist übrigens nicht gleich Marsala. Die Spitzenweine sind naturrein und entwickeln ihre schwere Süße durch natürliche Kondensation. Weniger guten Sorten werden durch Zugabe von Alkohol, Süßmost und manchmal sogar durch Eigelb süffig gemacht. Die Weinkellereien empfangen Besucher und bewirten sie reichlich (Führungen über das Tourismusbüro) – das feuchtfröhliche Ende ist abzusehen ...!

unbestrittene Prunkstück aber ist das **Museo Archeologico** mit seinem phönizischen Schiff, das die Römer in der Entscheidungsschlacht des Ersten Punischen Kriegs vor Favignana versenkt haben. Bei allem antiken Erbe ist der Name der Stadt aber arabisch: Marsa Allah – Gottshafen – nannten die arabischen Eroberer die Stadt.

Auch der Name von **Mazara del Vallo** geht auf die Araber zurück: „Viel besuchter Ort" heißt der größte Fischereihafen Italiens übersetzt. Für Besucher ist der Hafenbetrieb mit seinem Wald von Masten ein Erlebnis, besonders wenn einzelne Kutter oder ganze Fangflotten ihre Beute verladen und tunesische und sizilianische Stimmen durcheinander klingen. Einen ganz besonderen

In Selinunte sind die Ausgrabungen und Rekonstruktionsarbeiten noch lange nicht abgeschlossen.

Fang machte einer dieser Fischkutter Anfang 1999. Ins Netz ging die überlebensgroße Bronzestatue eines tanzenden Fauns. Die Figur ist leider noch zur Restaurierung in Rom.

Bis vor zweihundert Jahren war Mazara del Vallo übrigens Provinzhauptstadt, und das seit die Araber die Stadt zum Sitz eines der drei sizilianischen Emire gemacht hatten. Mazara ist die am deutlichsten arabisch geprägte Stadt Siziliens. Einer der größten Plätze ist nach Mazaras bedeutendstem Sohn benannt: Imam al-Mazari, der im Mittelalter eine Tradition islamischer Rechtswissenschaft begründete. Natürlich steht an jeder Ecke der Altstadt eine Kirche, jede schöner als die andere: Die Stadt war schließlich Ausgangspunkt für die Pilgerfahrten ins Heilige Land.

Kurz vor der Grenze zur Provinz Agrigento liegt eine der faszinierendsten Ausgrabungsstätten Siziliens: **Selinunte** ✪✪✪, „Petersilienhügel", nannten die Griechen den Ort, den sie 628

Der Westen

v. Chr. gründeten und mit mächtigen Tempeln und ausgedehnten Wohngebieten ausstatteten. Sie konnten nicht ahnen, dass ihre Stadt nur zweihundert Jahre alt werden sollte. Im Jahr 409 v. Chr. landete die karthagische Kriegsmarine: Es wurden 16.000 Bürger getötet, 5000 versklavt, 26.000 flohen nach Agrigento. Die Stadt wurde zerstört. Immerhin hieß das übrig gebliebene Fischernest bei den Arabern noch „Säulendorf". Aber die antiken Trümmer dienten jahrhundertelang als Steinbruch, bis die Regierung das Gelände schließlich, Ende des 18. Jahrhunderts, rund um die Uhr bewachen ließ. Anfang des 19. Jahrhunderts begannen dann die systematischen Grabungen. Sie brachten spektakuläre Funde zu Tage: Acht majestätische Tempel wurden entdeckt und, so weit die Steine reichten, in alter Pracht wieder aufgebaut. Ausgedehnte Tempel- und Wohnbezirke und eine mächtige Stadtmauer wurden freigelegt. Und die Grabungen sind noch längst nicht abgeschlossen.

Die Provinz Trapani blickt nach Afrika. Zwischenschritte auf der Seereise bilden seit Urzeiten, lange, bevor die Menschen ihre Geschichte aufgeschrieben haben, die vorgelagerten Inseln. Von Afrika aus war der erste Haltepunkt der Schiffe die Insel **Pantelleria ✪✪**. Sie hat alles, was eine Insel attraktiv macht: Baudenkmäler aus mehreren Jahrtausenden, eine üppige Vegetation und saubere Strände. Das Meer ist selbst vor der kleinen Hauptstadt klar wie Glas. Es gibt keine Industrie auf der Insel, dafür Natur pur. Wer sich aktiv erholen und womöglich etwas für die Gesundheit tun will, ist hier richtig.

Das älteste Zeugnis der Anwesenheit von Menschen auf Pantelleria ist gleichzeitig eines der gewaltigsten: die Hohe Mauer, **Muro Alto**. Schwarz und mächtig, über zweihundert Meter lang und acht Meter hoch ragt sie aus der frühesten Menschheitsgeschichte in die Gegenwart. Ihr Alter schätzen die Archäologen auf mindestens fünftausend Jahre. Soweit sie bisher erforscht ist, misst ihre Basis zehn Meter – eine beeindruckende Bauleistung für Menschen, die noch keinerlei technische Hilfsmittel besaßen.

Auf der Fahrt über die Insel kommt man ab und zu an würfelförmigen Häusern aus Lava vorbei, die alle von einer flachen Kuppel gekrönt sind: die arabischen **Dammusi**. Um sie herum stehen zwei bis drei Meter breite Rundtürme aus Bruchsteinen, die ein Fleckchen Erde von wenigen Quadratmetern umschließen. Oft ist es nur groß genug für einen einzigen Feigenbaum. Die Araber haben den Bewohnern der Insel gezeigt, wie man um jedes Fleckchen Erde kämpft, indem man es durch Mauern umgrenzt, und wie man die empfindlichen Obstbäume vor dem Wind schützt. Sie brachten auch die Zibibbo-Trauben mit, aus denen der berühmte Moscato-Wein gemacht wird.

Am beeindruckendsten aber sind die erloschenen Vulkankrater, an deren Hängen die Bauern in jahrhundertelanger, geduldiger Arbeit eine Terrasse über der anderen angelegt und erst da aufgegeben haben, wo ihre Esel nicht mehr hinaufklettern konnten. Die Kessel der Krater sehen aus wie die Landschaft einer Weihnachtskrippe: winzige Felder, alle saftig grün und regelmäßig aufgeteilt wie mit dem Lineal. Diese Einteilung ist das Vermächtnis der Römer, die ihren Ex-Legionären hier ihr Siedlungsland zugeteilt haben.

Der Westen

Kultur-Tipp

S. Santissima Annunziata/ Museo Pepoli

Die Wallfahrtskirche der Fischer und Seeleute ist unglaublich reich mit Gold, Silber und Marmorintarsien geschmückt. Die Fassade stammt aus dem 14. Jh. Doch im 18. Jh. schlug die Renovierung zu. Das wundertätige Gnadenbild (14. Jh.) in der Kapelle ist noch heute Ziel von Wallfahrten.
Das dazugehörige ehemalige Karmeliterkloster beherbergt ein beeindruckendes Museum mit Gemälden von Weltrang, darunter ein Tizian, archäologischen Funden und Volkskunst bzw. Kunsthandwerk wie daumennagelgroße Gemmen. Im Keller eine echte Guillotine!

Via Conte A. Pepoli 200, im neuen Teil von Trapani, Buslinien 1, 10 und 11.

Kirche: Mo – Sa 7 – 12 und 16 – 19, So 7 – 13 und 16 – 19 Uhr, im Sommer bis 20 Uhr
Museum: Theoretisch Mo – Sa 9 – 13.30 Di und Do 15 – 18.30, So 9 – 12.30 Uhr. Aber zur Zeit ist umbaubedingt alles etwas unregelmäßig. Eintritt: 8000 Lire. Bürger der EU unter 18 und über 60 frei.

Trapani

Verkehr

Die Stadt Trapani hat einen eigenen Flughafen in Birgi, 15 km südlich der Stadt. Einmal pro Woche gibt es eine Verbindung nach Rom und Mailand.
Die mautfreie A29 führt von Palermo nach Castelvetrano und Mazara del Vallo. Auf der Höhe von Alcamo führt eine Stichlinie in die Provinzhauptstadt Trapani.
Trapani ist – ebenso wie Marsala, Castelvetrano und Mazara del Vallo – ans italienische Eisenbahnnetz angebunden. Busse in den Westen fahren ab Palermo, Agrigento und Catania.
Von Trapani aus verkehren Busse in die Nachbarstädte. Der Busbahnhof ist gleich neben dem Bahnhof an der Piazza Malta zu finden.
Innerhalb von Trapani fahren Stadtbusse, aber die Sehenswürdigkeiten sind bis auf die Salinen und das Museo Pepoli gut zu Fuß zu erkunden. Auch in der kleinen Stadt Erice braucht man kein Auto, es gibt ohnehin kaum Parkplätze.

Sehenswürdigkeiten

Poste e Telegrafi
Viale Regina Margherita.
Elegantes Jugendstilgebäude, außen Vanilleeis und Rahm, innen die halbkreisförmige Schalterhalle, ein Lustschlösschen aus Karamell.

Palazzo Giudecca
Via Giudecca, westlich der Via XXX Gennaio.
Der Stadtpalast aus dem 16. Jh. im gotisch-katalanischen Stil steht im ehemaligen jüdischen Viertel. Die Fassade ist reich geschmückt mit aufwendigen Bögen um Portal und Fenster. Dazu ein mittelalterlicher Turm mit zinnenartigen Dachträgern und einer Fassade aus diamantförmig behauenen Blöcken.

Santuario Santissima Annunziata/ Museo Pepoli
Siehe Kasten auf dieser Seite.

Santa Maria del Gesù
Auf halber Höhe des Corso Italia. Spätmittelalterliche Franziskanerkirche. Sehenswert die Madonna von Andrea della Robbia.
Unregelmäßig geöffnet.

Sant'Agostino
Piazza Sant'Agostino.
Der Konzertsaal entstand nach dem Zweiten Weltkrieg aus den Ruinen einer Kirche des 14. Jh. Vom ursprünglichen Bau sind allerdings nur noch die Fensterrosette und das Portal erhalten.

Chiesa del Purgatorio
Via Generale Domenico Giglio, zwischen Via Cassaretto und Via San Francesco.
Man sollte unbedingt die Kirche besuchen und sich die Figurengruppen ansehen, die auf der Karfreitagsprozession mitgetragen werden.
Di 10 – 12, Fr 10 – 12 und 17 – 19 Uhr, Fastenzeit tgl. 10 – 12 und 16 – 19 Uhr.

Via Garibaldi
Diese Straße sollte man mit Muße entlangspazieren, denn hier liegen mehrere sehenswerte Stadtpaläste (z. B. auf Nr. 72 schöner Innenhof mit Loggia) und Kirchen (z. B. Santa Rita, deren Inneres bis unter die Decke mit Vitrinen voller Heiligenknochen ausgekleidet ist).

Torre di Ligny
Westspitze der Sichel.
Entstanden im 14. Jh. und mehrfach umgebaut, in jüngster Zeit durch eine gründliche Sanierung vor der zersetzenden Meeresluft gerettet. Sitz eines kleinen Privatmuseums für Vorgeschichte.
Tgl. 9.30 – 12.30 und 16 – 19 Uhr.
Eintritt: 2000 Lire.

Der Westen

Unterkunft

**** Crystal
Piazza Umberto, gleich neben dem Bahnhof
Tel. 0923/200 00
Fax 0923/255 55.
Moderner Glaspalast mit allem erdenklichen Komfort.

*** Hotel Vittoria
Via Francesco Crispi 4
Tel. 0923/87 30 44
Fax 0923/298 70.
In zentraler Lage nahe dem Bahnhof und nicht weit vom Meer entfernt, sehr komfortabel. Die Piazza vor dem Haus fungiert als Parkplatz für die Pendler, deshalb gibt es werktags morgens ab 7 Uhr viel Verkehr. Dafür entschädigt aber der Meerblick. Guter Service.

** Albergo Macotta
Via degli Argentieri 4
Tel./Fax 0923/284 18.
Nagelneues Haus gleich bei der Altstadt. Allerdings nur zwölf sehr saubere Zimmer, teils ohne Bad.

** Hotel Cavallino Bianco
Lungomare Dante Alighieri 4
Tel. 0923/215 49 oder 239 02
Fax 0923/87 30 02.
Etwas außerhalb gelegen, direkt an der Uferpromenade, daher mit Meerblick. Das renovierte Haus bietet seinen Gästen ein gutes Preis-Leistungs-Verhältnis.

* Hotel Pensione Messina
Corso Vittorio Emanuele 71
Tel. 0923/211 98.
Schlichter, aber sehr ordentlicher Familienbetrieb in typischem altem Stadthaus.

Restaurants

Cantina Siciliana
Via Giudecca 32
Tel. 0923/286 73.
Mitten in der Altstadt gelegen, kleines Lokal im alten Stil. Gute sizilianische Küche.

Trattoria Fontana
Via San Giovanni Bosco 22 – 26
Tel. 0923/240 56.
Empfehlenswertes Haus in Bahnhofsnähe; günstige Touristenmenüs.

Trattoria del Porto
Via Ammiraglio Staiti 45
Tel. 0923/54 78 22.
Hier erlebt man die lebendige Atmosphäre des Hafens. Spezialität ist tunesischer Kuskus.

Naturschutzgebiet

Salinen

Nubia, territorio di Paceco, Vorort im Süden von Trapani. Die Salinen liegen östlich von Trapani und ziehen sich die flache Küste hin bis Marsala. Mit den Lagunen bilden sie ein Naturschutzgebiet. Um zu verstehen, unter welch harten Bedingungen die Menschen hier arbeiteten, muss man sich das Salzmuseum beim Vorort Nubia ansehen. Es ist in einem ehemaligen Verwaltungs- und Kantinengebäude untergebracht und beherbergt alte Maschinen, Handwerkszeug und Zeichnungen, die das System der verschiedenen Becken erklären. Sehenswert die Archimedische Schraube zur Wasserförderung. Tag und Nacht geöffnet. Informationen über das Naturschutzgebiet bei der Verwaltung des WWF: Tel./Fax 0923/86 77 00.
Siehe auch www.wwf.it.

Bootsfahrten zu den Lagunen bietet Arini e Pugliese Marsala
Piazza Piemonte e Lombardo 10
Tel. 0347/779 02 18, 0347/343 03 29.

Der Westen

Insider News

Marsala-Wein gratis

Am 1. Oktober fließt der Marsala gratis, und zwar aus den Brüsten einer Statue, die „La Bacchante" heißt und auf der Piazza Pizzo steht. Weil der Andrang groß ist, hat die Stadt Marsala gleich daneben noch einen zusätzlichen Hahn installiert.

Pantelleria-Lektüre

Rosanna Gabriele, die Kulturreferentin von Pantelleria, hat ein kleines Buch veröffentlicht, mit dem man auf vergnügliche Art die Insel entdecken kann: „Abc für Touristen. Der Input, um sofort Routen und Geheimnisse der Insel Pantelleria zu entdecken." 156 Seiten und Anhang, 12.000 Lire, erhältlich in der Buchhandlung am Hafen.

Geschenkideen

Die ausgefallensten Scheren, Messer und Waffen findet man in Trapani in dem kleinen Laden DAPIO Gadget – Oggetistica
Via delle Arti 20.
Sogar wenn man nichts kauft, sollte man sich den Laden ansehen.

Trattoria Safina
Piazza Umberto I. 35
Tel. 0923/227 08.
In Bahnhofsnähe, günstige Preise und freundliche Atmosphäre.

La Cremeria Gelateria di Sebastiano
Via Roma / Ecke Via T. Genovese.
Das beste Eiscafé der Stadt.

Einkaufen

Gioielleria Mimì Giramida
Corso Vittorio Emanuele 111.
Eleganter und ausgefallener Gold- und Korallenschmuck.

Fischmarkt
Piazza Mercato del Pesce, Nordende der Via Torrearsa.
An den Ständen werden Fischkonserven in Gläsern der Firma La Torre angeboten, Thunfisch-Spezialitäten.

Pelletteria Valenti
Via Cuba 24.
Todschicke Lederwaren aus eigener Fertigung. Maßanfertigung von Lederkleidung.

Strände

Die Strände direkt um Trapani sind schmutzig. Also besser außerhalb baden, zum Beispiel in San Vito Lo Capo, einem freundlichen Badeort 30 km weiter nördlich, oder wild baden im Golfo di Cofano, 20 km Richtung Norden.

Aktivitäten

Compagnia del Vento
Via Pantelleria 10
01100 San Vito lo Capo (TP)
Tel. 0330/49 95 52 oder
0335/538 69 06.
Segelkurse, Törns zu den Ägadischen Inseln, Verleih von Booten für Tagestouren.

Argonauta Diving Center
Via Faro 10
91010 Trapani
Tel. 0923/97 28 88.
Tauchkurse und Unterwasser-Ausflüge ins Naturschutzgebiet Parco dello Zingaro.

Information

AAPIT
Piazza Saturno
Tel. 0923/290 00
Fax 0923/240 04.
www.cinet.it/apt
Tgl. 8 – 20, So 9 – 12 Uhr.
Hier gibt es auch Informationen über die anderen Städte der Provinz Trapa-

Wie eine Sichel ragt die Altstadt von Trapani in das Tyrrhenische Meer.

Der Westen

ni und über die Ägadischen Inseln. Am besten, man besorgt sich gleich hier alles über die Inseln, da deren Büros nicht immer zuverlässig geöffnet haben.

Ausflüge

Riserva Naturale Orientata Lo Zingaro
(kurz: Parco dello Zingaro)
Das erste Naturschutzgebiet Siziliens (siehe Textkasten auf dieser Seite). Auf dem Capo San Vito, etwa 25 km nördlich von Trapani gelegen. Zugang von Süden über San Vito Lo Capo – Torre dell'Impiso, von Norden über Scopello.
Am Eingang erhält man tadellose Wanderkarten und Routenvorschläge in mehreren Sprachen.
Problem: Man kommt am Ende der Wanderungen im Nichts an, es gibt keine Busse zurück. Also die Zeit zum Zurückwandern mit einkalkulieren! Außerdem: Es gibt im Park keine Restaurants. Also reichlich Getränke mitnehmen!
Der 12 km lange Weg an der Küste entlang hat den Vorteil, dass man in lauschigen Buchten baden kann. Er führt zudem an einer prähistorischen Höhle (Grotta dell'Uzzo), einer Ausstellung seltener Pflanzen und einem kleinen Heimatkundemuseum vorbei.
9 – 19 Uhr, Eintritt frei; Parkplätze vorhanden.

Segesta
Etwa 30 km östlich von Trapani, erreichbar über die Autobahn oder die Landstraße.
Von Trapani verkehrt dreimal täglich ein Bus der Firma Tarantola ab Piazza Garibaldi (Richtung Calatafimi). Die Anreise mit dem Zug ist nur tüchtigen Marschierern zu empfehlen, denn der Bahnhof befindet sich 2 km vom Ausgrabungsgelände entfernt.
Der Tempel und das Theater (mit Panoramablick) liegen völlig einsam inmitten von Weinbergen, Mais- und Getreidefeldern. Obwohl der Stil rein dorisch ist, wurden die Anlagen von den Elymern gebaut. Es heißt, dass der Tempel nie vollendet wurde.
Tgl. 9 Uhr bis eine Stunde vor Sonnenuntergang.
Eintritt: 4000 Lire, zahlbar am Fuß des Tempels, Karte aufbewahren fürs etwas höher gelegene Theater.
Wenn man nicht zu Fuß hinauflaufen will, nimmt man alternativ den Pendelbus (2000 Lire).

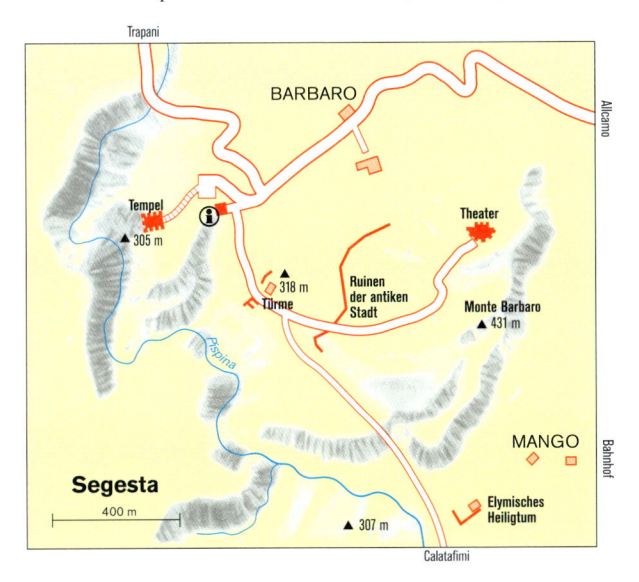

Naturpark

Parco dello Zingaro

Anfang 1980 kündigte die sizilianische Tourismus-Behörde an, das letzte noch unberührte Stück Küste zwischen **Torre dell'Impiso** und der **Tonnara di Scopello** endlich mit einer Straße zu erschließen. Damit wäre ein weiteres Fleckchen Natur der Bauspekulation geopfert worden. Doch als die ersten Zerstörungen sichtbar wurden, schlugen die Naturschützer Alarm. Die Presse Siziliens griff das Thema auf – sofort bildete sich eine Bürgerinitiave. Am 18. Mai 1980 zogen 6000 Menschen auf einem Protestmarsch durch das Gelände – die Geburtsstunde der sizilianischen Umweltbewegung. Die Inselregierung reagierte umgehend: Schon zwei Monate später wurde ein Gesetz verabschiedet, das Enteignungen von landschaftlich besonders wertvollen Gebieten zulässt. Es war das erste dieser Art in Italien. So wurden im Parco dello Zingaro seltene Tiere wie die Mönchsrobbe und das Stachelschwein sowie bedrohte Wildblumen und antike Kulturpflanzen gerettet.

191

Ausflugs-Tipp

Gibellina

60 km östlich von Trapani. Nachdem das alte Gibellina 1968 von einem Erdbeben völlig zerstört worden war, stampfte man 20 Kilometer weiter **Gibellina Nuova** aus dem Boden. Die berühmtesten Architekten und Bildhauer der Zeit machten die Stadt zu einem Unikum. Die Häuschen im Grünen wirken wie eine englische oder amerikanische Suburb. Überall entdeckt man kolossale Monumente aus Zement oder Stahl, in der Umgebung haben sich über 50 Bildhauer verewigt. Ein Landschaftskunstwerk besonderer Art schuf Alberto Burri: Er übergoss die Trümmer der alten Stadt mit einer Zementschicht, deren Falten die Straßen nachzeichnen. Il Cretto – der Riss – heißt das Werk. Im Stadtmuseum hängen Werke von bedeutenden Malern der Moderne. Museo Civico d'Arte Contemporanea Viale Segesta Tel. 092/674 29 Di – So 10 – 13 und 16 – 19 Uhr, Eintritt: 3000 Lire.

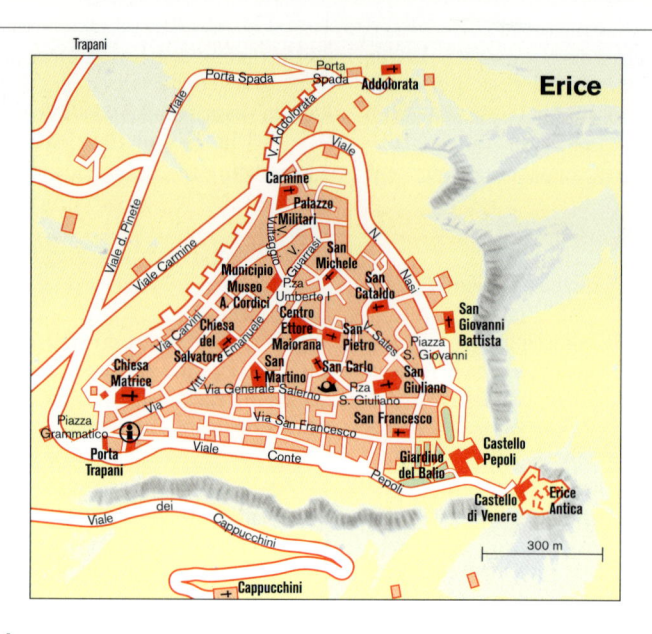

Erice ●●

15 km nordöstlich von Trapani.
Die Bergstadt Erice erreicht man in 40 Min. mit dem Bus ab Trapani (zwischen 6.30 und 21.30 Uhr fast stündlich, sonntags seltener).
Leider wird die Stadt zunehmend vom Tourismus geprägt, und auch die Gründung eines Zentrums für Friedensforschung, das nach dem Atomphysiker Maiorana benannt ist, hat die Beschaulichkeit beeinträchtigt.

Sehenswürdigkeiten

Castello Pepoli
Südöstliche Ecke des Dreiecks, das den Grundriss der Stadt bildet. Mittelalterliche Burg auf dem Gelände der antiken Akropolis. Idealer Aussichtspunkt.

Castello di Venere
Neben dem Castello Pepoli.
Eine weitere mittelalterliche Burg, die sich an der Stelle des Venus-Tempels erhebt.

Chiesa Matrice
Majestätische gotische Marienkirche, im 14. Jh. errichtet aus Steinen der nahen antiken Ruinen, mit einem Portal aus dem 15. Jh. und frei stehendem Glockenturm. Tagsüber gewöhnlich geöffnet.

Unterkunft

Die Lage hoch oben am Berg, die Aussicht aufs Meer, die frische Luft – alles spricht für Erice, bis auf die Preise. Eine Unterkunfts-Alternative ist die Jugendherberge (siehe A – Z, Seite 219).

*** Hotel Elimo
Via Vittorio Emanuele 75
Tel. 0923/86 93 77
Fax 0923/86 92 52.
In einem ehemaligen Adels-Palazzo in der Altstadt eingerichtet, immer noch fürstlich (auch preislich). Der Urlaub wird zum Erlebnis.

* Casa San Cataldo
Via Sales 23
Tel. 0923/86 92 97.
In einem alten Kloster der Altstadt, also schlicht und blitzsauber. Terrasse mit Meerblick. Im Winter ist die Casa geschlossen.

Der Westen

* **Casa del Clero**
Via San Giovanni
Tel. 0923/86 91 71.
Dieselbe Leitung und dasselbe Prinzip. Sehr freundlicher Service.

Restaurants und Cafés

Wer sich über die Preise nicht ärgern will, geht zum Supermarkt in der Nähe des Hotels „Edelweiß" (Cortile P. Vincenzo). Der Park vor dem Castello Pepoli bietet sich für ein Picknick mit Meerblick an.

La Pentolaccia
Via G. F. Guarnotti 17
Tel. 0923/86 90 99.
Im ersten Stock eines Altstadthauses, typisches Ambiente, freundlicher Service, erträgliche Preise.

Il Cortile di Venere
Via Sales 31
Tel. 0923/86 93 62.
In der Altstadt, mit schattigem Innenhof. Reichliche Portionen.

Pasticceria Maria Grammatico
Corso Vittorio Emanuele 14
Tel. 0923/86 93 90.
Erice ist berühmt für Gebäck aus Marzipan, hier hat man die größte Auswahl. Kleiner Balkon mit Blick auf die Dächer der Altstadt.

Einkaufen

Eine lange Tradition haben die kleinen handgewebten Teppiche. Neben quietschbunten Mustern findet man auch sehr geschmackvolle Stücke.

Ägadische Inseln/Favignana

Verkehr

Vom Hafen von Trapani aus fahren Tragflügelboote zu den Ägadischen Inseln Favignana, Levanzo und Marettimo. Die Karten werden im Büro an der Anlegestelle (Via Ammiraglio Staito) der Siremar (Tel. 0923/277 80) und der Alilauro (Tel. 0923/240 73) verkauft.
Die Tragflügelboote nach Favignana und Levanzo verkehren im Sommer achtmal täglich und brauchen eine knappe halbe Stunde. Marettimo wird nur zweimal täglich bedient. Der Winterfahrplan fällt wesentlich spärlicher aus.
Eine einfache Fahrt kostet etwa 20.000 Lire. Man sollte allerdings keine Rückfahrkarte kaufen, denn dabei spart man nichts. So kann man die zeitlich günstigste Linie für die Rückfahrt wählen. Die Autofähren der Siremar (Anlegestelle Molo Sanità, Tel. 0923/54 05 15) sind halb so teuer, brauchen aber doppelt so lang und verkehren seltener. Autofahrer sollten zur Hochsaison früh reservieren.

Sehenswürdigkeiten

Nur 3000 Einwohner leben auf der Hauptinsel Favignana, die – abgesehen vom August – vom Tourismus noch nicht überlaufen ist. Am besten leiht man sich ein Fahrrad und klappert damit die Insel ab.
Gleich am Hafen liegt die Tonnara und die Ex-Fischfabrik der Firma Florio. Ebenfalls in Hafennähe die Villa Florio, der ehemalige Sitz der Industriellenfamilie.
Über die Insel verstreut liegen ehemaligen Tuffsteinbrüche, die heute wegen ihrer gleichmäßigen Feuchtigkeit und Wärme als „Gewächshäuser" genutzt werden. Jahrhundertelang wurde Tuff als Baumaterial abgebaut, daher ist die Insel durchzogen von Schluchten, Grotten und unterirdischen Gängen, in denen man sich verirren kann.
Im Ort liegt das Forte San Giacomo aus dem 17. Jh., ein ehemaliger Hochsicherheitstrakt der Bourbonen. Zu Fuß oder mit dem Mountainbike erreicht man das Forte di Santa Catarina, wegen der schönen Aussicht ein

Mythologie

Die Göttin der vielen Namen

Eine der berühmtesten Kultstätten, die Pilger aus dem ganzen Mittelmeerraum anzog, war der Tempel der Göttin der Liebe und der Fruchtbarkeit von Erice. **Astarte** hieß die Göttin bei den Phöniziern. Die Priesterinnen empfingen die männlichen Besucher zum Vollzug des Ritus, den wir heutzutage Tempelprostitution nennen.
Als die Griechen Sizilien eroberten, übernahmen sie die Kultstätte und gaben der Göttin den ihnen geläufigen Namen: **Aphrodite**. Auch die Römer tasteten Tempel und Kult der jetzt **Venus** genannten Göttin nicht an.
Und es scheint, als zögen bestimmte Orte den Kult mächtiger Frauen magisch an: Denn auch heute wird hier eine Frau verehrt, nur ist sie von ihrem heiligen Berg herabgestiegen. Jetzt residiert sie als Santissima Annunziata in Trapani. Und die Wallfahrer kommen nach wie vor in Scharen, sogar aus Übersee zieht es Emigranten zur Marienprozession zurück in die Heimatstadt.

Muss. Die Fundamente stammen aus arabischer Zeit.

Unterkunft/Restaurant

** Hotel Egadi
Via Cristoforo Colombo 17
Tel. 0923/92 12 32.
Frisch renoviert, komfortabel.

Trattoria La Bettola
Via Nicotera 47.
Das Lokal hat als einziges außerhalb der Saison geöffnet.

Aktivitäten

Noleggio da Rita
Piazza Europa 11
Tel. 0923/92 21 71.
Verleih von Booten und Rädern.

Camping EGAD
Tel. 0923/92 15 55.
Tauchschule.

Information

Pro Loco
Piazza Madrice 8
Tel. 0923/92 16 47.
Mo – Sa 9 – 13, im Sommer auch 16.30 – 23.30, So 9.30 – 12 Uhr.
Website einer Privatinitiative (auch auf Deutsch): www.egadi.com

Ausflüge

Levanzo
Die Nachbarinsel ist wegen der Grotta del Genovese besuchenswert. Dort finden sich Felszeichnungen aus der Steinzeit. Ihr Alter wird auf 10.000 Jahre geschätzt. Damals waren die Ägadischen Inseln noch Teil des sizilianischen Festlandes.

Marettimo
Die Insel ist sehr ruhig. Touristen finden herzliche Aufnahme, aber nur in Privatunterkünften.

Heute Industrie-Denkmal: die Tonnara von Favignana.

Im Fokus

Die Tonnara von Favignana

Die Tonnare wurden von den Arabern für den effizienteren **Thunfischfang** erdacht. Man nehme einen Aussichtsturm, am besten auf einem hohen Felsen, und darunter eine Bucht, die man mit Mauern befestigt. Dazu baue man Boots- und Geräteschuppen – fertig ist die Tonnara in ihrer Grundform. Dann braucht man noch einen erfahrenen Fischer mit Organisationstalent, den „rais" (arabisch für „Chef"), und die Genossenschaft der Fischer mit ihren Booten, und die „mattanza", das Schlachten, kann beginnen. Sobald der Mann auf dem Ausguck einen Schwarm Thunfische sichtet, lassen die Fischer ihre Boote mit den Netzen zu Wasser. Die Jagd beginnt. Langsam und unerbittlich wird der Schwarm in die Bucht getrieben. Die Panik der Tiere, die ausgewachsen bis zu 200 kg schwer sind, steigt mit der drangvollen Enge. Im zunehmend seichteren Wasser nehmen sie sich gegenseitig die Luft zum Atmen. In ihrer Not bäumen sie sich auf, werfen sich hin und her, erschlagen und erdrücken sich gegenseitig. Die Fischer brauchen nur die toten Tiere ins Boot zu holen. Den wenigen Überlebenden gibt man dann den Rest.

Die Tonnara von Favignana, gebaut von der Industriellenfamilie Florio, ist die Mutter aller Tonnare, was ihre Größe anbelangt. Ihr Becken mündet in einen 200 m langen Helgen. An den seitlichen Mauern warteten die Tore riesiger Lagerhallen auf die Fischkutter, die den Fang direkt an die Fertigungsanlage einer Fischfabrik brachten. In zehn Hallen wurde der Fisch ohne Rückstand verarbeitet, zu Konserven das Fleisch, zu Dünger die Knochen. Die Fabrik liegt still, der Thunfisch ist rar geworden. Trotzdem wird ab und zu noch eine Mattanza veranstaltet: als Schauspiel für Touristen, die wahrscheinlich auch den Stierkampf attraktiv finden.

Der Westen

Marsala ○

Hafenstadt 30 km südlich von Trapani.
Gegründet wurde die Stadt als Lilybaion von Phöniziern, die im 4. Jh. vor den Griechen aus Mothya flüchten mussten. Heute kennt die ganze Welt vor allem den Dessertwein aus Marsala.

Sehenswürdigkeiten

Duomo / Cattedrale Tommaso di Canterbury
Piazza della Repubblica.
Der Dom steht auf normannischen Fundamenten und birgt Standbilder aus der Gagini-Schule.
Unregelmäßige Öffnungszeiten.

Museen

Fondazione di Arte Moderna
Tel. 0923/71 38 22.
Wer einen Überblick über die moderne Kunst Siziliens und Italiens gewinnen will, sollte sich dieses Museum ansehen. Mit etwas Glück gerät er vielleicht sogar in eine zeitweilige Ausstellung eines begabten und aufstrebenden Neulings in der örtlichen Kunstszene.
Tgl. 10 – 12 und 16 – 19 Uhr.

Zu weiteren Museen siehe den Textkasten auf dieser Seite.

Information

Pro Loco
Via 11 Maggio 100
bei der Cattedrale
Tel. 0923/71 40 97 oder 71 44 77
Fax 0923/71 40 97.
Eines der freundlichsten, bestorganisierten Büros der Insel, mit vielen Angeboten an Ausflügen und Besichtigungen, u. a. Weinkellereien mit Degustation.
Tgl. 8 – 14 und 15 – 20 Uhr, So nur vormittags.

Unterkunft

** Villa Favorita
Via Favorita 27
Tel. 0923/98 91 00
Fax 093/98 02 64.
www.cosed.it/villafavorita
Ein ehemaliger Gutshof auf dem Land, mit Palmengarten und großem Schwimmbad.

Nachtleben

Discoteca Octopus
Piazza Piemonte e Lombardo (nicht im Hochsommer).

Discoteca Anthaeus
Contrada (Vorort) Santa Venera
SS115 in Richtung Trapani.
Freiluftdisko, nur im Sommer.

Ausflug

Mazara del Vallo
19 km südöstlich von Marsala. Zu erreichen mit dem Zug (zwölfmal am Tag, 30 Min.) oder mit dem Bus.
Der Fischereihafen Porto di Canale am Molo Commandante Caito ist einer der größten Italiens, hier wird auch der Fischmarkt abgehalten. Wo der Corso Vittorio Emanuele am Hafen mündet, steht die Normannenkirche San Nicolò Regale. Ebenfalls in Hafennähe ist die arabische Kasbah rund um die Piazza Bagno. Hier befindet sich auch der Hammam, die arabische Sauna.
Ein Spaziergang von der Mündung des Flusses Mazaro über den baumbestandenen Lungomare Richtung Osten führt an eleganten Palästen vorbei zur vornehmen Piazza della Repubblica (liegt drei Schritte landeinwärts) mit ihrem Ensemble aus eleganten Barockfassaden und Loggien. Gleich nebenan steht die unbedingt sehenswerte Cattedrale Santissimo Salvatore; sie stammt aus dem 11. Jh. und wurde im 17. Jh. umgebaut und mit edlen Fresken ausge-

---

Museen in Marsala

Museo Archeologico

Lungomare Mediterraneo.
Hier steht neben anderen antiken Exponaten ein phönizisches Kriegsschiff aus dem 2. Jh. v. Chr., das aus der Lagune bei Mozia geborgen wurde. 68 Mann saßen einst an den Riemen im Schiffsbauch. Es wurde während der entscheidenden Seeschlacht im 1. Punischen Krieg von den Römern vor Favignana versenkt. Die seetüchtigeren punischen Clipper dienten dem Landvolk der Römer als Modell bei der Weiterentwicklung ihrer „schwimmenden Häuser".
Tgl. 9 – 13, Mi und Sa auch 16 – 20 Uhr
Eintritt: 4000 Lire, frei für Gäste unter 18 und über 60 Jahren.

Museo degli Arazzi

Via Garaffa 57, hinter der Kathedrale.
Hier werden kostbare Wandteppiche aus dem 16. Jh. aufbewahrt. Die Gestalten sehen so lebendig und plastisch aus, als ob sie gleich aus dem Bild treten würden.
Di – So 9 – 13 und 16 – 18 Uhr.
Eintritt: 2000 Lire, Schüler 1000 Lire.

Der Westen

Bevölkerung

Tunesier in Mazara del Vallo

55.000 Tunesier, so schätzt der Schriftsteller **Andrea Camilleri**, leben in der Stadt, auch wenn offiziell nur 2600 gemeldet sind. Aber wer kann schon Genaues sagen beim ständigen Kommen und Gehen der tunesischen Seeleute. Tunesien ist ja nur 100 km entfernt. Im arabischen Viertel fühlt man sich wie in einem Märchen von Scheherazade: Cafés, in denen man Wasserpfeife raucht, Läden mit orientalischem Angebot (Fr geschl.), ein arabisches Bad ... Die Stadtverwaltung hat längst Räume zur Verfügung gestellt, in denen tunesische Lehrer junge Tunesier unterrichten, und ein Religionslehrer unterweist im Koran.
Das Zusammenleben der Völker funktioniert reibungslos, Rassismus gibt es nicht.
Camilleri vermutet ein „historisches Gedächtnis", das sich noch daran erinnert, als Mazara die Hauptstadt eines der drei arabischen Emirate Siziliens und eine Hochburg islamischer Gelehrsamkeit war. Nicht zuletzt sorgt die Arbeit auf den Fischkuttern dafür, dass man sich kennt und schätzt.

malt. Leider – oder Gott sei Dank – wird die Kirche zur Zeit saniert, von der prächtigen Ausstattung ist wenig zu sehen. Ganz in der Nähe öffnet sich die Piazza Mokarta zum Stadtpark und zum Meer. Ein Mauerrest mit Spitzbogen erinnert an das Normannenschloss, das König Roger hier im 11. Jh. gebaut hat.

Natürlich muss man in Mazara Fisch essen. Hierzu einige Tipps:

Trattoria Il Gambero
Lungomare Mazzini 3
Tel. 0923/93 29 32.
Luftiger Gewölbesaal und Terrasse mit Meerblick.

Trattoria Vecchio Ponte
Via Mattarella 9
Tel. 0923/94 63 29.
Schlichte Räume, Küche der Spitzenklasse.

Mozia

15 km die Küste entlang Richtung Süden, direkt neben der Salina Ettore. Die Zufahrt ist gut ausgeschildert. Wer mit dem Bus der AST von Trapani oder Marsala kommt, muss von der Bushaltestelle noch einen Kilometer zur Fähre laufen.
In den seichten Küstengewässern vor Marsala liegt die vierzig Hektar große Insel Mozia, die im Altertum Mothya hieß. Die Stadt wurde von den Phöniziern im 8. Jh. v. Chr. gegründet. Mozia ist mit dem Festland durch eine antike Pflasterstraße verbunden, die dicht unter dem Wasserspiegel liegt. Noch vor einigen Jahren wurde die Straße mit Eselkarren befahren.
Der britische Hobby-Archäologe Whitaker kaufte die Insel im vorigen Jahrhundert, um dort ungestört forschen zu können. Er brachte Reste der antiken Stadt ans Tageslicht, darunter Hafenanlagen, eine Villa mit Mosaiken und Fundamente eines Tempels, in dem der Göttin Tanit die erstgeborenen Knaben geopfert wurden. Wertvollster Fund ist der Apoll von Mozia (siehe Kasten auf S. 198). Er befindet sich im Museum der Insel, der Villa Whitaker.
Auf der kleinen Insel wird ein bisschen Landwirtschaft betrieben, trotzdem ist sie eine grüne Oase der Stille. Man sollte sich einen Tag Zeit nehmen, um von einer Ausgrabung zur anderen zu wandern.
Fähre je nach Seegang täglich 9 – 13 und 15 – 16, im Sommer bis 19 Uhr, hin und zurück 5000 Lire. Museum tgl. 9 – 13 und 15 – 16, im Sommer bis 19 Uhr. Eintritt: 5000 Lire.

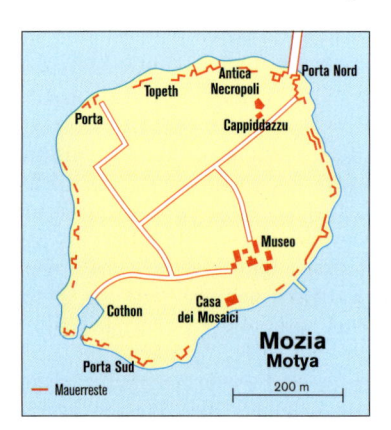

Selinunte ∎∎∎

Mit öffentlichen Verkehrsmitteln nur mit Umsteigen in Castelvetrano zu erreichen, von wo aus Busse nach Marinella di Selinunte weiterfahren. Aber man sollte ohnehin das Museum von Castelvetrano mit seinem berühmten Epheben besuchen (siehe Textkasten auf S.197). Nach Castelvetrano fahren ein Zug und ein Bus (AST oder Lumia) ab Trapani. Ab Palermo verkehren die Bahn und Busse der Firma Salemi. Mit dem Auto erreicht man Castelvetrano über die A29.

Sehenswürdigkeiten

Ausgrabungen
Die Ausgrabungen von Selinunte

gehören zu den größten und schönsten von ganz Sizilien. Die drei Ausgrabungszonen sind zu Fuß zu erreichen, die Eintrittskarte (gut aufbewahren!) und einen Lageplan erhält man rechts neben dem Ortseingang an der Hauptpforte. Leider stört der unlängst angelegte Ringwall um die erste Zone das Bild der drei Tempel.

Wem die Tempel geweiht waren, ist noch nicht geklärt. Der größte von ihnen, der Tempel E – er wurde noch nicht wieder aufgebaut – soll dreimal so groß wie das Parthenon von Athen gewesen sein. Die zweite Zone umfasst die Akropolis. Von diesem Tempelbezirk sind noch Straßenzüge und Mauern zu sehen sowie die Säulen eines Tempels. Seine Giebelfelder stehen im Archäologischen Museum von Palermo. Tiefer gelegen, in Richtung Strand, ist die dritte Zone, genannt Malophoros, zu finden. Auch hier begegnet man wieder gewaltigen Mauern, wenn auch leider keine Tempel zu sehen sind.

Wenn die Sonne hinter den Tempeln im Meer versinkt ... das sollte man schon mal gesehen haben.

Badeanzug mitnehmen, man gelangt von hier aus an den Strand.

Tgl. von 9 Uhr bis Sonnenuntergang. Eintritt: 6000 Lire.

Die Ruinen von Selinunte liegen auf Terrassen, die steil zum Meer hin abfallen.

Im Fokus

Die Odyssee des Epheben

Im Jahr 1882 machten zwei Burschen beim Schweinehüten in der Nähe von **Selinunte** eine sensationelle Entdeckung. Verborgen unter einem Gebüsch von Zwergpalmen lag eine zierliche antike Bronzestatue, die in halber Lebensgröße einen Knaben in ihrem Alter zeigte. 1895 wurde die Stadt **Castelvetrano**, in deren Zuständigkeit die Ruinen von Selinunte fallen, offizielle Eigentümerin. Nach einer Restaurierung im Jahr 1927 wanderte die Figur wie selbstverständlich ins Museum von – Palermo! Fünf Jahre kämpfte Castelvetrano, und nach der Intervention eines Ministers durfte sie den Epheben endlich wieder im eigenen Rathaus ausstellen. In den Kriegsjahren versteckte man die Figur in einem Kapuzinerkloster. Erst 1946 kam sie wieder ihren angestammten Platz.

Sechzehn Jahre später wurde sie geraubt, einem Staatsanwalt gelang es aber, sie wieder zu finden. Bei den Kunsträubern gab er sich als Sammler aus, bereit, die Bronzeplastik illegal zu erwerben. Die fingierte Übergabe im März 1968 endete in einer wilden Schießerei zwischen Räubern und Gendarmen, aber die Figur konnte schließlich geborgen und Castelvetrano übereignet werden. Die Denkmalschutzbehörde von Palermo erbot sich, die nötige Restaurierung vorzunehmen. Die wiederum zog sich in die Länge. Erst nach zehn Jahren und nach einer Ausstellung in Rom kam die Statue zurück nach Castelvetrano. Aber nur für sechs Tage, dann forderte sie das Museum von Palermo als Leihgabe – und beschloss, sie zu behalten: „In Castelvetrano können sie ja nicht darauf aufpassen!" Der Ephebe wurde sogar weiter verliehen an eine Ausstellung in Venedig. Erst am 20. März 1997 konnten die Bürger von Castelvetrano ihren Sohn nach Hause holen, ins mittlerweile mit allen Sicherheitsvorkehrungen gerüstete Stadtmuseum.

Tgl. geöffnet, 9 – 13 u. 15.30 – 19.30 Uhr. Eintritt frei.

Kunstgeschichte

Apoll von Mozia

Immer wieder anders versuchen Kunsthistoriker, die Entstehungsgeschichte des lebensgroßen schönen Mannes aus Marmor zu deuten. Er trägt – im Gegensatz zu den nackten Jünglingen der Griechen – das Gewand eines phönizischen Priesters. Aber die hohe bildhauerische Meisterschaft der Formensprache ist die der griechischen Klassik. Doch statt des bei griechischen Statuen üblichen schweren Faltenwurfs trägt der Apoll hauchdünnes Seidenplissee, das seinen Körper nicht verhüllt, sondern die Details provozierend abzeichnet. Seine Hand mit den locker geöffneten Fingern liegt lässig auf der ausgestellten Hüfte. In den Mundwinkeln nistet ein ganz unpriesterliches Lächeln. Die jüngste Theorie: Der Auftraggeber war ein reicher phönizischer Seidenhändler. Die phönizischen Bildhauer arbeiteten allerdings stilisiert bis zur Abstraktion. Und der Kaufmann, der sich deshalb an einen griechischen Bildhauer wandte, wollte ein lebensechtes Werk haben: Er war schwul.

Unterkunft

*** Hotel Alceste
Via Alceste 23
Tel. 0924/461 84
Fax 0924/461 43.
Nagelneues, gepflegtes Haus und gutes Restaurant mit kleinem Kinderspielplatz. Meerblick.

Restaurant

La Scogliera
Via Scalo di Bruca 25
Tel. 0924/461 90.
Luftiger Speisesaal im 1. Stock. Fischgerichte, am Wochenende Kuskus.

Pantelleria ✶✶

Pantelleria ist mit 83 km² die größte Insel vor der Südküste Siziliens. Sie liegt näher an Afrika als an Sizilien – bei gutem Wetter sieht man die nordafrikanische Küste. Deutlich der arabische Einfluss: Viele Ortsnamen sind maurischen Ursprungs.

Verkehr

Zur Insel Pantelleria verkehren eine Fähre der Siremar von Trapani aus (Fahrtzeit: 5 – 6 Std.) sowie ein Tragflügelboot (Fahrtzeit: 2 Std.). Schneller geht es mit dem Flugzeug ab Trapani. Die Flüge gehen einmal pro Tag. Buchung und Flugscheinverkauf im Reisebüro Salvo.
Corso Italia 48
Tel. 0923/54 54 11.
Das Reisebüro bietet kostenlosen Transport zum Flughafen an.
Auf der Insel kommt man am besten mit einem Auto zurecht, alternativ nimmt man den Bus. Schöner jedoch ist eine Rundfahrt mit dem Roller – am Hafen gibt es Verleihbüros.

Sehenswürdigkeiten

Castello Barbacane
Stadt Pantelleria, Hafen.
Wahrscheinlich errichteten hier schon die Byzantiner auf den Trümmern einer phönizischen Festung eine Burg. Die Normannen erweiterten sie, dann bauten sie die Sarazenen, Genoveser, Spanier und Habsburger zu ihrer jetzigen Größe aus. Ein Museum, das sich über 66 Säle erstrecken soll, steht kurz vor seiner Vollendung.

Dammusi
Über die Insel verteilt findet man quadratische arabische Bauernhäuser mit typischer Kuppel (Bauholz war knapp), eingebauter Zisterne und doppelten Wänden. Sie dienen oft als Ferienhäuser und werden heute wieder in ihrer typischen Form gebaut, weil sie gut gegen Hitze isolieren.

Sese Grande
Küstenstraße, bei der Punta Fram.
Die Sesi sind steinzeitliche Gräber, von denen dieser mit einer Höhe von fast 6 m und 12 Kammern der größte ist. Es handelt sich um riesige prähistorische Hügel aus Lavablöcken, die wie die Pyramiden von Stollen durchzogen sind. Die Sesi stammen aus der Zeit etwa um 3000 v. Chr.

Muro Alto
Zwischen Mursia und Cimillia.
210 m lange, 7 – 8 m hohe Mauer, die an der Krone 5 m misst und sich nach unten verbreitert. Archäologen vermuten, dass sie unterirdisch noch sehr viel tiefer sind. Demnächst soll die These durch Grabungen verifiziert werden. Das Alter liegt wie bei den Sesi mindestens bei 5000 Jahren, möglicherweise sind sie aber noch älter. Die Mauer schützte das dahinter liegende Steinzeitdorf gegen feindliche Überfälle.

Sauna di Sibà
Nahe dem Dorf Sibà, über einen ausgeschilderten Bergpfad zu erreichen. Natürliche Sauna in einer Felsspalte, in der durch vulkanische Tätigkeit gebildeter Dampf austritt.

Der Westen

Specchio di Venere
6 km von Pantelleria.
Wunderschöner kleiner See, dessen Heilkraft schon in der Antike genutzt wurde. In der Nähe wurden vor kurzem antike Fundamente gefunden.

Terme di Sataria
Im Südwesten, Küstenstraße.
Naturhöhle mit zwei Thermalbecken und einem Verlängerungsgraben, in dem sich Quell- und Meerwasser mischen. Schon die Römer kurten hier.

Favara Grande
Oberhalb von Scauri.
Der größte Geysir der Insel.

Unterkunft

*** Port Hotel
Via Borgo Italia 24
Tel. 0923/91 12 99
Fax 0923/91 22 03.
Gepflegtes Haus. Meerblick. Eigenes Restaurant mit Spezialitätenküche.

Restaurants

Ristorante Pizzeria Il Cappero
Via Roma 31
Tel. 0923/91 26 01.
Gemütliches Ambiente und auserlesene Spezialitätenküche.

Bar Aurora
Pantelleria, Hafen.
Elegantes Café in schönem, altem Gewölbe. Terrasse am Lungomare.

Aktivitäten

Reiten und Segeln
Der Reit- und Segelclub Quelli di Pantelleria, Bonsulton (Fax 0923/91 83 06), hat seinen Sitz in einem alten Dammuso. Er bietet Ausflüge und Kurse an und kann auch bis zu zehn Personen beherbergen.

Tauchen
Die Tauchschule Green Divers, Scauri (Tel. 0923/91 81 30), gibt Kurse mit Diplomabschluss.

Ausflüge

Fahrten zu den vielen Grotten, darunter die Grotta dello Storto, werden im Hafen von Pantelleria angeboten.

Information

Pro Loco
Via Roma 1, Tel. 0923/91 18 38.
Mo – Fr 9 – 13 Uhr.

Typische Landschaft mit Terrassenfeldern bei Scauri im Südwesten von Pantelleria.

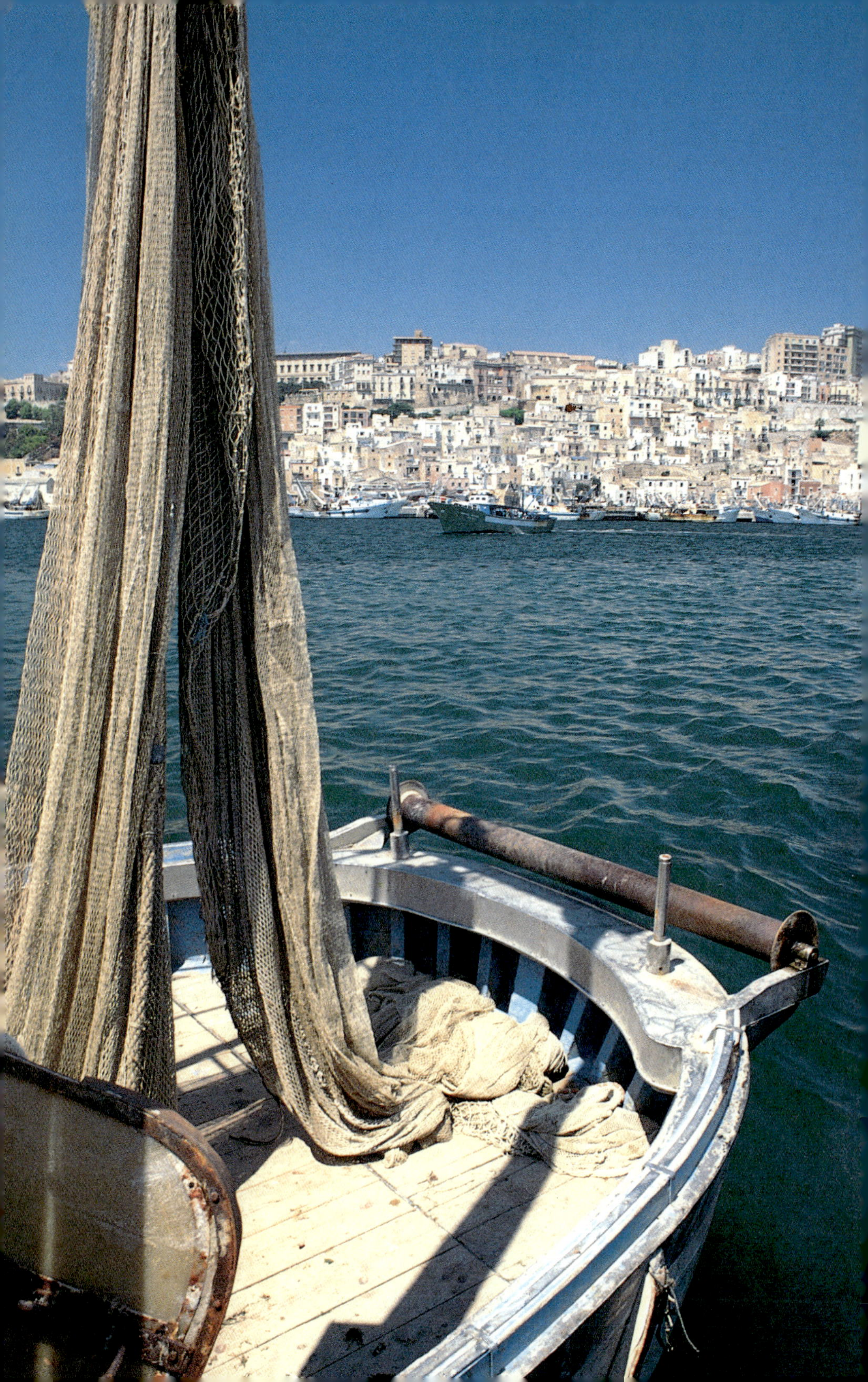

Sizilien von A-Z

Information

Zitronen im Überfluss – frisch vom Baum auf den Markt.

Anreise 202
Ärztliche Versorgung 203
Banken 204
Behinderte 204
Camping 204
Diplomatische Vertretungen 205
Einkaufen 205
Einreise 206
Fernsehen und Radio 207
Fotografieren 207
Frauen 207
Fundbüro 208
Geld 208
Information 208
Kinder 209
Kleidung 209
Klima 210
Mietwagen 211
Nachtleben 212
Nationalfeiertage 212
Notruf 212
Öffnungszeiten 212
Parken 212
Polizei 213
Post und Telefon 213
Routenvorschlag 220
Sicherheit 213
Sprache 215
Strom 214
Tanken 214
Tiere 214
Trampen 214
Transport und Verkehr 214
Trinkgeld 217
Unterkunft 217
Zeitungen 219
Zigaretten 220
Zoll 220

◀ *Sciacca an der Südwestküste ist als Fischereihafen und Heilbad berühmt.*

A Anreise

Mit dem Flugzeug

Von Tunis nach Palermo ist es ein Katzensprung, von Zürich, Wien oder Frankfurt eine Reise quer durch den halben Kontinent – über 2000 km! Eine Flugreise empfiehlt sich daher.
Die Austrian Airlines und die Swissair bieten Flüge nach Palermo an, die Lufthansa fliegt nach Catania, und die Alitalia steuert mit einem Zwischenstopp in Rom oder Mailand Sizilien an. Ein Tipp: Stellen Sie sicher, dass man Ihnen eine Verbindung mit Umsteigen in Rom oder Mailand-Linate bucht, und meiden Sie den Flughafen Mailand-Malpensa. Denn dort fallen immer einmal wieder Flüge wegen starken Nebels aus.
Die Chartergesellschaften haben Sizilien ebenfalls in ihrem Programm. Um mit deren Preisen mithalten zu können, haben die Linienfluggesellschaften eine Palette von Sondertarifen entwickelt, die oft wechseln. Häufig sind diese Verbilligungen an frühzeitige Buchung gebunden und werden nur in Reisebüros außerhalb Italiens angeboten. Man sollte seinen Flug also möglichst frühzeitig buchen.
Von den Flughäfen pendeln Busse in die Städte (siehe in den jeweiligen Kapiteln unter „Verkehr").

Mit dem Auto

Das Nadelöhr für Autos – und Züge – ist die Fähre vom Festland (Reggio di Calabria/Villa San Giovanni) nach Messina. Einschiffung, Überfahrt und Ausschiffung können einige Stunden länger als vorgesehen dauern.
Seit Jahren wird über eine Brücke über die Straße von Messina diskutiert. Die Exporteure von Südfrüchten hätten sie lieber gestern als heute, aber Tausende von Menschen, die in einem privaten oder staatlichen Fährbetrieb arbeiten, fürchten um ihre Arbeitsplätze. Letzten Endes wird wohl nichts aus der Brücke werden.
Die Fahrt mit dem Auto bis Sizilien kommt teuer. Der Benzinpreis in Italien ist zum einen hoch. Zum anderen schlagen sich die Autobahngebühren merklich auf die Reisekasse nieder (Zuschlag für Anhänger und Übergrößen!).
In Sizilien selbst sind zwei Autobahnen von der Gebührenpflicht ausgenommen: die Strecke A19 von Palermo nach Catania und die Strecke A29 Palermo – Trapani – Mazaro del Vallo.
Die Autobahngebühr kann man übrigens auch von Magnetkarten abbuchen lassen, die wie Telefonkarten funktionieren. Sie kosten 50.000 Lire und können vor Abfahrt beim Automobilclub besorgt werden. Preisbeispiel: Die Strecke Catania – Taormina kostet etwa 2000 Lire.

Mit dem Zug

Die Eisenbahn bietet die billigste Methode, um nach Sizilien zu reisen – allerdings auch eine sehr langsame: Wenn alles gut geht, benötigt man von München bis nach Sizilien 35 Stunden. Achtung: Die Schlafwagenplätze sind zur Hauptreisezeit schnell ausgebucht!

Mit dem Schiff

Etwas für Genießer sind die Schiffsreisen von italienischen Häfen, die auch in deutschen, österreichischen und Schweizer Reisebüros gebucht werden können. Nimmt man die Nachtfähre von Neapel hinüber nach Palermo, dann erlebt man bei klarem Wetter den Sonnenaufgang über der Conca d'Oro. Der erste Espresso mit Brioche in einem Stehcafé im Hafen, bevor die große Hitze einsetzt und mitten unter den Seeleuten, ist die schönste Einstimmung auf bevorstehende Erlebnisse. Schiffsreisen haben zudem den Vorteil, dass man sein Auto mitnehmen kann.
Achtung: Bei der Einschiffung der Autos erwarten die Angestellten der staatlichen Tirrenia einen Obolus „für eine Tasse Kaffee". 3000 Lire sind empfehlenswert, sonst kann es passieren, dass Sie beim Ausschiffen einen defekten Spiegel oder Reifen entdecken.
Mit dem Zug können die Fähren in etwa mithalten: Die Fahrt von Genua nach Palermo mit der privaten Gesellschaft Grandi Navi Veloci/Grimaldi Group dauert 22 Std. Sie haben die Wahl zwischen einfachen Deckplätzen und Kabinenplätzen verschiedener Kategorien. An Bord gibt es den Luxus eines luxuriöses 5-Sterne-Hotel mit Sauna, Fitness, Nachtclub, Schwimmbad, Kinderbetreuung usw.
Von Neapel aus verkehren Fähren der Siremar zu den Äolischen Inseln, im Sommer sind auch die schnelleren Tragflügelboote im Einsatz.
In der Hochsaison sind vor allem die Plätze für Autos auf den Fähren schnell ausgebucht. Am besten bucht man schon frühzeitig im Reisebüro. Bei der Reservierung des Platzes müssen Sie die genauen Maße (Höhe und Länge) ihres Wagens parat haben, danach be-

Ärztliche Versorgung

Selbst im Sommer bekommt man problemlos einen Platz auf der Fähre nach Lipari.

rechnet sich nicht nur der Preis, sondern daraus ergibt sich auch der Platz für Ihren Wagen. Touristen ohne Auto haben in der Regel kein Problem, an Ort und Stelle im Reisebüro oder im Hafenbüro der Linie selbst zumindest noch einen Deckplatz zu ergattern.

Die Preise sind saisonal gestaffelt. Preisbeispiel: Genua – Palermo mit den Grandi Navi Veloci in der Nachsaison pro Person im Vierbettzimmer, Innenkabine, 145.000 Lire, pro Auto über 3,90 m Länge 185.000 Lire. Dasselbe kostet in der Hauptsaison 207.000 Lire bzw. 240.000 Lire.

Die Tirrenia ist demgegenüber sehr billig. Aber einige Reisebüros führen diese Gesellschaft mittlerweile nicht mehr, weil die Linie leider unzuverlässig ist und ihre Schiffe häufig schmutzig sind.

Bedient werden die Strecken Livorno oder Genua – Palermo von den Grandi Navi Veloci, Neapel – Palermo und Neapel – Catania von der Tirrenia und Neapel – Liparische Inseln – Milazzo von der Siremar.
Adressen der Hafenbüros:

Genua
Tirrenia
Stazione Marittima
Ponte Colombo
Tel. 010/269 81.

Grandi Navi Veloci/
Grimaldi Group
Via Fieschi 17
Tel. 010/58 93 31
Fax 010/55 09 225
www.grimaldi.it

Livorno
Grandi Navi Veloci
Varco Galvani, Darsena 1
Tel. 0586/40 98 04
Fax 0586/42 97 17.

Neapel
Tirrenia
Stazione Marittima
Molo Angioino
Tel. 081/20 11 11 und 31 21 81
www.tirrenia.it

Siremar
Piazza Municipio 84
Tel. 0815/80 03 40
www.gestelnet.it/sitenav/siremar

Ärztliche Versorgung

Die staatliche Gesundheitsversorgung in Italien ist ähnlich organisiert wie in England. In diesem System kennt man keine freie Arztwahl. In jeder Kommune existieren Gesundheitszentren, die USL (Unità Sanitaria Locale; in manchen Städten heißen sie auch ASL). Reisende aus Mitgliedstaaten der Europäischen Union werden in den USL kostenlos behandelt oder an den zuständigen Facharzt überwiesen.

Medikamente sind ebenfalls kostenlos mit Ausnahme der Rezeptgebühr.

Voraussetzung ist für Deutsche das Formular E111, für Österreicher das Formular SE100-07, das man vor der Abreise bei der Krankenkasse besorgt und im Notfall vorlegt. Touristen können sich aber auch direkt an den nächsten Arzt wenden (der oft hohe Privathonorare verlangt, die nur teilweise von der Kasse gedeckt werden) oder sie können direkt in ein Krankenhaus gehen. In diesem Fall muss man die entstehenden Kosten zunächst einmal vorstrecken. Die Quittungen reicht man nach der Rückkehr bei der Krankenkasse ein.

Es empfiehlt sich außerdem, eine Auslandskrankenversicherung abzuschließen. Auch hier muss man bei Bedarf erst einmal vorschießen und die Belege nach der Heimkehr zur Abrechnung einreichen. Übrigens sind Auslandskrankenversicherungen auch für Kassenpatienten interessant, weil die Police auch einen Rücktransport im Notfall einschließt, den die Kasse gewöhnlich nicht deckt.

In den meisten touristischen Zentren ist in der Saison ein Notdienst für Reisende eingerichtet, die „Guardia Medica Turistica". Adressen und Telefonnummern nennen Ihnen Apotheken, Fremdenverkehrsämter und der Lokalteil der Zeitung.

Die Apotheken halten sich an die gängigen Ladenschlusszeiten (siehe unter „Öffnungszeiten" auf S. 212). Die Nachtdienste der Apotheken entnimmt man am besten den Lokalteilen der sizilianischen Zei-

Banken

tungen. Die Hotelrezeption hält die wichtigen Telefonnummern und Adressen parat.

B Banken

Die Banken sind Mo – Fr von 8.30 – 13.30 Uhr geöffnet. Nur in den Großstädten öffnen einige von ihnen auch nachmittags. Wer ausländische Währungen oder Reise- bzw. Euroschecks eintauschen will, braucht erstens einen Pass oder Personalausweis – und zweitens viel Zeit. Beim Eingang muss man bei manchen Banken Taschen und Metallgegenstände im Schließfach hinterlegen, dann stellt man sich in eine meist endlos lange Schlange, zuerst um ein Formular zu erhalten, dann noch einmal an der Kasse. Die Euroschecks werden bis zu einem Betrag von 300.000 Lire ausgestellt. Allerdings tauschen nicht alle Banken Euroschecks ein – also zuerst vergewissern.

Mittlerweile haben auch einige deutsche Großbanken eigene Filialen oder Korrespondenzbanken in Sizilien, eine Liste hält Ihre Bank bereit. Im Falle eines Diebstahls können Sie sich innerhalb von zwei Tagen per Korrespondenzbank Geld überweisen lassen.

An Flughäfen und Bahnhöfen und nahe touristischen Brennpunkten bieten auch Wechselstuben ihre Dienste an. Sie sind auch am Samstag und oft sogar am Sonntag geöffnet. Allerdings erheben sie eine höhere Gebühr als die Banken.

Mit der Scheckkarte kann man an den Geldautomaten („Bancomat") der meisten Banken Geld abheben. Allerdings sind einige Automaten nicht an das mitteleuropäische System angeschlossen, und außerdem bricht des öfteren die Auslandsverbindung zusammen – und davon sind dann alle Banken Siziliens gleichzeitig betroffen. In einem solchen Fall kann es also passieren, dass Sie übers Wochenende ohne Geld dastehen ...! (Siehe auch „Geld" auf S. 208 und unter „Sicherheit" auf S. 213.)

Behinderte

Für Rollstuhlfahrer sowie Hör- und Sehbehinderte ist eine Sizilien-Reise nicht gerade ein Vergnügen. Selbst Hotels und Campingplätze, die im Verzeichnis als rollstuhlgeeignet ausgewiesen sind, entsprechen häufig nicht den gewohnten Standards. Öffentliche Toiletten für Rollstuhlfahrer gibt es nicht. Ein Tipp: Die Autobahntankstellen der großen Gesellschaften haben mittlerweile Behindertentoiletten. Die Zugänge für Behörden und Banken sind selten behindertengerecht. Nur in Palermo und Catania sind die Kanten der Bürgersteige an den Kreuzungen abgesenkt. Verkehrsampeln mit Tonsignalen für Sehbehinderte existieren nicht. In den Großstädten sind wenigstens mittlerweile einige Behindertenparkplätze ausgewiesen, aber sie werden gnadenlos zugeparkt. Andererseits sind die Sizilianer sehr hilfsbereit und können rasch improvisieren. Der Ratgeber „Handicapped-Reisen" gibt Tipps und Anregungen. Zu bestellen bei:

FGM GmbH – Verlag
Postfach 1547
53005 Bonn.

Die Adressenliste des italienischen Spastiker-Zentralverbandes kann bestellt werden bei:
AIAS Nazionale
Via Cipro 4 H
00135 Roma
Tel. 0039/6/31 61 32.

C Camping

Freies Campieren ist in Sizilien nicht gestattet und auch aus Sicherheitsgründen nicht unbedingt anzuraten. Wohnmobile dürfen zwar für eine Nacht frei abgestellt werden, aber auch das empfiehlt sich nicht.
Der Touring Club Italiano gibt jedes Jahr einen Campingführer für Italien heraus, den „Campeggi e villaggi turistici", in dem Campingplätze, Feriendörfer und Ziele des Agrotourismus aufgeführt sind. In deutsch ist ein Campingführer des ADAC für Südeuropa erhältlich, der jährlich neu aufgelegt wird.
Die Campingplätze sind im Sommer überlaufen, man sollte also frühzeitig reservieren. Auch wenn sie theoretisch immer geöffnet sind, haben sie im Winter schon einmal wegen mangelnder Nachfrage ihre Pforten geschlossen.
Im Folgenden eine Auswahl von Campingplätzen:

Lipari (Äolische Inseln)
Camping Baia Unci
Tel. 090/981 19 09.
In Canneto, 3 km nördlich von Lipari-Stadt.
Geöffnet April – Oktober.

Salina (Äolische Inseln)
Camping Tre Pini
Tel. 090/980 91 55.
In Leni, nahe Rinella.
Geöffnet April – Oktober.

Kitsch oder Kunst? Knallbunte Keramik für Touristen.

Ätna-Region
Camping Etna
Viale Goethe
Tel. 095/91 43 03.
In Nicolosi, 20 km von Catania.
Geöffnet Mai – Oktober.

Agrigento
Camping Internazionale
Tel. 0922/41 62 68.
In San Leone, 6 km von Agrigento am Strand.
Ganzjährig geöffnet.

Catania
Camping Ionio
Tel. 095/49 11 39
Fax 095/49 22 77.
In Ognina, 1 km südlich von Catania, etwas ungepflegt.
Ganzjährig geöffnet.

Camping Timpa
Tel. 095/764 81 55.
In Santa Maria La Scala, 25 km nördlich von Catania, hoch über dem Meer.
Ganzjährig geöffnet.

Cefalù
Camping San Filippo
Tel. 0921/201 84.
In Ogliastrillo, 4 km von Cefalù.
Geöffnet April – September.

Enna
Piazza Armerina
Camping La Ruota
Tel. 0935/68 05 42.
3 km von Piazza Armerina.
Im Winter geschlossen.

Messina
Il Peloritano
Frazione Rodia
Contrada Tarantino
Tel. 090/34 84 96.
Im Nordwesten der Stadt.
Geöffnet 15. Mai – Okt.

Palermo
Camping Ulivi
Tel 091/53 30 21.
In Sferracavallo, 13 km westlich von Palermo.
Ganzjährig geöffnet.

Ragusa
Camping Baia del Sole
Via A. Doria
Tel. 0932/398 44.
In Marina di Ragusa, 24 km von Ragusa. Eigener Strand.
Ganzjährig geöffnet.

Siracusa
Fontane Bianche
Tel. 0931/79 03 33.
Im gleichnamigen Badeort 20 km südlich von Siracusa, eigener Strand.
Geöffnet April – September.

Taormina
Camping Castello San Marco
Via San Marco 6
Tel. 0942/64 11 81
Fax 094/64 26 35.
In Calatabiana, 12 km südlich von Taormina am Strand.
Ganzjährig geöffnet.

D Dipl.Vertretungen

Deutsche Botschaft
Via Po 25
Roma
Tel. 06/88 47 41.

Deutsche Konsulate
Catania
Via Milano 10a
Tel. 095/38 69 28.

Messina
Via San Sebastiano 13
Tel. 090/67 17 80.

Palermo
Via E. Amari 124
Tel. 091/58 33 77.

Österreichische Botschaft
Via Pergolesi 3
Roma
Tel. 06/855 82 41.

Österreichisches Konsulat
Via Leonardo da Vinci 145
Palermo
Tel. 091/682 56 96.

Schweizer Botschaft
Via B. Oriani 25
Roma
Tel. 06/80 36 41.

Schweizer Konsulat
Piazza Cavour 36
Catania
Tel. 095/44 78 84.

E Einkaufen

Keramik
Das Handwerk hat eine lange Tradition, die bei der Keramik

Einkaufen

in die Antike zurückreicht und von den Arabern noch einmal zur Blüte geführt wurde.

Neben kitschigen Waren gibt es Arbeiten, die nach Vorbildern aus der Renaissance und dem Barock gestaltet wurden.

Jede Region hat ihren eigenen Stil: Keramik aus Sciacca und Caltagirone zeichnet sich durch größere Farben- und Formenstrenge aus, Keramik aus Santo Stefano di Camastra ist ein wahres Fest der Farben.

Marionetten

Bei den kleinen Marionetten, die nach ihren größeren Vorbildern des sizilianischen Puppenspiels gestaltet sind, muss man gründlich suchen, um exakt gearbeitete Figürchen zu finden. Vieles ist leider nur flüchtig hergestellte Massenware.

Schmuck

Wer die antiken Juwelen in den sizilianischen Museen bewundert – Ohrstecker in der Form von Widderköpfen, Schlangenringe, Anstecknadeln mit dem Haupt der Medusa –, der kann sich auch heute noch schmücken wie die alten Griechinnen. Viele Goldschmiede arbeiten in dieser Tradition und greifen die alte Formensprache und die Materialien wieder auf.

Aber auch bei typischem Schmuck sollte man auf Qualitätsunterschiede achten. Kettchen aus Markasit für 10.000 Lire sind natürlich – immer noch sehr hübsche – Massenware. Für einen handgearbeiteten Goldring mit einem Neptunskopf aus Koralle zahlt man mehrere hunderttausend Lire.

Übrigens warnen die Umweltschützer vor dem Raubbau an der Koralle.

In den Geschäften rund um den Ätna werden Mineralien in den verschiedensten Farben angeboten, aber Vorsicht: Manche Farben lösen sich beim Kontakt mit Wasser ab!

Textilien

Ebenfalls eine lange Tradition hat das Textilhandwerk. Bunte Fleckenteppiche, Stickereien und Spitzen sind typische Mitbringsel. Allerdings kommen viele mittlerweile aus China.

Feinkost

Auch Feinschmecker können sich in Sizilien gut versorgen. Kapern, Gebäck aus Marzipan, eingelegte oder getrocknete Tomaten, getrocknete Steinpilze, Käse, Olivenöl, Likör und sizilianischer Wein sind von vorzüglicher Qualität (siehe auch die jeweiligen Regionalkapitel).

Souvenirjäger werden oft mit Höchstpreisen konfrontiert. Dahinter steckt nicht immer nur die Gier der Händler. Sie zahlen oft horrende Laden- oder Standmieten, und wahrscheinlich werden sie von der Mafia erpresst. Reich wird keiner von ihnen, und die Konkurrenz ist groß. Man sollte es sich also überlegen, was die Ware wert ist. Wenn der Keramikteller eindeutig zu teuer ist, lohnt es sich allemal zu handeln.

Eine wahre Fundgrube sind die Tabakläden, in denen man von der Rasierseife bis zum Heftpflaster vieles für den Notfall entdeckt.

Wer seine gewohnte Einkaufsatmosphäre sucht, findet in Sizilien sehr gut sortierte Kaufhäuser. Jede italienische Kette hat in den Städten ihre Filialen. Das nobelste Kaufhaus ist „La Rinascente", daneben gibt es die günstigen Niederlassungen von „Upim", in denen zum Beispiel Strandkleidung und Kosmetik oft nur halb so viel kostet wie in den übrigen Läden. Riesige und gut sortierte Supermärkte heißen „SMA".

Beim Einkaufen von Kleidung muss man auf die italienischen Größen zwei Nummern aufschlagen. Allerdings werden die traditionellen Größenbezeichnungen zunehmend zugunsten der Grobeinteilung S – M – L – XL aufgegeben. Doch auch da darf man sich nicht wundern, dass in einen Pullover der Größe „L", der für zierliche Südländer gedacht ist, ein ausgewachsener Nordeuropäer nur knapp hineinpasst.

Wichtiger Tipp

Kassenbon nicht vergessen

Die italienische Steuerfahndung ist streng und vermutet eine Hinterziehung bis zum Beweis des Gegenteils. Deshalb achten die meisten Ladenbesitzer so eifrig darauf, dass Sie Ihren Kassenbon auch wirklich mitnehmen. Wer beim Verlassen des Ladens von einer Kontrolle ohne Quittung ertappt wird, hat sich der Beihilfe zum Steuerbetrug schuldig gemacht.

Einreise

Für einen Urlaub bis zu drei Monaten benötigen Touristen mit deutscher, österreichischer und Schweizer Staatsangehörigkeit nur einen Personalausweis. Als Fahrerlaubnis genügt der nationale Führerschein.

Ausdrucksvolle Marionetten im Castello Svevo von Randazzo (siehe S. 122).

Fernsehen und Radio

Immer mehr Hotels stellen Fernsehapparate ins Zimmer, schon weil man dadurch einen Stern mehr einheimsen kann – ob die vielen Privatsender das Zusehen wert sind, muss jeder selbst entscheiden. Die immer gleichen Talkshows, Telespiele und Seifenopern werden in Italien noch häufiger von Werbung unterbrochen, als man es von zu Hause kennt. Spät nachts werden Softpornos ausgestrahlt.

Die drei Sender der öffentlichen RAI sind etwas anspruchsvoller im Angebot. Die besseren Hotels haben eine Satellitenschüssel.

Die italienischen Radioprogramme sind eine Mischung aus Werbung und Popmusik. Eine Ausnahme macht das Kulturprogramm RAITRE.

RAI sendet deutsche Nachrichten auf UKW 99,4, 99,8 und 102,5 MHz, auf Mittelwelle 1050, 1367 und 1448 MHz, Juni – September 10 und 23 Uhr. Die Deutsche Welle ist auf Kurzwelle 6075 kHz (49m-Band) zu empfangen.

Fotografieren

Filme kauft man sich am besten schon im Heimatland. Es gibt sie zwar selbst in Kleinstädten, aber sie sind nicht immer sachgerecht gelagert. Bei der Auswahl des Filmmaterials muss man die gleißende Sonne berücksichtigen. Wichtig: Batterien nicht vergessen.

In Museen, Kirchen und archäologischen Parks darf man nicht fotografieren. Das Gleiche gilt für Film- und Videoaufnahmen. Aber man kann an Ort und Stelle gut gemachte Videokassetten – in mehreren Sprachen erhältlich – sowie Diaserien erwerben.

Frauen

Ein Sizilienurlaub stellt für allein reisende Frauen im Normalfall kein Problem dar. Zwar machen immer wieder unangenehme Erfahrungen mit dem südländischen Machismo die Runde; häufig jedoch sind diese auf Missverständnisse zurückzuführen, die aus dem Zusammenprall unterschiedlicher Kulturen erwachsen.

Außerdem haben die Sizilianer die Erfahrung gemacht, dass es hin und wieder Touristinnen aus dem Norden gibt, die einem Abenteuer keineswegs abgeneigt sind. Schließlich soll sich in den Hochburgen des Tourismus so mancher arbeitslose Familienvater durch die Betreuung wohlhabender Ausländerinnen die Sozialhilfe in den Sommermonaten etwas aufbessern.

Eine Dame hat hier zurückhaltend und unnahbar zu sein; besser ein Lächeln zu wenig als eines zu viel. Lassen Sie sich also in Gesprächen mit Männern Ihre überschäumende Urlaubslaune nicht zu deutlich anmerken. Umgekehrt gilt es als Zeichen von Respekt, wenn Männer eine Touristin mit auffallender Kühle behandeln. Man gibt Ihnen durch diese Distanz zu verstehen, dass man Sie als Dame achtet. Die Kleidung sollte unauffällig und selbstverständlich seriös sein. Am Strand werden Sie hin und wieder selbst Italienerinnen „oben ohne" in der Sonne liegen sehen, aber als allein reisende Touristin sollte „Frau" auf alle Fälle davon absehen. Ihr Strandlaken breiten Sie am besten in der Nähe einer sizilianischen Familie aus.

Traditionell definieren viele Sizilianer ihre Kontakte mit Frauen als Jagd, und ohne Kampf kein Sieg: „Wenn ich von neunzehn Frauen abgewiesen werde und bei der zwanzigsten Glück habe, dann ist das ein guter Durchschnitt." Der Vorteil dieser Einstellung ist, dass der Sportsmann niemals Gewalt einsetzen wird, sondern allen Charme und alle Hartnäckigkeit, deren er fähig ist. Eine allein reisende Frau gilt als unbeschützt und unversorgt bis zum Beweis des Gegenteils. Tragen Sie daher einen Ehering, und verweisen Sie bei Bedarf im Gespräch darauf, dass Ihr Mann im Hotel auf Sie wartet. Ein bewährtes Mittel ist auch der Hinweis, dass Sie bei einer befreundeten sizilianischen Familie zu Besuch sind.

Fundbüro

Wenn Sie eine Auskunft benötigen, fragen Sie lieber eine Frau. Im Zug setzen Sie sich besser zu einer Frau ins Abteil. Ein beliebter Trick vieler Männer ist das Versprechen, Sie zu Sehenswürdigkeiten zu führen: Nach der erbrachten kostenlosen Fremdenführung wird dann eine Gegenleistung erwartet.

Eine Frau sollte sich auch nicht auf eine Diskussion einlassen, warum man nicht in aller Freundschaft, ohne Hintergedanken, zusammen einen Kaffee trinken gehen kann („Sie haben wohl Vorurteile, was denken Sie denn von mir!"). Natürlich hat der Herr doch Hintergedanken. Auf plumpe Belästigungen („Wie heißt du?", „Bist du Schweizerin?") dürfen Sie ruhig knallhart reagieren. Dazu brauchen Sie kein Italienisch zu können. Ein klares Wort auf Deutsch wird in solch einem Fall sehr gut verstanden.

Fundbüro

Fragen Sie nach dem „Ufficio oggetti smarriti". Wenn es im Dorf keines gibt, hilft die Stadtpolizei, „Vigili Urbani", weiter.

Geld

Die italienische Währungseinheit ist die Lira. Es gibt Münzen zu 10, 20, 50, 100, 200, 500 und 1000 Lire und Geldscheine zu 1000, 2000, 5000, 10.000, 50.000 und 100.000 Lire. 1000 Lire sind ein halber Euro. Über die aktuellen Obergrenzen für Geldeinfuhr und -ausfuhr geben die Banken Auskunft.

Es empfiehlt sich in der Regel, Geld in Italien zu tauschen. Die deutschen Wechselgebühren sind seit der Einführung des Euro rasant gestiegen.

Die immer gebräuchlicher werdenden Kreditkarten setzen sich zunehmend durch, auch wenn noch längst nicht alle kleineren Hotels und Tankstellen damit arbeiten. In den Geschäften der Großstädte wird schon mal die Euroscheckkarte angenommen. Reiseschecks werden häufig akzeptiert, allerdings zu einem ungünstigen Kurs.

Information

Das Staatliche Italienische Fremdenverkehrsamt ENIT unterhält Auslandsbüros, die Info-Material zur Verfügung stellen und Reiselustige auch persönlich beraten.

Das Fremdenverkehrsamt der Region Sizilien – nicht zu verwechseln mit dem Fremdenverkehrsamt der Provinz und dem der Stadt – hat seinen Sitz in Palermo. Es ist mit Material zu allen Provinzen exzellent ausgestattet. Allerdings sollte man bei der Bestellung von Informationsbroschüren die Langsamkeit der italienischen Post einkalkulieren.

In fast jeder Stadt Siziliens liegen in den Hotels und Geschäften kostenlose Stadtpläne aus. Fragen Sie einfach nach einer „Cartina turistica".

Deutschland
ENIT
Zentrale Servicenummer für Materialversand:
0190/25 91 26.
www.enit.it

ENIT
Karl-Liebknecht-Str. 34
10178 Berlin
Tel. 030/24 7 83 97
Fax 030/247 83 99.

ENIT
Kaiserstraße 65
60329 Frankfurt
Tel. 069/23 74 10
Fax 069/23 28 94.

ENIT
Berliner Allee 26
40222 Düsseldorf
Tel. 0211/13 22 31
Fax 0211/13 40 94.

ENIT
Goethestraße 20
80336 München
Tel. 089/53 31 317
Fax 089/53 45 27.

Österreich
ENIT
Kärntnerring 4
1010 Wien
Tel. 01/505 43 74
Fax 01/505 02 48.

Schweiz
ENIT
Uraniastraße 32
8001 Zürich
Tel. 01/211 36 33
Fax 01/211 38 85.

ENIT
3, rue du marché
1204 Genève
Tel. 022/28 29 22
Fax 022/28 29 23.

Sizilien
Assessorato Regionale del Turismo, delle Communicazioni e dei Trasporti (Region Sizilien)
Via Emanuele Notarbartolo 9
90141 Palermo
Tel. 091/696 11 11
Fax 091/696 81 35.

Schon bald Historie: die italienische Lira.

Information

Kleidung

Provinzen auf Sizilien (AAPIT steht für „Azienda autonoma provinciale per l'incremento turistico"):

AAPIT
Viale della Vittoria 225
92110 Agrigento
Tel./Fax 0922/251 85.

AAPIT
Corso Vittorio Emanuele 109
93100 Caltanisetta
Tel./Fax 0934/265 60.

AAPIT
Largo Paisiello
95124 Catania
Tel. 095/31 08 88
Fax 095/31 64 07
www.apt-catania.com

AAPIT
Piazza Garibaldi 1
94100 Enna
Tel. 0935/50 09 01
Fax 0935/50 07 20.

AAPIT
Via Calabria, Isolato 301/bis
98100 Messina
Tel. 090/67 42 36, 77 53 56
Fax 090/60 10 05.

AAPIT
Piazza Castelnuovo 35
90141 Palermo
Tel. 091/33 18 47
Fax 091/33 18 54
www.aapit.pa.it

AAPIT
Via Natalelli 131
97100 Ragusa
Tel. 0932/622 88
Fax 0932/62 14 21.

AAPIT
Via S. Sebastiano 43
96100 Siracusa
Tel. 0931/46 14 77
Fax 0931/678 03.

AAPIT
91100 Trapani
Via V. Sorba 15
Tel. 0923/272 73
Fax 0923/294 30.

K Kinder

Wenn die Italiener kinderfreundlich sind, dann sind die Sizilianer wahre Kindernarren. Reisende mit Kindern werden immer auf große Hilfsbereitschaft stoßen.
In punkto Hotels bieten fast nur große Häuser Spielplatz und sogar Kinderbetreuung an. Ein Extrabett im Doppelzimmer darf mit höchstens 35 % zusätzlich berechnet werden.
Die Campingplätze haben zum Teil Spielplätze und kleine Schwimmbecken. Am besten aufgehoben sind Kinder in Einrichtungen des Agriturismo und auf den sizilianischen Inseln, wo es wenig Verkehr gibt. Flache Strände findet man überwiegend an der Südküste, auch der Strand von Castellammare del Golfo und die Strände von Giardini-Naxos und Letojanni sind zu empfehlen. Auf tückische Strömungen muss man allerdings auf Sizilien wie überall achten. Allein darf man auch hier die Kinder nicht ins Wasser lassen.
Die Restaurants führen zwar keine Kinderteller auf der Speisekarte, aber die Kellner sind jederzeit bereit, mit den Eltern ein passendes Menü für die Kleinen zusammenzustellen. Öffentliche Wickelräume gibt es nicht, mit Ausnahme mancher Tankstellen an den Autobahnen.
Für Kinderwägen gilt dasselbe wie für Rollstühle: Kaum einmal findet man eine Stadt mit abgesenkten Bordsteinkanten, zu den wenigsten Gebäuden führt eine Rampe. Kinder zahlen ermäßigten Eintritt bei Sehenswürdigkeiten.
Fremden, die zum ersten Mal in Italien sind, wird auffallen, wie unbekümmert die sizilianischen Kinder überall mitgenommen werden, egal zu welcher Tages- oder Nachtzeit. Die Trennung zwischen dem Leben der Erwachsenen und dem der Kinder ist in Sizilien lange nicht so streng wie bei uns. Sie werden in das Alltagsleben einfach integriert und wachsen ganz allmählich in die Gesellschaft hinein.

Kleidung

Neben leichter Garderobe aus Naturfasern braucht man auch etwas festere Kleidung, sobald man die Küstenregionen verlässt. In den Bergen kann es nachts kalt werden. Für Wande-

Klima

rungen sollten es schon mindestens knöchelhohe Wanderschuhe sein. In den Bergen braucht man Bergstiefel.
In Städten wie Catania und Palermo haben sich die Bürger Straßenpflaster aus Marmor oder hartem Lavastein gegönnt. Es ist mittlerweile spiegelglatt geschliffen. Schuhe mit rutschfester Sohle sind hier eine wahre Wohltat.
Wer sich bei der Ankunft in Sizilien noch über die strahlende Sonne freut, könnte sie bald verfluchen, wenn er um die Mittagszeit in einem archäologischen Park ohne jeden Schatten unterwegs ist. Ein Strohhut ist auf Sizilien deshalb ein absolutes Muss für jeden, der keinen Sonnenstich und keinen Sonnenbrand riskieren will.
Und dann ist noch die Kleiderordnung zu beachten, die von der Gesellschaft auferlegt wird. Die Sizilianerinnen und womöglich noch mehr die Sizilianer achten sehr auf ein gepflegtes Äußeres. Das bedeutet spätestens dann, wenn man nicht mehr zu den Jugendlichen zählt, klassische Eleganz. Selbst wenn ein Tourist sich von der körperlichen Erscheinung nicht von den Einheimischen unterscheidet, wird er unweigerlich am lässigen Freizeit-Outfit erkannt.
Es sollte also selbstverständlich sein, den sizilianischen Sinn für Kleidungsästhetik zu respektieren. Entsprechend geht man nicht in Shorts oder im Bikioberteil ins Restaurant. Ausgesprochen empfindlich reagiert man, wenn Touristen mit viel nackter Haut eine Kirche betreten. Man sollte es nicht darauf ankommen lassen, vom Pfarrer aus dem Gotteshaus hinausgewiesen zu werden.

Tipp: Es ist zwar kein Kleidungsstück, gehört aber unbedingt mit in den Koffer: das Opernglas. Damit können Sie die Feinheiten der Architektur viel besser studieren.

Klima

Auf Sizilien können die Reisenden zwischen verschiedenen Klimazonen wählen: An den Küsten sorgt das Mittelmeer für milde und feuchte Winter (Januar und Februar) und Sommer, die im Juli über einen Mittelwert von 25° selten hinausgehen. Aber es gibt doch einige Unterschiede zwischen den drei Seiten des sizilianischen Dreiecks. An der Nordküste weht der Wind von Nordwesten, das mildert die Sommerhitze und macht die Winter ziemlich rauh. Vor April kann man sich hier nicht ins Wasser wagen. An der Ostküste beginnt die Badesaison schon einen Monat früher. Die Südküste liegt zwar schon auf der Höhe der tunesischen Strände, aber sie ist den Frühjahrsstürmen ausgesetzt, so dass man sich vor April auf Badewetter nicht verlassen kann.
Die abgehärteten Nordländer gehen allerdings schon bei Wassertemperaturen zwischen 18° und 20° im Frühling sowie im Herbst bis November schwimmen – für die Sizilianer

WETTER IN CATANIA
Die monatlichen Durchschnittswerte im Überblick

	Jan.	Feb.	März	April	Mai	Juni	Juli	Aug.	Sept.	Okt.	Nov.	Dez.
Tagestemperaturen in °C	14	15	17	19	23	28	31	31	28	23	19	16
Nachttemperaturen in °C	8	8	9	12	15	19	22	23	20	16	13	9
Sonnenschein Std./Tag	4	5	6	7	8	10	11	10	8	7	6	4
Niederschlag Tage/Monat	9	5	6	4	3	2	1	1	3	7	7	8
Wassertemperaturen in °C	15	14	14	15	17	21	24	25	24	22	19	16

Im Winter sind die verschneiten Hänge des Ätna ein beliebtes Skigebiet.

selbst wäre das undenkbar. Sie beschränken sich auf den Hochsommer von Juli bis August, wenn das Wasser Badewannenwärme von 25° bis 28° hat. Das ist auch die Hauptreisezeit der Einheimischen, während der die Strände hoffnungslos überfüllt sind. Aber die meisten Mitteleuropäer meiden die Spitzentemperaturen ohnehin.

Der Unterschied zum Landesinneren ist krass. Dort herrscht in den verkarsteten Zonen im Sommer tagsüber Gluthitze, die Spitzenwerte bis zu 40° erreichen kann. Ähnlich wie in der Wüste fällt nachts die Temperatur um bis zu 20°. Im Winter herrschen in den Bergregionen Temperaturen fast um den Gefrierpunkt.

Eine spezielle Klimazone stellen die waldreichen Gebirge dar, vor allem in den Regionen um den Ätna, in den Peloritanischen Bergen, den Nebrodi und in den Madonie. Sie sind vergleichsweise kühl und oft nebelverhangen, und häufig regnet es dort, wenn an der Küste die Sonne brennt.

Sizilianische Wetter-Spezialitäten sind der Scirocco und die Tramontana. Der Scirocco-Wind ist ein unwillkommener Gast aus der Sahara, wo er sich mit Backofenhitze und feinstem Sand auflädt. Er bringt alles Leben auf den Straßen Siziliens zum Erstarben, jeder sucht sich die kühlste Ecke im Haus, und in den Büros laufen die Klimaanlagen auf Hochtouren. Die Tramontana, von den Cataniern liebevoll „Il Venticello della tramontanina" – das Windchen der kleinen Tramontana – genannt, ist ein Fallwind vom Ätna. Er bringt jeden Abend eisige Luft von den Schneefeldern ins Tal. Auch wer den Berg nicht besteigen will, braucht also außerhalb der Sommermonate in dieser Gegend eine Strickjacke.

Das ist das klassische Klima, wie es bis vor einigen Jahren herrschte. Aber die Klimaveränderung macht sich auch hier bemerkbar. Oft monsunartige Sturzregen, die in kurzer Zeit alle Straßen in reißende Ströme verwandeln und tagelang anhalten, sind im Winter keine Seltenheit mehr. Auch der Scirocco ist unbarmherziger geworden, er fällt manchmal bereits im Frühjahr ein.

M Mietwagen

Viele internationale Firmen (Avis, Europcar, Hertz) haben in Sizilien Filialen. Bei ihnen sollte man schon vor der Abreise reservieren, vor allem in der Saison. Auf den Flughäfen von Palermo und Catania sind ebenfalls Autos zu mieten. Außerdem gibt es in jeder größeren Stadt lokale Autoverleihe, „Autonoleggio" genannt. Wer erst an Ort und Stelle ein Auto mietet, sollte unbedingt die Preise vergleichen.

Palermo
Avis
Via Principe di Scordia 12
Tel. 091/33 38 06.

Europcar
Via Cavour 77a
Tel. 091/32 19 49
Flughafen 091/59 16 88.

Hertz
Flughafen 091/59 16 82.

Sicily by Car
Via Mariano Stabile 6/A
Tel. 091/58 10 45
Flughafen 091/59 12 50
www.sbc.it

Catania
Avis
Via de Roberto 14
Tel. 095/53 64 70.

Europcar
Via San Giuseppe la Rena 89
Tel. 095/34 58 00
Flughafen 095/38 41 25.

Holiday Car Rental
Flughafen
Tel. 095/34 67 69.

Sicily by Car
Flughafen
Tel. 095/34 99 00.

Taormina
Avis
Via San Pancrazio 6
Tel. 0942/230 41.

Nachtleben

Sicily by Car
Via Apollo Arcageta 4
Tel. 0942/212 52.

Cefalù
Autonoleggio Barranco
Via Umberto I. 13
Tel. 0921/215 25.

Messina
Europcar
Piazza Teatro Vittorio
Emanuele 9
Tel. 090/450 79.

Siracusa
Europcar
Via Necropoli Grotticelle 2
Tel. 095/308 00.

Maggiore
Viale Tica 54a
Tel. 095/44 20 75.

Nachtleben

In allen größeren Städten gibt es Diskotheken, wie sie die Nachtschwärmer von zu Hause kennen. Was wir nicht kennen: Freiluft-Diskos, die im Sommer die überhitzten Lokale ablösen. Bevor man ein Hotel bezieht, sollte man vorher fragen, ob mit einem solchen Spektakel zu rechnen ist.

Nationalfeiertage

1. Januar: Capodanno, Neujahr.
6. Januar: Epifania, Heiligdreikönigstag.
Ostermontag: Pasquetta; ein berüchtigter Tag, weil dann die Sizilianer mit dem Auto die Runde bei Bekannten machen und überall einen guten Schluck trinken ...!
25. April: Jahrestag der Befreiung vom Faschismus.
1. Mai: Festa del Lavoro, Tag der Arbeit.
15. August: Ferragosto (die Straßen sind hoffnungslos verstopft!).
1. November: Ognissanti, Allerheiligen.
8. Dezember: Immaculata Concezione, Fest der unbefleckten Empfängnis.
25./26. Dezember: Natale, Weihnachten.

Notruf

In Notfällen helfen folgende Telefonnummern weiter:
Notarzt: 113
Pannenhilfe: 116
Polizei/Unfall: 112 und 113.

Öffnungszeiten

Die Restaurants öffnen in der Regel 12 – 15 und 20 – 24 Uhr, das sind aber nur Richtwerte. Die Öffnungszeiten der Geschäfte sind Mo – Sa 9 – 13 und 16 – 19.30 Uhr, an den Sonntagen ist geschlossen. Allerdings sehen es manche Ladenbesitzer abends nicht so eng, vor allem in den touristischen Zentren. Die Apotheken öffnen teilweise im Sommer morgens eine halbe Stunde früher und nachmittags eine halbe Stunde später.
Die Postämter öffnen Mo – Fr 9 – 14, Sa 8.30 – 12 Uhr. In den Großstädten ist die Hauptpost auch am Nachmittag geöffnet.
Die schönsten Kirchen sind oft verschlossen. Denn immer wieder werden Kunstschätze aus unbewachten Kirchen gestohlen, und der Pfarrer kann aus eigener Tasche keine Wächter finanzieren. In den letzten Jahren haben aber einige Städte Arbeitsbeschaffungsprogramme organisiert, mit denen zumindestens halbtags Personal für solche Zwecke angestellt wird. Ansonsten werden die Öffnungszeiten nirgends angegeben, und die Fremdenverkehrsämter können nur den lakonischen Rat geben: „Versuchen Sie es morgens, wenn Messe ist." Auch wenn ein Zettel an die Kirchentür geheftet ist, auf dem die Adresse des Mesners steht, heißt das noch lange nicht, dass er dann gerade zu Hause ist. Wenn ja, dann erwartet er ein Trinkgeld. 3000 Lire reichen.
Die Museen sind meist montags geschlossen. Sonst öffnen sie manchmal nur vormittags zwischen 9 und 13 Uhr. Angegebene Öffnungszeiten ändern sich schnell und werden nicht immer eingehalten. Auch hier ist der Grund das kurzfristige Aufleben und Wiederauslaufen von Arbeitsbeschaffungsprogrammen. Als Faustregel gilt: Wer es Di – So von 9 – 12 Uhr versucht, hat die beste Chance.

Parken

Wie in allen Städten ist auch in Sizilien das Fahren leichter als das Anhalten. Die sizilianischen Städte wurden nicht für das Auto geschaffen, und Parkhäuser sind selten. Unerlaubtes Parken beobachtet man zwar ständig bei den Einheimischen, man sollte es ihnen aber nicht gleichtun. Wer will sich schon gern abschleppen lassen und obendrein eine Strafe bezahlen. Wenn die Sehenswürdigkeiten außerhalb des Stadtzentrums liegen, gibt es große Parkplätze, die immer bewacht sind,

Sicherheit

Nachtleben in der Altstadt von Palermo – die Vespa ist immer dabei.

entweder von städtischen oder von selbst ernannten Parkwächtern, den „Abusivi", den Illegalen. Es sind meistens Arbeitslose, die eine Familie durchbringen müssen. Auch sie achten perfekt auf das Auto inklusive Inhalt. In manchen Städten hat die Kommune ihnen mittlerweile angeboten, sich zu einer Genossenschaft zusammenzuschließen und sich konzessionieren zu lassen. Da soll noch einer sagen, die Italiener seien Bürokraten! Richtwert für eine Stunde Parkgebühr sind 1000 Lire.

Polizei

In Italien gibt es mehrere Polizeitruppen, deren Aufgaben sich zum Teil überschneiden. Die „Carabinieri" sind eigentlich eine militärische Einheit, die dem Innenminister für zivile Aufgaben unterstellt ist. Sie übernimmt genau wie die Staatspolizei, „Polizia di Stato", fast alle polizeilichen Aufgaben. Zum Beispiel können Touristen einen Diebstahl bei beiden melden.
Die „Guardia di Finanza", die bewaffnete Finanzpolizei, übernimmt neben der Steuerauch die Zollfahndung und hilft auch schon mal bei der Suche nach Drogen und gestohlenen Kunstschätzen.

Die städtische Polizei, die „Vigili Urbani", hat eine rein ordnungsrechtliche Funktion.
Wer mit der Polizei in Kontakt kommt, wird sofort feststellen, dass die Beamtinnen und Beamten von ausgesuchter Höflichkeit und Hilfsbereitschaft sind, und was die Hauptsache ist: Die italienische Polizei ist auch effizient. Die schaurig-romantische Vorstellung, dass viele Polizisten mit der Mafia unter einer Decke stecken, ist mitteleuropäische Gruselpropaganda. Im Gegenteil: Jedes Jahr opfern Männer und Frauen im Polizeidienst ihr Leben im Kampf gegen das organisierte Verbrechen.

Post und Telefon

Die Postämter sind montags bis freitags 9 – 14, samstags 8.30 – 12 Uhr geöffnet. In den Großstädten hat die Hauptpost auch am Nachmittag offen. Briefmarken erhält man auch in den Tabakläden. Man sollte keine wichtigen Briefe mit der Post verschicken – sie sind ziemlich lange unterwegs, und es geht immer mal wieder einer verloren. Ihr Hotel lässt Sie – allerdings für eine hohe Gebühr – das Fax benutzen, und auch manche Schreibwarengeschäfte bieten einen Fax-Service an.

Vor allem in Stehcafés findet man noch ab und zu reine Münztelefone. Aber nach und nach werden auch die letzten dieser Antiquitäten durch Kartentelefone ersetzt. Telefonkarten für 5000 und 10.000 Lire gibt es bei den Filialen der Telefongesellschaft Telecom und in Tabakläden. Achtung: Bei den Karten muss man vor der Benutzung eine Ecke an der vorgesehenen Bruchstelle abknicken. Vom Hotel aus telefoniert man besser nur in Notfällen – die Gebühren sind enorm.

Vorwahlnummern:

Vor jede Telefonnummer gehört in Italien die komplette Vorwahl der jeweiligen Stadt einschließlich der Null, auch wenn Sie im Ortsnetz bleiben! Zum Beispiel aus dem Ausland zur AAPIT von Palermo: 0039 – 091 – 33 18 47; vom Hotel um die Ecke: 091 – 33 18 47.

Vorwahl Italien: 0039.
Vorwahl Deutschland: 0049.
Vorwahl Österreich: 0043.
Vorwahl Schweiz: 0041.

Sicherheit

Sizilien ist ein Land krasser sozialer Gegensätze und hoher Arbeitslosigkeit. Das wirkt sich in einer erhöhten Bereitschaft zu Gewalt und Verbrechen aus. Die Touristen brauchen sich allerdings nicht vor der Mafia zu fürchten – deren Verbrechen spielen sich in ganz anderen Größenordnungen ab. Es ist die alltägliche Kleinkriminalität, die die Städte für die Reisenden unsicher macht.
Zwei wendige Jungen auf einer Vespa und ein Tourist beim

Sicherheit

Stadtbummel – mehr braucht es nicht für eine Karriere als „Scippatori", Handtaschenräuber. Dagegen hilft nur: Die Handtasche, den Rucksack und die Kamera auf jeden Fall im Hotel lassen. Stecken Sie nur so viel Geld ein, wie Sie wirklich brauchen. Pass, Scheckkarte und Kreditkarte gehören in den Hotelsafe. Bewährt haben sich Brustbeutel und Geldgürtel, für Frauen der Büstenhalter.

Scippatori spähen ihre Opfer vorher aus. Handy und Schmuck signalisieren ihnen viel Reichtum. Wenn Sie einkaufen, denken Sie daran, dass Sie durch die offen stehende Ladentür beobachtet werden können. Verstauen Sie das eingetauschte Geld, bevor Sie die Bank wieder verlassen. Wählen Sie Geldautomaten, die weit weg von der Bordsteinkante installiert sind, und ziehen Sie Ihr Bargeld dann, wenn die Straße belebt ist. Die bevorzugten Jagdzeiten der Scippatori sind die Nacht und der Mittag, wenn die Straßen leer sind.

Es gibt Sizilianer, die ihre Autos längst nicht mehr abschließen: „Dann bleibt wenigstens das Schloss heil, wenn ich bestohlen werde." Versicherungen würden da allerdings nicht mitspielen. Viele Räuber warten nicht mehr, bis das Auto unbewacht geparkt wird. Sie postieren sich an einer Verkehrsampel. Hält ein viel versprechendes Auto, öffnen sie die Tür des Beifahrers und entreißen ihm die Tasche. Meist reicht auch noch die Zeit, um den Rücksitz zu leeren. Gegenwehr wird brutal unterdrückt. Dem kann man vorbeugen: Taschen, Kameras usw. gehören während der Fahrt in den Kofferraum oder gut verborgen unter den Sitz. Die Fenster müssen in der Innenstadt unbedingt geschlossen bleiben, auch wenn es heiß ist. Wenn Sie Ihr Auto unbewacht parken, dann müssen der Kofferraum und das Wageninnere leer sein, das Handschuhfach sollte offen stehen. Das Autoradio sollten Sie ebenfalls mitnehmen oder vor der Reise ausbauen.

Falls es doch passiert: Notieren Sie sich vor der Abreise die Telefonnummern, unter denen Sie Ihre Scheckkarten und das Handy sperren lassen können, und bewahren Sie die Nummern getrennt von Ihren Wertsachen auf. Hilfreich ist eine Fotokopie von Ihrem Ausweis (ebenfalls getrennt aufbewahren), damit Sie beim Konsulat ohne lange Formalitäten ein Ersatzdokument beantragen können. Erstatten Sie Anzeige und geben Sie auf dem Revier alle abhanden gekommenen Gegenstände an. Sie brauchen das Protokoll für die Versicherung und für den neuen Ausweis.

Souvenirs

Siehe unter dem Stichwort „Einkaufen", S. 205/206.

Strom

220 Volt Wechselstrom sind die Norm. Sie können Ihre Geräte benutzen. Allerdings ist häufig noch ein Adapterstecker nötig.

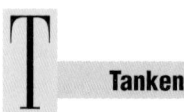

Tanken

Bleifreies Benzin ist inzwischen überall zu haben. Die Besitzer der kleineren Tankstellen akzeptieren meistens keine Kreditkarten. Tankstellen haben strikte Öffnungszeiten: 7 – 12 und 13.30 – 22 bzw. 15 – 19.30 Uhr. Am Wochenende kann man nur am Samstagvormittag tanken. Am Sonntag fließt auf dem Land kein Sprit. Nur in den größeren Städten gibt es Tankstellen mit „Notdienst", man findet sie in der Tageszeitung verzeichnet. An sizilianischen Autobahnen sind die Tankstellen seltener als in anderen Ländern.

Tiere

Ohne Tollwutimpfung öffnet sich für Hunde kein Schlagbaum. Sie muss mindestens einen und darf höchstens zwölf Monate zurückliegen. Zum Impfpass gehört außerdem ein aktuelles Gesundheitszeugnis des Tierarztes. Nicht alle Hotels empfangen auch Vierbeiner (siehe Hotelverzeichnis). Aber auch wenn dieses Symbol auf der Liste fehlt, lohnt es sich zu fragen. Ansonsten sind die Sizilianer sehr hundefreundlich. Es gibt Tierschützer, die regelmäßig die zahlreichen herrenlosen Streuner füttern.

Trampen

Vom Trampen ist abzuraten, das gilt besonders für Frauen. Zwar werden Tramper gern mitgenommen, aber es kann auf dem Land passieren, dass Sie keine direkte Verbindung bekommen. Dann werden Sie womöglich an einer Stelle abgesetzt, an der sich Fuchs und Hase gute Nacht sagen.

Transport und Verkehr

Zu „Anreise" siehe S. 202.

Sprache

Kleines Italienisch-Wörterbuch

e „Zauberworte"
te: Per favore.
elen Dank!: Tante grazie!
e sind sehr freundlich: Lei è
olto gentile.
tschuldigen Sie: Scusi.
h hätte gern ...: Vorrei ....
e bitte?: Prego?

Restaurant
ilage: il contorno.
e Rechnung, bitte!: Il conto, per
vore!
e Speisekarte, bitte!: Il menù,
r favore!
 stimmt so: Il resto è per Lei.
uptgericht: il secondo.
rr Ober: cameriere.
ffel: il cucchiaio.
bel: la forchetta.
esser: il coltello.
neralwasser: acqua minerale.
chspeise: il dolce, il dessert.
delgericht: la pasta.
ßstoff: dolcificante.
rspeise: l'antipasto.
hnstocher: lo stuzzicadenti.

eines Küchen-ABC
ancini: frittierte Reiskugeln ge-
lt mit Schinken, Fleischragout,
bsen oder Käse.
ccalà: Stockfisch, auch Stocca-
su oder Stocco genannt.
eist mit Kapern und Kartoffeln
kocht.
nnoli: Schlotfeger, gefüllt mit
cotta in Vanille-, Schokolade-
er Erdbeergeschmack.
ponata: pikant eingelegte
prikaschoten, Auberginen,
müsezwiebeln, Zucchini usw. –
s sizilianische Nationalgericht.
voltini: Rouladen.
moncello: Zitronenlikör.
ni ca meusa: Hefebrötchen, ge-
lt mit in Öl gesottener Milz oder
nge.
sta alla Norma: Nudeln mit ge-
llten Auberginen und Ricotta.
sta Reale: Marzipan.
cotta: quarkähnlicher Frischkä-

se, aber nicht säuerlich, sondern
süß wie frische Milch.
Salmoriglio: Marinade aus Oli-
venöl, Zitronensaft und Origano.
Sarde a Beccafico: Auflauf oder
Rouladen mit Sardinen. Jede
Stadt ist stolz auf ihr Rezept.
Scacciata: Hefekuchen, gefüllt mit
Käse, Gemüse oder Sardellen.

Verkehr & Transport
Auto
abschleppen: rimorchiare.
Ampel: il semaforo.
Auto: la macchina.
Bitte, wo geht es zur Autobahn
nach ...: Scusi, l'autostrada per ...?
Bleifrei: senza piombo.
Diesel: il gasolio.
Immer geradeaus: sempre dritto.
Maut: il pedaggio.
Panne: il guasto.
Parkhaus: l'autosilo.
Parkplatz: il parcheggio.
Tankstelle: il distributore.
Verkehrsschild: il segnale.
Werkstatt: l'officina.
Wie viele Kilometer sind es?:
Quanti chilometri sono ?

Bahn
Bahnhof: la stazione.
Einfache Fahrt: solo andata.
Rückfahrkarte: andata e ritorno.
Fahrkarte: il biglietto.
Gepäckaufbewahrung: il deposito
bagagli.
Von welchem Gleis fährt der Zug
nach .... ?: Da quale binario parte
il treno per ...?
Der nächste Zug nach ...: il pros-
simo treno per ...
Zuschlag: il supplemento.

Schiff
Autofähre: l'autotraghetto.
Fähre: il traghetto.
Tragflügelboot: l'aliscafo.
Ruderboot: la barca a remi.
Wo ist die Anlegestelle?: Dov'è
l'approdo?
Hafen: il porto.

Flugzeug
Flughafen: l'aeroporto.
Wo ist der Schalter der
ALITALIA?: Dov'è lo sportello
dell'ALITALIA?

Zu Fuß
Wanderweg: il sentiero.
Berghütte: il rifugio.
Beschilderung: la segnaletica.

Unterkunft
Einzelzimmer für eine Nacht: una
singola per una notte.
Doppelzimmer für eine Woche:
una doppia per una settimana.
Ruhiges Zimmer mit Meerblick:
una camera tranquilla con vista
sul mare.
Was kostet das Zimmer mit Früh-
stück?: Quanto costa la camera
con prima colazione?
Halbpension: mezza pensione.
Vollpension: pensione completa.
Das Zimmer ist zu laut: La came-
ra è troppo rumorosa.
Die Dusche funktioniert nicht: La
doccia non funziona.
Heizung: il riscaldamento.
Fernsehapparat: il televisore.

Einkaufen
Nehmen Sie Kreditkarten?: acetta
carte di credito?
Euroscheck: l'eurocheque.
Scheckkarte: la tessera bancomat.
Geldautomat: il bancomat.
Wieviel kostet ...? Quanto costa ...?
Kaufhaus: il grande magazzino.
Wo ist die nächste Apotheke?:
Dov'è la prossima farmacia?
Supermarkt: il supermercato.
Reinigung: il lavasecco.
Es ist zu klein, zu groß, zu weit,
zu eng, zu teuer: È troppo picco-
lo, troppo grande, troppo largo,
troppo stretto, troppo caro.
Kann ich es anprobieren?: Posso
provarlo?
Können Sie es mir nach Hause
schicken?: Può spedirmelo in
casa?

215

Transport und Verkehr

Mit dem Flugzeug
Die Insel Lampedusa wird täglich von Palermo aus angeflogen, nach Pantelleria fliegt man von Palermo oder Trapani.

Fähren
Die Äolischen Inseln werden von Milazzo aus bedient (siehe S. 95). Ustica erreicht man von Palermo aus (siehe S. 64). Die Ägadischen Inseln und Pantelleria bedienen Fähren von Trapani aus (siehe S. 193). Von Agrigento aus gibt es eine Fähre nach Lampedusa (siehe S. 179). Die Fähren verkehren täglich. Für die Hochsaison muss man unbedingt rechtzeitig reservieren, wenn man mit dem Auto unterwegs ist.

Bahn
Das Streckennetz der Staatsbahnen „Ferrovie dello Stato", abgekürzt FS, besteht nur aus einigen, wenigen Schienensträngen: entlang der Nordküste von Messina nach Palermo, dann ein paar Ziele an der Westküste und von da einige Linien ins Landesinnere, an der Südküste eine Strecke bis zur Spitze.
Die Züge sind nicht immer pünktlich und fahren manchmal von einem anderen Gleis ab, als auf dem Fahrplan angegeben ist. Die Fernzüge sind oft überfüllt, so dass man besser vorher einen Platz reserviert. Für die Schnellzüge „Rapido" und die TEE bezahlt man einen Zuschlag, sonst sind die Fahrkarten nur etwa halb so teuer wie zum Beispiel in Deutschland. Am besten ist es, man kommt zeitig an den Bahnhof und lässt sich beraten. Die Fahrscheine muss man vor der Abfahrt an gelben Kästchen abstempeln.

Die FS bieten eine Netzkarte an, die für ganz Italien gilt: „Biglietto turistico di libera circolazione", allerdings nur für Reisende, die ihren Wohnsitz außerhalb Italiens haben. Das heißt, man muss beim Fahrkartenkauf ein diesbezügliches Dokument vorlegen. Wer mit dem Zug anreist und damit in Sizilien herumfährt, kommt günstig weg. Es gibt Netzkarten für eine, zwei, drei oder vier Wochen. Kinder unter vier Jahren auf dem Schoß oder im Kinderwagen reisen umsonst, Kinder bis zwölf Jahren zahlen die Hälfte. Personen bis 26 können sich für Ermäßigungen die „Carta Verde" besorgen, Senioren über 60 Jahren die „Carta d'Argento".
Man kann alle Fahrkarten schon vor der Abreise auch zu Hause mit Ermäßigungen von 10 – 25 % bei den Büros der Agentur „Wasteels" kaufen, die die Auslandsrepräsentation der FS übernommen hat. Sie unterhält Vertretungen in allen größeren Städten immer in der Nähe der Bahnhöfe. Hier eine kleine Auswahl:

Wasteels
E.- Steinfurth-Str. 12 – 15
(Hauptbahnhof)
10234 Berlin
Tel. 030/293 39 20.

Lokale Fluggesellschaften bedienen die größeren Inseln.

Immermannstr. 38
40210 Düsseldorf
Tel. 0211/164 05 48.

Am Hauptbahnhof 18
60329 Frankfurt
Tel. 069/23 23 85.

Rosa-Luxemburg-Str. 20 – 30
04102 Leipzig
Tel. 0341/960 45 98.

Arnulfstr. 1 (im Hauptbahnhof)
80335 München
Tel. 089/55 32 01.

Auto
Trotz ökologischer Bedenken fährt man in Sizilien am besten mit dem Pkw, sobald man die Großstadt verlässt. Allerdings sind die Landstraßen nach dem Jahrhundertwinter 1998/99 in einem schlimmen Zustand, vor allem in den Bergen. Teilweise sind die Straßen nur einspurig befahrbar, weil die Decke ins Tal gespült wurde. Manche sind ganz gesperrt. Ein weiteres Problem ist der ungewohnte Fahrstil der Sizilianer.
Außerdem muss man mit Folgendem rechnen: In den Städten wird in zweiter und dritter Reihe geparkt, so dass nur eine einzige Fahrspur frei bleibt. Von allen Seiten schießen Vespas hervor und schlängeln

Gruß aus Rom: Werbung mit Kultur auf den Bussen in Siracusa.

sich durch. Unsichere Fahrer mit ausländischem Kennzeichen genießen keine Narrenfreiheit. Vorfahrt hat man nicht, man verschafft sie sich. Auf den Autobahnen und Fernstraßen wird mit Hupzeichen überholt, gedrängelt wird mit Fernlicht. Wer sich an Geschwindigkeitsbeschränkungen hält, wird von den anderen mit riskanten Überholmanövern bestraft. Trotz allem gibt es wenig schwere Unfälle, weil die Sizilianer ständig aufpassen.

Der Fahrstil ändert sich schlagartig auf der einsamen Landstraße. Hier werden Sie von den seltenen Verkehrsteilnehmern nicht nur höflich behandelt, sondern sogar gegrüßt.

Die Autobahnhinweise sind in Italien auf grünen Schildern angegeben, die Landstraßen sind blau ausgewiesen.

Die Mautstationen auf den Autobahnen nehmen an den mit „Telepass" gekennzeichneten Pforten auch Ihre Scheck- oder Kreditkarten, ansonsten müssen Sie Ihr Geld (möglichst abgezählt) bereithalten. Bei der Auffahrt ziehen Sie mit Knopfdruck ihre Karte, beim Verlassen müssen Sie sie zur Abrechnung vorweisen.

Siehe auch die Stichworte „Anreise" (S. 202), „Tanken" (S. 214), „Sicherheit" (S. 213) und „Parken" (S. 212).

Bus

In den Städten sind Busse konkurrenzlos billig und versorgen pünktlich jeden Winkel. Busfahrkarten verkauft der Tabakladen (Öffnungszeiten!). Ein paar Preisangaben:
Palermo: Einzelfahrschein 1300 Lire, eine Stunde gültig, Tageskarte 4000 Lire, 20er Block 55.000 Lire. Catania: Einzelfahrschein 1000 Lire. Messina: Einzelfahrschein 700 Lire, Netzfahrkarte für zwei Stunden 1500 Lire.

Auch der Regionalverkehr wird fast ausschließlich über Buslinien abgewickelt, allerdings von Privatunternehmen. Die Busse sind noch billiger als die Bahn und sehr zuverlässig – wenn nicht gerade gestreikt wird. Dann sitzt man mindestens für einen Tag fest. Die Busbahnhöfe liegen immer nahe dem Bahnhof. Fahrkarten besorgt man sich am besten vorher im Büro des Busunternehmens in der Nähe der Haltestelle. Denn nicht in jedem Fall verkauft der Fahrer Karten oder kann Geld wechseln.

Taxi

Die sizilianischen Taxifahrer sind nicht besser oder schlechter als ihre Kollegen in Bern, München oder Salzburg. In jedem Fall sollte man darauf achten, dass die Uhr läuft, und

Unterkunft

schon vorher ankündigen, dass man eine Rechnung für die Steuer, „Fattura", braucht. Auf der Rechnung muss Ausgangspunkt und Ziel stehen. Sollte Ihnen der Betrag zu hoch erscheinen, können Sie im Fremdenverkehrsamt um Rat bitten. Aber es gibt tatsächlich alle Arten von Nacht-, Flughafen-, Anruf- und sonstigen Zuschlägen. An Bahnhöfen und Flughäfen versuchen nicht konzessionierte Fahrer, Touristen zu ködern. Aber sie zahlen keine Steuern und vor allem keine Versicherung. Nicht zuletzt verbietet es die Vorsicht, bei ihnen einzusteigen. Legale Taxis erkennt man an der von Stadt zu Stadt wechselnden Einheitsfarbe, meist weiß, und dem Leuchtzeichen auf dem Dach.

Trinkgeld

Die Gehälter im Tourismusgewerbe sind sehr niedrig, und die Angestellten freuen sich über jeden 1000-Lire-Schein. Wenn Sie also der Meinung sind, dass Sie gut bedient wurden, geben Sie im Restaurant das Übliche, nämlich zehn Prozent, genauso im Taxi. Im Hotel legen Sie 3000 Lire pro Nacht aufs Kopfkissen für das Zimmermädchen, und wenn die Hotelrezeption hilfsbereit war, dann honorieren Sie das auch entsprechend.

U Unterkunft

Mehr als 600 Hotels verteilen sich über die Insel, allerdings sehr ungleichmäßig. Wer vorhat, sich abseits der ausgetretenen Pfade zu bewegen, sollte sich vor der Abreise beim Aus-

Unterkunft

landsbüro des Staatlichen Italienischen Fremdenverkehrsamtes ENIT (siehe unter „Information", S. 208) das aktuelle Hotelverzeichnis besorgen, wobei „aktuell" hier relativ ist. Es kann durchaus vorkommen, dass bis zur Jahresmitte immer noch unter Vorbehalt die Broschüre des Vorjahres ausgegeben wird. Da die Preise und die Einteilung in Kategorien jedes Jahr mit der Kommune neu abgesprochen werden müssen, stimmen in diesem Fall die Angaben längst nicht immer.

Gültig ist jedoch der im Zimmer ausgehängte Preis, der sich innerhalb der im Verzeichnis aufgeführten Bandbreite je nach Ausstattung und Lage innerhalb des Hauses bewegt (mit oder ohne Meeresblick, mit oder ohne Wannenbad usw.). Schon beim frühzeitigen Buchen sollte man sich vergewissern, ob das Frühstück im Preis inbegriffen ist.

Viele Hotels haben gar keine Einzelzimmer, vergeben aber bei mangelnder Auslastung ein Doppelzimmer zum reduzierten Preis. Die Auslastung der Hotels schwankt stark je nach Saison, so dass manche im Winter sogar schließen, selbst wenn das im Hotelverzeichnis nicht angegeben ist.

In Zeiten der Flaute sind übrigens viele Hotels bereit, bei längerem Aufenthalt über den Preis mit sich reden zu lassen. Umgekehrt beherbergen Hotels in Spitzenzeiten oft nur Gäste, die mindestens Halbpension oder mehrere Nächte buchen. Nicht alle Hotels nehmen Kreditkarten.

Hotelkategorien

Die Vergabe der Sterne je nach Qualität der Unterkunft richtet sich nicht nach dem internationalen Standard, sondern nach den örtlichen Maßstäben. Was in Catania drei Sterne hat, könnte anderswo zwei oder vier haben. Ein Vier-Sterne-Hotel kann in Taormina um ein Drittel teurer sein als ein vergleichbares in Palermo.

Von gleich bleibender Qualität sind Hotels von internationalen und italienischen Ketten, zum Beispiel Sheraton, Forte Agip, Jolly. Dafür bewegen sich deren Preise fürs Doppelzimmer zwischen 200.000 und 300.000 Lire pro Nacht. Außerhalb der Saison kann man in Kleinstädten ein einfaches Doppelzimmer auch schon mal für 65.000 Lire bekommen.

Der Sauberkeitsstandard hängt stark von den Besitzern ab, die Zustände können sehr unterschiedlich ausfallen. Generell sollte man eher eine höhere Kategorie buchen, als man es zu Hause gewohnt ist, wenn man auf seine gewohnten Ansprüche auch im Urlaub nicht verzichten will.

Eine preiswerte Alternative sind private Zimmervermieter. Eine Liste der zugelassenen Häuser hat das örtliche Fremdenverkehrsamt, das auch gern für Sie bucht. „Wilde" Vermieter sind Glückssache, abgesehen davon, dass Gast und Wirt gegen das Gesetz verstoßen. Hier spart der Wirt an der Versicherung und der Steuer.

Agriturismo

In den letzten Jahren haben immer mehr Bauern den Trend der Zeit erkannt und sich den „Ferien auf dem Bauernhof" verschrieben, in Italien bekannt unter dem Stichwort „Agriturismo". Dies bringt einen durchaus willkommenen Nebenverdienst.

Aber nicht immer entsprechen die Einrichtungen den Vorstellungen der anreisenden Landfreaks. Denn oft sind auch kommerzielle Feriendörfer entstanden. Aber auch die können durchaus eine akzeptable Alternative zum Hotel darstellen, zumal wenn sie nicht nur außerhalb der Großstadt, sondern abseits der Schnellstraße und der Eisenbahn liegen. Die Besitzer sind in der Regel gern bereit, ihre Gäste mit dem Auto zur nächsten Bushaltestelle zu bringen und nach dem Bummel durch die nahe gelegene Großstadt oder einem Tag am Strand wieder abzuholen.

Zudem bieten immer mehr Einrichtungen Freizeitaktivitäten an, z. B. Reiten. In den offiziellen Hotelverzeichnissen sind

In den Einrichtungen des Agriturismo kocht die Wirtin oft selbst.

Für noble Hotels zahlt man 130 Euro pro Nacht.

die Einrichtungen des Agriturismo mit aufgeführt, und die örtlichen Fremdenverkehrsämter helfen.

La Marmora
Frazione Scopello, contrada Marmora
91014 Castellammare d. Golfo
Tel. 0924/39 254.
Zwischen Hügeln und dem Strand des Naturschutzgebietes des Parco dello Zingaro. Reitpferde.

Azienda Agricola Savoca
Località
Polleri 13
94015 Piazza Armerina
Tel. 0935/68 30 78.
Kleiner alter Hof mit nur einer großen Gästewohnung – man darf Zelte aufstellen. Mahlzeiten aus eigener Landwirtschaft. Reiten und Fahrradfahren.

La Casa degli Angeli
S. P. Caltagirone – Niscemi
95041 Caltagirone
Tel. 0933/253 17 u. 095/253 17.
Familiärer Landsitz, in einem einsamen Tal inmitten von herrlichen Orangenhainen gelegen.

La Casa degli Ulivi
Contrada Chiusa del Signore
95015 Linguaglossa
Tel. 095/64 35 93.
An der grünen Nordflanke des Ätna, mit eigenem Spezialitätenrestaurant.

Informationen zum Agriturismo:
Agriturist Sicilia
Via A. D. Giovanni 14
90144 Palermo
Tel. 091/34 60 46.

Terranostra Sicilia
Via Libertà 102
90143 Palermo
Tel. 091/34 12 30 und 348 35.

Turismo Verde Sicilia
Via Remo Sandorn 65
90143 Palermo
Tel. 091/30 76 09.

Jugendherbergen

Nicht nur junge Leute bis 30 Jahre dürfen hier übernachten. Wenn die „Ostelli per la Gioventù" nicht ausgelastet sind, nehmen sie auch ältere Gäste auf. Bei Andrang muss man nach drei Nächten weiterziehen, sonst darf man auch mal verlängern. Es gibt nicht sehr viele Jugendherbergen, sie sind in den Hotelverzeichnissen mit aufgeführt.

Ostello della Gioventù delle Aquile
Via Federico II
98053 Castroreale
Tel. 090/974 63 98.
Geöffnet April – Oktober.

Ostello della Gioventù Lipari
Zona Castello
98055 Lipari
Tel. 090/981 15 40.
Geöffnet März – Oktober.

Albergo per la Gioventù
Viale Epipoli 45
96100 Siracusa
Tel. 0931/71 11 18.
Ganzjährig geöffnet.

Ostello per la Gioventù C.S.I.
Via delle Pinete
91016 Erice
Tel. 0923/86 91 44.
Geöffnet Juni – September.

Ostello per la Gioventù Amodeo
Strada Provinciale
Erice-Contrada Raganzili
91016 Erice
Tel. 0923/55 29 64.
Ganzjährig geöffnet.

Generelle Information erhält man bei:
Associazione Italiana Alberghi per la Gioventù
Via Cavour 44/III
00184 Roma
Tel. 06/46 23 42, 474 12 56.

Zeitungen

In den touristischen Zentren gibt es deutsche Tageszeitungen, an den Bahnhöfen und Flughäfen von Palermo und Catania findet man auch Zeitungen aus Österreich und der Schweiz. Sie sind in der Regel höchstens einen Tag alt.
Auch die beiden sizilianischen Zeitungen „La Sicilia" (Catania und Ostteil Siziliens) und „Il Giornale di Sicilia" (Palermo und der Westen) sind für Touristen von Interesse. Sie

Zoll

drucken täglich Fahrpläne von Schifffahrtslinien, Regionalbussen und Flugverbindungen. Sie informieren über Feste, Veranstaltungen und Theatervorstellungen, und nicht zuletzt über Apotheken, die Nachtdienst haben.

Zigaretten

In Italien gibt es besonders konzessionierte Verkaufsstellen für Tabak, die man am weißen „T" auf schwarzen Grund erkennt. Außerhalb der Ladenschlusszeiten bleibt für Raucher nur der Weg zum Bahnhofskiosk. Selbst in den Großstädten sind Zigarettenautomaten äußerst selten.
In allen öffentlichen Gebäuden ist das Rauchen verboten – als Gast des Landes sollte man diese Regel respektieren.

Zoll

Bürgerinnen und Bürger der EU dürfen geringe Mengen für den privaten Bedarf aus Italien ausführen, zum Beispiel bis zu 800 Zigaretten und 90 Liter Wein. Dementsprechend gehen auch die Flasche Olivenöl, der Laib Käse und die Tüte mit Steinpilzen problemlos durch den Zoll.
Bürger aus der Schweiz dürfen dagegen nur 200 Zigaretten und 2 Liter Wein und sonstige Kleinigkeiten zollfrei mitnehmen. Die italienischen Beamten von der Zollfahndung sind sehr genau, wenn sie erst einmal Verdacht geschöpft haben ...
Leider gibt es die Dutyfree-Läden auf den Flughäfen nur noch bis Ende 1999. Allerdings gelten hier bei einem Einkauf die Bestimmungen für Nicht-EU-Länder.

In acht Tagen von Messina nach Taormina

1. Tour
Morgens: Messina (Besuch der normannischen Kathedrale und kurze Rundfahrt). Weiterfahrt in Richtung Palermo, Aufenthalt in Milazzo (Stauferkastell) und dann am Aussichtspunkt von Tindari (Lagunensee und dahinter die Äolischen Inseln). Am Meer entlang nach Santo Stefano di Camastra mit seinen Keramikwerkstätten. Mittagessen in Santo Stefano di Camastra.
Nachmittags: In Cefalù Besichtigung des Normannendoms mit seinen herrlichen Mosaiken und des Mandralisca-Museums mit dem berühmten Gemälde von Antonello da Messina. Des Weiteren sehenswert: Die arabische Wäscherei und der Felsen mit den Resten des Diana-Tempels. Weiterfahrt nach Palermo, Autobahnabfahrt Trabia (herrliche Küstenlandschaft).

2. Tour
Morgens: Palermo (zu Fuß). Auf dem Weg von der Piazza Politeama die Via Ruggero Settimo und die Via Maqueda entlang, dann die beiden neoklassischen Theater Politeama und Teatro Massimo besichtigen. Die „Quattro Canti", Piazza Pretoria, die normannische Kathedrale, die Capella Palatina im Normannenpalast, die arabisch-normannische Kirche San Giovanni degli Eremiti mit ihren roten Kuppeln und dem romantischen Kreuzgang, die Martorana-Kirche. Mittagessen in Palermo.
Nachmittags: (im Auto). Die Kapuziner-Katakomben mit ihren 8000 Mumien, der großartige Dom von Monreale und daneben der Kreuzgang des Benediktinerklosters, der Mont Pellegrino (Rundblick über di Stadt und Pilgerstätte der h Rosalia, Schutzpatronin Palermos), der berühmte Strand vo Mondello mit seinen Jugend stilvillen.
Abendessen und Übernachtun in Palermo.

3. Tour
Morgens: Abfahrt von Palerm nach Segesta, Besuch des dori schen Tempels und des griechi schen Theaters. Weiterfahr nach Erice. Mittagessen.
Nachmittags: Rundgang durcl die mittelalterliche Kleinstac Erice, die Überreste der antike Stadtmauern, die Hauptkirche aus dem 14. Jh., Balio-Par und Pepoli-Schlösschen. Aus sicht vom Venusberg. Weiter fahrt durch die Salinen vo Trapani nach Selinunte mit de Tempelgruppe, der Akropoli und der antiken Stadt. Weiter fahrt nach Agrigent.
Abendessen und Übernachtung in Agrigent.

4. Tour
Morgens: Besuch des Tals de Tempel: Juno-Tempel, Concor dia-Tempel, Jupiter-Tempel Tempel von Castor und Pollux Geburtshaus von Pirandello Anschließend Weiterfahrt nacl Piazza Armerina.
Mittagessen: Piazza Armerina.
Nachmittags: Piazza Armerin mit der römischen Villa Casale deren detaillierte Bodenmosai ken aus dem 3. Jh. n. Chr. per fekt erhalten sind. Weiterfahr nach Caltagirone, Besuch de Keramikmuseums, Einkaufs

ummel in den Keramikgeschäften.
bendessen und Übernachtung
Caltagirone.

. **Tour**
Weiterfahrt Richtung Modica. Besichtigung der Wohnhöhlen und der byzantinischen Höhlenkirche San Nicolò Inferiore. Dann die einmalige Barockstadt Noto. Besonders sehenswert der Dom, das erzbischöfliche Palais und der Palazzo Villadorata. Einkauf der typischen Süßigkeiten. Weiterfahrt nach Siracusa.
Mittagessen: Siracusa.
Nachmittags: Zu Fuß durch die mittelalterlichen Straßen von Ortigia, Besichtigung des Apollo-Tempels aus dem 8. Jh. v. Chr. und des Doms Santa Maria delle Colonne, des ehemaligen Athene-Tempels, der Quelle der Arethusa mit ihren Papyrusstauden, der Regionalgalerie Palazzo Bellomo mit einem Caravaggio-Gemälde und nächtliche Rundfahrt um die Stauferburg Castello Maniace.
Abendessen und Übernachtung in Siracusa.

. **Tour**
Morgens: Besuch des ausgedehnten archäologischen Gebiets von Siracusa: griechisches Theater, römisches Amphitheater, die antiken Steinbrüche mit ihren schattigen Gärten, das Ohr des Dionysos, die Papyruswerkstatt. Weiterfahrt nach Catania.
Mittagessen in Catania.
Nachmittags: Besichtigung Catanias, Domplatz mit den strengen barocken Fassaden und dem Lava-Elefanten, die Via Etnea, das Palais des Erzbischofs, die Universität, der Palazzo Biscari, das römische und das griechische Theater.
Abendessen und Übernachtung in Catania.

7. Tour
Ausflug auf den Ätna mit Fahrt zum Krater. Mittagessen auf der Station „Rifugio Sapienza". Abendessen und Übernachtung in Nicolosi.

8. Tour
Morgens: Die ionische Küste mit ihrem herrlichen Panorama, die Zyklopenküste mit den berühmten Lavafelsen, die Barockstadt Acireale. Von Giarre oder Linguaglossa aus Ausflug auf den Osthang des Ätna.
Mittagessen in Linguaglossa.
Nachmittags: Weiterfahrt nach Taormina. Besuch des grandiosen griechischen Theaters, des Antiquariums und des Palazzo Corvaja aus dem 15. Jh. Danach Aufstieg zu den Burgruinen, Einkaufsbummel durch Taormina. Entspannen und Ausruhen beim Baden am Strand von Mazzarò.
Abendessen und Übernachtung in Taormina.

Routenvorschlag

Information

Heftig umbrandet das Meer die Lavaklippen bei Acicastello.

221

Register von A–Z

(Ag) für Agrigento, (Ca) für Catania, (Ce) für Cefalù, (Me) für Messina, (Ta) für Taormina, (Pa) für Palermo, (Si) für Siracusa.

Aci Castello 131
Aci Trezza 131
Acireale 134
Ägadische Inseln 193
Agrigento 172
Agriturismo 218
Aidone 170
Alcantara-Schlucht 113
Alicudi 100
Anfiteatro (Ca) 127, 132
Anfiteatro Romano (Si) 145
Anreise 202
Äolische Inseln 90
Apollo-Tempel (Si) 144
Ara di Ierone II. (Si) 145
Archimedes 139, 146, 185
Arenella (Pa) 63
Ärztliche Versorgung 203
Ätna 113, 114 f.
Auto 216
Avola 157
Bagheria (Pa) 64
Bahn 216
Banken 204
Bastione di Marchiafava (Ce) 71
Behinderte 204
Bellini, Vincenzo 130
Bosco della Ficuzza 68, 76
Botanischer Garten (Pa) 60
Bus 217
Calascibetta 170
Caltagirone 171
Camping 204
Capo d'Orlando 87
Cappella Palatina (Pa) 56, 58
Castel di Tusa 74
Castelbuono 73
Castellammare del Golfo 63
Castello di Taormina 110
Castello Euriale (Si) 147
Castello Maniace (Si) 88, 142
Castello Ursino (Ca) 126, 132
Castelmola 112
Castelvetrano 197
Castiglione di Sicilia 113
Catacombe di San Giovanni (Si) 144
Catania 124 f.
Cattedrale (Pa) 57
Cattedrale/Dom (Ce) 68, 71
Cavallo Sanfratellano 88
Cefalù 68 f.
Chiesa del Gesù (Pa) 60

Chiesa di San Nicola (Ca) 131
Chiesa San Lorenzo (Pa) 63
Ciane 147
Circumetnea 116, 118
Convento dei Cappuccini (Pa) 58
Corleone 76
Corso Ruggero (Ce) 71
Diplomatische Vertretungen 205
Dom (Me) 80, 83
Donnafugata 157
Drachenfliegen 112
Duomo Sant'Agata (Ca) 126, 130
Duomo Santa Maria delle Colonne (Si) 140, 143
Einkaufen 205
Einreise 206
Empedokles 178
Enna 162, 165
Erice 184, 192
Essen 39
Faro di Capo Peloro 86
Favignana 193
Fähren 216
Feiern 43
Feinkost 206
Fernsehen und Radio 207
Feste 43
Festtagskalender 45
Filicudi 100
Film 33
Fiumefreddo 113
Florio, Paolo (Pa) 56
Foce del Simeto 135
Fontana di Orione 85
Fontana Pretoria (Pa) 59
Fontane Bianche 147
Fonte Aretusa (Si) 142
Fotografieren 207
Frauen 207
Freizeitaktivitäten 47
Friedrich II. von Hohenstaufen 27, 57
Fundbüro 208
Galati Mamertino 82
Gangi 74
Gela 179
Geld 208
Geschichte 25
Gesellschaft 35
Giardini-Naxos 112
Gibellina 192
Gloeden, Wilhelm von 104, 105
Gola dell'Alcantara 113
Golf 112
Griechen 26
Grotte Addaura 64
Grotta del Genovese 25, 194

Heloros 157
Information 208
Isnello 73
Jugendherbergen 219
Keramik 32, 109
Kinder 209
Kleidung 209
Klima 210
Kultur 31
Kunst 31
Kunsthandwerk 32
La Madonnina (Si) 144
La Martorana (Pa) 54, 59
Lampedusa 179
La Rocca 72
La Zisa (Pa) 59
Lago di Pergusa 170
Landeskunde 21
Landwirtschaft 23
Lavatoio Arabo (Ce) 71
Le Ciminiere (Ca) 132
Leonforte 170
Levanzo 194
Linguaglossa 121
Lipari 92, 97
Literatur 31
Madonie 86, 72
Madonnina (Me) 80, 83
Mafia 35, 37, 123
Mandralisca, Enrico Pirajno di (Ce) 71
Maria Santissima Assunta in Castelbuono 73
Marinello di Oliveri 86
Marionetten 32, 206
Marionettenthetaer (Ce) 130
Marsala 185, 186, 195
Marzamemi 157
Mazara del Vallo 186, 195
Mazzarò 112
Messina 80, 83
Mietwagen 211
Milazzo 85
Modica 155
Monastero San Nicolò l'Arena (Ca) 131
Mondello (Pa) 63
Monreale (Pa) 64
Monte Pelato 92
Monte Pellegrino (Pa) 53, 62
Morgantina 163, 170
Mozia 196
Museo Archeologico (Pa) 60
Museo Archeologico Eoliano 97
Museo Archeologico Regionale (Ag) 180
Museo Archeologico Regionale Paolo Orsi (Si) 142
Museo Archeologico (Marsala) 195

Museo Belliniano (Ca) 133
Museo Civico (Ca) 133
Museo degli Arazzi 195
Museo della Ceramica 171
Museo Etnografico Siciliano G. Pitrè (Pa) 61
Museo Ibleo delle Arti e Tradizioni Populari 155, 157
Museo Mandralisca (Ce) 71
Museo Pepoli (Trapani) 188
Museo Regionale (Me) 85
Nachtleben 212
Nationalfeiertage 212
Nebrodi 81, 82, 88
Nebrodi-Tannen 75
Nicolosi 118
Nicosia 88
Noto 150
Notruf 212
Obsidian 99
Odeon-Kino (Ca) 129, 130
Öffnungszeiten 212
Orlando, Leoluca (Pa) 58
Ortigia (Si) 140
Orto Botanico (Ca) 132
Osterio Magno (Ce) 71
Palazzina Reale della Ficuzza 76
Palazzo Abatellis (Pa) 60
Palazzo Belluomo (Si) 142
Palazzo Beneventano (Si) 143
Palazzo Biscari (Ca) 131
Palazzo Chiaramonte (Pa) 60
Palazzo Corvaja 108, 110
Palazzo dei Normanni (P) 56, 5
Palazzo Mirto (Pa) 61
Palazzo Municipio (Si) 143
Palazzo Nicolaci Villadorata (Noto) 154
Palazzolo Acreide 147
Palermo 50 f.
Panarea 100
Pantalica 147
Pantelleria 187, 198
Parco Archeologico (Si) 145
Parco delle Madonie 68, 72
Parco dello Zingaro 191
Parco Regionale dell'Etna 117
Parco Zoo (Paternò) 121
Parken 212
Patti 87
Pelagische Inseln 179
Petralia Soprana 77
Piana degli Albanesi 77
Piano della Battaglia 70
Piazza Archimede (Si) 144
Piazza Armerina 170
Piazza Currò (Ca) 126
Piazza Dante (Ca) 129
Piazza dell'Università (Ca) 131

azza Marina (Pa) 53
azza Pretoria (Pa) 59
azza Rugero Settimo (Pa) 53
azza Vigliena (Pa) 55
randello, Luigi 36, 175
randello-Museum 181
aton 146
oliteama (Pa) 59
lizei 213
orta Uzeda (Ca) 126
orto Empedocle 176
st 213
Quattro Canti (Pa) 55, 57
uelle der Aretusa (Si) 141
Racalmuto 177, 179
gusa 157
indazzo 117, 122
estaurant-Tipps 41
serva del Fiumefreddo 107
serva di Vendicari 153
outenvorschläge 220
ovine d'Imera 72
Salina 94, 99
alinen 184, 189
alvatore, Giuliano 74
n Cataldo (Pa) 59
n Francesco d'Assisi (Pa) 59
n Fratello 82, 88
n Giovanni (Si) 144
n Giovanni degli Eremiti (Pa)
58
n Giuseppe lato Petralia
Soprana 77

San Marziano (Si) 144
San Nicolò (Modica) 155
Santissima Annunziata dei
 Catalani (Me) 83
Santo Stefano di Camastra 88
Santuario di Gibilmanna 72
Santuario di Santa
 Rosalia (Pa) 62
Santuario del Rosario di
 Tagliavia 76
Schmuck 109, 206
Schriftsteller 31
Sciacca 178
Scylla und Charybdis 83
Segesta 191
Selinunte 186, 196
Seume, Johann 138, 147
Sicherheit 213
Siracusa 136
Sizilianische Vesper 25
Skifahren 121
Sprache 215
Stickereien 108
Strände-Tipps 48
Strom 214
Stromboli 94, 101
Tal der Tempel 180
Tal des Anapò 147
Tanken 214
Taormina 103 f.
Targa Florio 74
Tauchen 112
Taxi 216

Teatro Bellini (Ca) 132
Teatro Greco (Si) 145
Teatro Greco (Ta) 107
Teatro Greco Romano (Ca)
 128, 131
Teatro Massimo (Pa) 61
Telefon 213
Tempio di Castore e Polluce
 (Ag) 181
Tempio di Concordia (Ag) 181
Tempio di Ercole (Ag) 181
Tempio di Giove Olimpico (Ag)
 180
Tempio di Juno Lacinia (Ag)
 181
Teppiche 32
Textilien 206
Thunfischfang 194
Tiere 214
Tindari 86
Trampen 214
Transport und Verkehr 214

Trapani 184, 188
Trinken 39
Trinkgeld 217
Unterkunft 217
Ustica 65
Veranstaltungs-Tipps 44
Via Crociferi (Ca) 131
Via Etnea (Ca) 127
Via Roma (Pa) 53
Via Vittorio Emanuele (Pa) 55
Viale della Libertà (Pa) 52
Villa Bellini (Ca) 132
Villa Casale 164, 166
Villa Igiea (Pa) 56
Vucciria (Pa) 62
Vulcano 93, 95
Wandern 47, 89, 98, 100,
 101, 119, 147, 153
Wörterbuch
Zeitungen 219
Zigaretten 219
Zoll 220

Die Autorin
Durch ihr Studium der Geschichte des östlichen Mittelmeerraums hat Luise Tyroller Sizilien als eine kulturelle Schnittstelle von Abendland und Morgenland entdeckt. Seit mehr als zwanzig Jahren schon begeistert sich die Autorin, die für den Rundfunk und für Zeitschriften arbeitet, für diese faszinierende Insel. Dabei liegt es Luise Tyroller immer am Herzen, die Leserinnen und Lesern etwas von der Leidenschaft spüren zu lassen, die sie selbst für Sizilien empfindet.

IMPRESSUM
© Mairs Geographischer Verlag.
Herausgeber: Wolfgang C. Ehrnsperger
„abenteuer und reisen"
WDV Wirtschaftsdienst OHG
Tegernseer Landstraße 98
81539 München
Lektorat: Ulrich Mayer (Ltg.), Heinz Vestner, Markus Stein, Hannelore Schulze
Bildredaktion: Barbara Renner (verantw.), Anuschka Dresel
Gestaltung: Studio Klaus von Seggern, München
Lithografie: Lanarepro GmbH, Lana
Alle Rechte vorbehalten
Printed in Germany,
2., völlig überarbeitete Neuauflage 2000.

BILDNACHWEIS
Alle Fotos Peter H. Amann außer:
Martin Thomas: 6/7, 8o, 9u, 10/11, 12u, 16or, 24o, 24u, 27, 29, 34, 38, 40, 42o, 110, 150, 164, 174.
M. Borchi/Atlantide: 81, 168.
G. Cozzi/Atlantide: Titel, Buchrücken, 3, 80, 106, 111, 112u, 119o, 136/137, 138, 160/161, 200.
Amedeo Vergani: 8m, 8/9u, 37, 41, 77, 134, 175, 182/183, 185.
Friedrich Köthe: 50/51, 113o, 169, 190.
Stefano Cellai: 104, 124/125, 127, 133, 135, 218, 219.
Christian Nowak: 90/91, 101, 139, 143.
Knut Liese: 8/9o, 12o, 16/17u, 17o, 18/19, 43u, 162, 165, 171, 179, 211, 221.
Franz Marc Frei: 199.

KARTOGRAFIE
© Baedeker: 28, 54/55, 64, 65, 69, 84, 87, 98, 106, 118, 122, 128, 140, 143, 144, 156, 158/159, 163, 167, 176, 181, 187, 189, 191, 192, 196, 224 sowie die Karten auf den Cover-Innenseiten.
© abenteuer und reisen: 22, 48, 95, 199 sowie alle Karten an den Kapitelanfängen (Kartografie Fischer).

Lieber Leser!
Wir hoffen, dass unser Reiseführer „Sizilien" für Sie eine anregende Lektüre und eine große Hilfe während Ihrer Sizilien-Reise war. Sollten Sie selbst Neues entdeckt, Verbesserungsvorschläge oder Kritikpunkte zu äußern haben, freuen wir uns über Zuschriften und werden uns bemühen, sie in der nächsten Auflage zu berücksichtigen. Schreiben Sie doch einfach an:
**WDV-Verlag
Lektorat Edition
Tegernseer Landstraße 98
81539 München
lektorat_edition@csi.com**

www.abenteuer-reisen.de: Storys & Features, News & Service sowie Insider Tips weltweit. Mit interaktiver Suche.

Reitano
Mistretta
P.lla d. Zoppo
Roccella Valdemone
Malvagna
Limina
Forza d'Agrò
Francavilla di Sicilia
Letoianni
Taormina
Mazzarò
Giardini-Naxos
Schiso (Naxos)
Soro
1847
1524
P.lla Fémmina Morta
Porticelle Soprane
S. Doménica Vittória
Randazzo
Castiglione di Sicilia
Passo pisciaro
Linguaglossa
Gola d. Alcantara
Giardini Naxos
Fiumefreddo di Sicilia
Contrasto
1107
1050
Capizzi
Cerami
S. Teodoro
Lago d. Ancipa
Cesarò
(1150)
Maletto
Rif. Conti
(1589)
Piedimonte Etneo
Parco Naturale dell' Etna
Etna
3323
Máscali
Riposto
Troina
990
Bronte
(760)
Milo
Giarre
Zafferana Etnea
Rif. Sapienza
Cantoniera d'Etna
Nicosia
(720)
Gagliano Castelferrato
Lago di Pozzillo
Salso
Simeto
ADRANO
(560)
Pozzillo
858
Agira
Regalbuto
Biancavilla
ACIREALE
Nissoria
Ássoro
(650)
Centúripe
S. Maria di Licodia
Ragalna
Nicolosi
Trecastagni
Aci Catena
Belpasso
Aci Trezza
Scogli dé Ciclopi
Aci Castello
Catenanuova
PATERNÒ
Mascalucia
Calderari
Mulinello
Agira
Catenanuova
Dittaino
Sferro-Gerbini
Misterbianco
CATÁNIA
Pergusa
Lago di Pergusa
Valguarnera Caropepe
Raddusa
Castel di Iúdica
Giumarra
Sferro
Motta S. Anastásia
Lido di Pláia
Gerbini
Mass. Stimpato
Fontanarossa
Golfo di Catánia
P.lla Grottacalda
742
Morgantina
Piana di Catánia
Aidone
Lago di Ogliastro
F. Gornalunga
Piazza Armerina
(697)
Ramacca
Palazzelli
Agnone Bagni
Erei
Mirabella Imbáccari
Palagonía
Scordia
LENTINI
C. Campolato
Brùcoli
Carlentini
S. Cono
S. Michele di Ganzaría
Mineo
Militello in Val di Catánia
Villasmundo
C. S. Croce
AUGUSTA
CALTAGIRONE
(608)
Grammichele
Monti Iblei
Francofonte
Megara Hyblaea
Golfo di Augusta
Pedagaggi
Melilli
Priolo Gargallo
Niscemi
Licodía Eubea
Vizzini
Buccheri
Sortino
Feria
Necr. di Pantalica
Granieri
Lago Dirillo
Cássaro
Solarino
Cast. Eurialo
S. Pietro
Botteghelle
Monterosso Almo
(697)
Palazzolo Acréide
Necr. di Bibbinello
Florídia
Priolo
Mazzarrone
Giarratana
Akrai
Canicattini Bagni
Fonte Ciane
Chiaramonte Gulfi
F. Acate o Dirillo
Acate
Pedalino
Rigolizia
Sud Occident Sicula
S. Giácomo
Testa d. Ácqua
Cse Cugni
Cassibile
455
Castelluccio
Noto Antica
CÓMISO
(246)
VITTÓRIA
RAGUSA
(497)
NOTO
81
ÁVOLA
Golfo di Noto
Scoglitti
Donnafugata
MÓDICA
Calabernardo
Camarina
Cava d'Ispica
Rosolini
Eloro
S. Croce Camerina
Módica
Punta Secca
Scicli
Íspica
Marina di Ragusa
Donnalucata
Marzamemi
Pachino
Sampieri
Pozzallo
Capo Pássero
Portopalo d. C. Pássero
Valletta (Malta)
I. delle Correnti